冀祥德

作品系列

法学教育学

冀祥德　著

当代中国出版社
Contemporary China Publishing House

图书在版编目(CIP)数据

法学教育学 / 冀祥德著. -- 北京 : 当代中国出版社，2023.5
ISBN 978-7-5154-1228-3

Ⅰ.①法… Ⅱ.①冀… Ⅲ.①法学教育—中国 Ⅳ.①D92-4

中国版本图书馆 CIP 数据核字(2022)第 174528 号

出 版 人　冀祥德
责任编辑　邓颖君
责任校对　贾云华
印刷监制　刘艳平
封面设计　鲁　娟
出版发行　当代中国出版社
地　　址　北京市地安门西大街旌勇里 8 号
网　　址　http://www.ddzg.net
邮政编码　100009
编 辑 部　(010)66572744
市 场 部　(010)66572281　66572157
印　　刷　北京中科印刷有限公司
开　　本　710 毫米×1000 毫米　1/16
印　　张　21.75 印张　4插页　312 千字
版　　次　2023 年 5 月第 1 版
印　　次　2023 年 5 月第 1 次印刷
定　　价　98.00 元

目　录

第一章　法学教育学概述

第一节　法学教育学的概念

“法学教育学”是笔者新提出的一个概念。既往，我们一般都使用“法律教育学”概念。从“法律教育学”到“法学教育学”概念的变迁，与我国法科教育从“法律教育”到“法学教育”的发展紧密相关。

一、关于法学教育学概念的既往研究

（一）法律教育与法学教育

作为一个专业术语，法律教育学的规范表述始见于国务院学位办设置的一级法学学科之下的二级学科法学理论的子学科的范围界定中。[①] 作为一个专业概念，有关法律教育学的说法较多，截至目前尚未形成通说。按照概念界定的一般要求，要弄清法律教育学的概念，首先应当弄清其上位概念，即什么是法律教育。

---

① 根据国家标准化管理委员会发布的《中华人民共和国国家标准学科分类与代码》（GB/T 13745—2009），作为国家标准的学科分类，法学学科分为五个子项，分别是理论法学、法律史学、部门法学、国际法学以及不属于前述四类的统称为法学其他学科。其中，理论法学的子学科包括：法理学、法哲学、比较法学、法社会学、立法学、法律逻辑学、法律教育学、法律心理学及理论法学其他学科。

在传统的法学教育的研究中，许多论者将“法学教育”和“法律教育”两个概念混用，认为这两者之间并无实质性区别。有论者认为，改革开放初期，“法律教育”的概念用的比较多，一是高校设定的法学类专业是法律专业，二是改革开放以后的很长一段时间内，我们更多的精力是用在政法干部的在职培训和成人法律教育上，这些都是应用型的教育培训，人们习惯称之为“法律教育”，以有别于学术类人才的培养。20 世纪 90 年代以来，普通高等法学教育在我国法学教育体系中逐渐居于主导地位，尤其在 20 世纪 90 年代中期，在本科专业目录调整中，政法类七个专业统一调整为一个法学专业，法学教育的称谓由此成为社会主要用语。该论者承认，他本人也是在交叉使用这两个概念，“但在自我意识中，一般把培养应用类法律人才定位为法律教育，将培养应用类和学术类法律人才统称为法学教育”。[①] 也有论者认为，法学教育特指“国家通过有目的、有计划、有组织地向学生传授系统化的法学理论，培养其法律实践技能，造就从事法律职业人才的活动”。其他的传授法律知识、增加人们法治观念的活动，不能被称为“法学教育”，而宜称之为“法律教育”或“法制教育”。[②] 笔者认为，前者观点有一定道理，而不苟同后者观点。

从广义上讲，传授法律知识，增强人们法制观念的教育活动即“法制教育”或“普法教育”，也是法学教育的组成部分，这种教育活动与系统的专门以培养法律人才的法学教育之间虽然存在较大的差别，但在基本目的、内容和方法上，均有着诸多的共性；而法律教育与法学教育之间并没有严格的界限，对二者进行严格区分并没有太大的意义。如果一定要作出区分的话，从字面上讲，法律教育更侧重对法律人才实践性技能的培养；而法学教育的外延更广，既包括应用型人才的培养，又包括学术型、研究型人才的培养，从这个意

---

① 霍宪丹：《中国法学教育反思》，中国人民大学出版社 2007 年版，第 4 页。

② 洪浩：《法治理想与精英教育——中外法学教育制度比较研究》，北京大学出版社 2005 年版，第 9 页。

义上讲,法律教育是包含于法学教育之中的。①

为了避免不必要的混淆,除非特别说明或者出于尊重引文作者的原文而采用"法律教育"或者"法教育"这样的称谓之外,本书一般对"法学教育"与"法律教育"不作区分,一律称之为"法学教育",将对"法学教育"进行专门研究的学科,称之为"法学教育学"。

(二)法学教育学

一般认为,作为高等教育的重要组成部分,法学教育是以传授法律知识、训练法律思维、培养合格法律专业人才为内容的教育活动。我国高等法律教育从恢复、重建、发展至今40多年,在管理制度、办学条件、师资队伍、学科建设以及教学内容和教学手段等各方面都有着快速的发展。与此相适应,关于法学教育的研究也在不断深入,一门崭新的学科——法学教育学逐步出现在人们的视野当中。尽管目前这方面的系统而深入的研究工作还没有全面展开,在理论上也尚未形成一个学术界一致认可的学科结构体系,但是,法学教育学作为一个学科的研究和发展脉络在日渐清晰,需要努力推动其朝着系统化、科学化、规范化的方向发展。

在既往的研究中,有论者根据我们对学科研究对象的一般原理的了解,尝试性地界定了法律教育学的基本内涵和外延。在内涵上,该论者认为,法律教育学是研究一切有目的、有计划地增进人们法律知识,培养人们法律意识的活动及其规律的科学。在外延上,认为法律教育学外延广泛,包括法学教育学、立法教育学、执法教育学、守法教育学、法律监督教育学、普法心理学及法律教育发展史、中国法律教育思想、外国法律教育思想等。②

另有论者认为,法律教育学是研究法律教育这一社会现象及其规律的科学,它以一定的教育理论(学说)为指导,以一定的法律制度、法学思想以及法学研究、教学成果和司法实践经验为基础,吸收

---

① 冀祥德等:《中国法学教育现状与发展趋势》,中国社会科学出版社2008年版,第59—60页。

② 吴传毅:《论法律教育学的创立》,载《湖南省政法管理干部学院学报》2000年第5期。

教育学的基本原则和基本方法，来揭示法律教育的特殊规律。具体说来，法律教育学的研究对象包括：法律教育的本质、目的；法律教育的方针、原则、制度和方法；法律院校的师资配备、课程设置、课时安排、课堂教学和司法实习的比例以及考试方式的确定；立法人才、司法实践人才（公安人员、检察官、法官、陪审员、律师、法律顾问等）和法律教学研究人才（资料员、助教、讲师、教授、实习研究员、助理研究员、研究员等）的知识结构、道德品质等的设计、培养；法律教育体系的层次（公民义务法律教育、法律专业学校教育、立法和司法人员专门教育、法学研究和教学人才教育、社会法律教育）以及彼此的关系；法律专业的教师、研究人员、大学生、研究生的思想活动与组织管理；法律情报信息的搜集储存，法律图书资料的管理、使用；等等。①

该论者还进一步认为，法律教育学是从法学和教育学中分离出来的一门边缘学科，它与法学和教育学存有密切的联系。因此，要进一步理解法律教育学的研究对象，必须弄清它与法学和教育学的关系。首先，法律教育学与法学关系密切。从历史上看，法学和法律教育几乎是同时产生的。从研究内容看，法学以法律及其制订、实施等问题为研究对象，而法律教育则以法律为讲授内容，两者都以法律的存在为基础。同时，法学和法律教育的发展又反过来影响、促进了法律的发展与完备。此外，法律教育学是在吸收法学研究、教学的成果以及有关的法学思想的基础上逐步形成的，它既是法学发展的结果，又是法学发展、繁荣的重要内容，因此，法律教育学的研究，将对法学的发展产生重要的影响。其次，法律教育学与教育学也有着密切的联系。作为研究法律教育的一门学问，法律教育学一方面是教育学的一个分支，它适用于教育学的一般原则、方法，以教育学理论为指导，是教育学理论的具体体现和发展；另一方面它又有自己特殊的原则和方法，吸收了法学研究的各项成果和理论，它研究的问题超出了教育学的领域，具有跨学科的性质。最后，要明晰法律教育学的研究对象，还须阐明它和教育法学的关系。后

---

① 何勤华、徐永康：《法律教育学试探》，载《中南政法学院学报》1987 年第 4 期。

者是以教育法律及其在制定和实施过程中出现的问题为研究对象的科学。教育法学对法律教育有指导作用;而法律教育学的研究成果,作为法律教育的经验总结,对教育立法和教育法学的发展也有促进作用。但是两者的区别又是非常明显的:法律教育学在于揭示法律教育的特殊规律性,并不涉及政治、经济、哲学、文学、物理、化学、数学以及机械工程、建筑材料、医学生物等各个专业教学;教育法学则以教育法律为研究对象,这些教育法律,不仅仅管理法律教育,而且对整个教育制度以及各学科教育都有调整作用。①

也有论者从法治的角度入手分析法律教育学,提出了"法教育学"的概念。该学者认为,法治在一个国家或者社会的实现须具有三种社会基础,即市场经济的经济基础、民主政治的政治基础和权利文化的文化基础。对于市场经济和民主政治,我们社会从理论和实践两个方面都进行了卓有成效的探索,对权利文化的探讨则在理论及实践上相对比较薄弱。对法治的理解,人们的注意力集中于制度方面而忽视了人们的价值观念变革。法治不仅仅是制度性的概念,它更意味着丰富而深刻的文化内涵,法教育学所要探讨的就是中国社会实现法治的社会文化基础问题或法治的文化内涵问题。②

该论者认为,法治从结构上可分为制度的法治与文化的法治,中国法治的关键在于实现文化的法治,即培育中国的权利文化,教育在现代文明发展中的特有功能将创造着中国的权利文化,这就是法教育学的主题。在传统的社会科学理论上,一个学科兴起的主要标准之一,是其研究对象或主题思想的科学性和明确性。法教育学的产生是由我们社会的现实所决定的,是社会的现实状况在规划着法教育学的命题。我们社会法律文明的现实困惑是,很多本身良好或比较良好的法律制度无法贯彻于人们的行动和生活中,之所以导致这种状况,是因为人们的价值观念和思维方式是传统的权力型而非现代文明社会所需要的权利型。具有现代权利精神的法律制度,必须由具有现代权利精神的人们去遵守和执行,如何培养和塑造社

---

① 何勤华、徐永康:《法律教育学试探》,载《中南政法学院学报》1987 年第 4 期。

② 桑保军:《法教育学与中国社会》,载《甘肃政法学院学报》2004 年第 2 期。

会公众的权利意识和权利精神，就理所应当地成为法教育学的研究对象和主题思想。概括地说，从权力文化到权利文化的转变，就是法教育学的主题。①

该论者还对人们从法学理论和教育学理论相结合的角度认识“法教育学”的现象进行了反思，认为这种认识虽不能称其错误，也不能说非常科学。如果对基本上实现法治的国家进行研究或考查，就会发现各法治国家历史中法哲学思想的繁荣。尤其近现代以来，西方的法哲学思想承袭传统的兴盛风气而在社会发展中不断地更新其内容，从而具有指导社会发展的科学意义。我们不能说我们的传统文化中没有法哲学思想，但传统文化的法哲学思想仅停留在“驭民之具”的水平上无法发展，直到西方的法哲学思想开始在中国传播，才使中华民族逐渐从封建的法哲学氛围中有所醒悟。从更精确的意义上说，法教育学应属于法哲学的范畴。传统的伦理文化向现代法律文化过渡的社会转型期，法教育学的很大任务在于为社会发展提供符合时代要求的法的科学命题，并将这些科学思想传播到社会成员头脑中。

该论者在上述观点的基础上进一步认为，将法教育学理解为法哲学的范畴，就不能不对法的价值问题进行探讨，因为法的价值是一切法哲学思想的核心和基石。法教育学应采取积极的科学态度，去探索这个转型期社会中法的价值，以唤起人们对建立在权利基础上的正义、自由、平等、民主以及人的全面发展等法治价值观念的信仰和追求。在该论者看来，法教育学是关于自由的科学，是关于权利平等和尊严平等的科学，也是关于正义的科学。法教育学将努力构建基于权利的正义观，从而使人们抛弃传统的产生罪恶和落后的权力正义观。我们应有科学的态度和理性思维的基调，我们应正视我们的社会现实，正是科学的态度和理性思维的基调以及社会现实，使我们明确了法教育学的目的和方向。法教育学的目的和方向使我们对法教育学的总体精神有了准确稳妥的处理，也正是目的和方向决定着法教育学的内容，从目的和方向的把握中，我们会将科

① 桑保军：《关于法教育学的思考》，载《社科纵横》2005年第5期。

学的内容渗透法教育学的躯体。[1]

二、本书对法学教育学概念的界定

笔者认为，法学教育学作为一门社会科学，必然有其价值上的追求。那么，既然属于价值判断的范畴，就不可避免地具有鲜明的主观性。所以，对法学教育学概念的界定，仁者见仁，智者见智，难以达成一致的认识是正常的。同时，学科界定中对个性化的过于追求，也会使得概念的界定差异化较大。因此，作为高度抽象化的学术概念，不宜将个性化的具体纳入其中，而只能从一般的、抽象的意义上予以界定，既揭示出学科的基本构成与内在规律，又反映出该学科区别于他学科的明显特征。

由于法学教育学以法学教育为研究对象，因此，要厘清法学教育学的外延，首先应当对法学教育的外延予以界定。

其一，从横向意义上的法学教育，即法学教育所包含的具体内容来看，有论者认为，法学教育仅指高等院校的法学专业学历教育。有论者则认为，法学教育应当包括学科教育和职业教育、学历教育和非学历教育、高等法律院校教育和法律职业部门等多重内容。[2]笔者比较赞同后一种观点。在笔者看来，法学教育所包含的这些内容在法学教育中所处的地位是不同的。从法学教育的主体看，高等院校和科研院所应当是法学教育的主要承担者，法律职业部门在法学教育的过程中起着不可或缺的互补性和惩戒性的作用；从法学教育的类型来看，学历教育是法学教育的主要部分，而非学历教育居于相对次要的地位；从法学教育的内容上看，学科教育与职业教育在不同层次和类型的法学教育中所处的地位又有所不同，例如，在法律硕士的培养过程中，职业教育居于主导地位，而在法学硕士的教育中，学科教育无疑应当是法学教育的主要内容。[3]

其二，从纵向意义上的法学教育，即法学教育的过程或长度上

① 桑保军：《法教育学与中国社会》，载《甘肃政法学院学报》2004 年第 2 期。

② 霍宪丹：《中国法学教育反思》，中国人民大学出版社 2007 年版，第 17 页。

③ 冀祥德等：《中国法学教育现状与发展趋势》，中国社会科学出版社 2008 年版，第 60 页。

看，传统上，人们将法学教育限定在学校教育的范围内，由此也就认为，法学教育始于入学，终于出学。直到现在，许多论者也是在这个意义上来讨论和研究法学教育的。有论者则将法学教育视为法律人才培养体制和法律人才宏观培养模式的同义词，由此认为，普通高等法律院校开展的法学专业的学历教育，仅是法律人才培养过程中的一个起点和开端，是第一个重要阶段和基础，但并非全部，更非终点。① 笔者比较赞同后一种观点。纵观世界上和历史的法学教育，没有哪个国家、哪个时代的学校能够独自承担起法学教育的艰巨任务。我国高等院校拥有的法学教育资源的有限性，决定了其必然不能独自承担起法学教育的重任，由此也决定了我国高等院校的法学教育也只能是法学教育的一个阶段而已，而不是全部。当然，法学教育的层次和具体培养目标的不同，其所延续的过程和经历的阶段也有所差异。以培养应用型、实践性法律人才为目标的法学教育，以法学专业的学科教育为起点和基础，延伸至法律实践部门的各种形式的职业教育和训练；而以培养学术型、研究型人才为目标的法学教育的过程则可能从大学本科教育延续至硕士乃至博士教育。② 当然，从更广阔的历史视角出发，从纵向的角度看，还应当将法学教育的历史、现状与未来都包括在内。

基于上述对法学教育的论述，笔者认为，从横向角度上看，法学教育学是一门研究范围涉及法律学科教育和职业教育、法律学历教育和非学历教育、高等法律院校教育和法律职业部门等多重内容的专门学科，其研究对象主要包括法学教育的功能与定位、法学教育的目标、法学教育的内容、法学教育的方法、法学教育的师资、法学教育的教材、法学教育的模式等。从纵向角度上看，法学教育学是研究揭示法学教育活动的产生、发展整个过程及其规律的一门专门学科，其研究范围并不局限于学校的法学教育，而是延伸至学校法学教育完成之后的法律实践部门的各种形式的职业教育和训练；也

① 霍宪丹：《中国法学教育反思》，中国人民大学出版社 2007 年版，第 20 页。

② 冀祥德等：《中国法学教育现状与发展趋势》，中国社会科学出版社 2008 年版，第 60—61 页。

并不局限于法学教育的现状，而应当是将法学教育的历史、现状和未来都包括在内。笔者认为，只有从上述两个角度综合看待法学教育学的研究范围和对象，才有可能正确认识法学教育学的概念，避免出现以偏概全的错误。综上，笔者认为，**法学教育学是以法学教育的功能、定位、目标、内容、方法、师资、教材和模式等为主要对象，研究提示法学教育活动的产生、发展及其规律的学科。**

这里需要特别说明的是，本书之所以定名为“法学教育学”而非“法律教育学”，也是经过慎亘思考和推敲，并征询了一些法学教育专家学者意见的。笔者在既往的研究中，也多使用“法律教育学”概念，主要是考虑到当时普通高等院校招生设置的相关专业名称是“法律”，院校的相关机构名称也是“法律系”，如“北京大学法律系”等。但从20世纪90年代中期开始，普通高等院校招生专业目录统一把“法律”改为“法学”，院校的相关机构也改“法律系”为“法学系”，“法学”成为一级学科名称被固定下来。其后，国家又设置“法律硕士专业学位”，专门培养应用型法律人才。所以，使用“法学教育学”概念，一方面是顺应法科教育的历史发展和现实状况，另一方面也是避免使用“法律教育学”让人误读为本书专门研究法律硕士、法律博士等法律应用型人才教育。进一步说，这里的“法学教育学”概念外延包含“法律教育学”，其内涵更丰富、外延更宽大。

第二节　法学教育学的体系

法学教育学是教育学的一个下属学科，也是法学和教育学汇融的交叉学科，其体系建构既要遵循教育学的体系要求，又要照顾到法学的特点，还要考虑到法学和教育学交融时产生的新的考量要素。笔者认为，法学教育学的体系应当从内容和层次两个方面建构。

一、法学教育学的内容体系

对于法学教育学的内容体系，有论者认为，法律教育学的体系由法学教育学、立法教育学、执法教育学、守法教育学、法律监督教育学、普法心理学及法律教育发展史、中国法律教育思想、外国法律教育思想等组成的有机统一体。[①] 这种划分缺乏一个清晰一致的分类标准，法学教育学、立法教育学、执法教育学、守法教育学、法律监督教育学是一个层面的分类，但是，普法心理学及法律教育发展史、中国法律教育思想、外国法律教育思想却又体现在另外一个层面。而且，按照这种内容划分，没有分析到法学教育学的本质，容易导致学科研究的泛化与虚化。

类似上述观点的误区，在学界普遍存在。如有论者认为，构建法律教育学的框架体系至少要包括两方面的问题：一是法律教育学作为教育学的一个分支学科，作为一个法学与教育学的交叉学科，应当研究哪些理论问题；二是按照什么样的逻辑线索将这些理论问题串联起来，使它们形成一个完整的、结构严密的学科。该论者进一步提出了自己的观点，认为法律教育学的体系主要包括法律教育学的研究对象、法律教育的目的和功能、法律教育的原则、法律教育的教学方法、法律教育与法治发展、法律教育与法律职业以及法律教育的比较研究七个方面内容。[②] 不可否认，这样一种划分法学教育学体系的方法有其合理的一面，它的确指出了法学教育学需要研究的一些核心问题。但是，与上一观点所犯的错误一样，该观点忽略了这些内容之间逻辑上的矛盾和混乱，其采用多重划分标准的做法，很可能导致法学教育学的学科体系构建在“松软的沙滩”上，经不起理性的推敲和质疑。

考虑本书对法学教育学概念的界定，笔者认为，尽管从研究范围的角度看，法学教育学的研究范围涉及法律学科教育和职业教

---

① 吴传毅：《论法律教育学的创立》，载《湖南省政法管理干部学院学报》2000 年第 5 期。

② 刘佳主编：《法律教育学》，社会科学文献出版社 2012 年版，第 56—58 页。

育、法律学历教育和非学历教育、高等法律院校教育和法律职业部门等多重内容。但是，由于这三对概念之间并非并列的关系，而是彼此之间在范围上大致相同，只不过是从不同的角度出发，按照不同的标准对法学教育学的研究范围予以重新划分而已；而且，较之研究对象而言，研究范围只是给研究者提供了可供研究的资源或者标本，尚未涉及作为研究追求的进一步目标，因而不宜作为划分法学教育学体系之用。因此，笔者主张，就横向角度而言，应从研究对象的角度来看待法学教育学的体系问题，法学教育学的体系从横向角度看应当主要包括法学教育的功能与定位、法学教育的目标、法学教育的内容、法学教育的方法、法学教育的师资、法学教育的教材、法学教育的模式等内容。当然，从纵向的角度看，还应当将法学教育的历史、现状与未来等纳入法学教育学的学科体系。这样的一种划分方法有效避免了法学教育学各个子系统之间相互交叉重复的问题，而且，也明确指出了法学教育学研究者透过研究范围所欲追求的深层目标。

二、法学教育学的层次体系

我们也可以从目前法学教育的层次上来认识法学教育学的体系。法学教育作为国家整个教育发展体系和创新体系的重要组成部分，它担负着为国家培养高素质创新性法律人才的重要使命。近几年来，随着我国的教育体制呈现多元化的趋势，法学教育的构成也越来越复杂。

有论者认为，我国目前法律教育的体系，主要包括五个层次。一是公民义务法律教育，包括小学、中学的法律基础课教育，非法律专业的本科、大专、中专和技术学校的法律公共课教育，面向大众的普法教育等。二是法律专业学校教育，包括研究生教育、本科教育、专科教育以及原来的中等专业学校（如司法学校、警察学校等）教育等。三是法律职业人员的继续教育，如岗位培训、专业培训、脱产进修和传统的法律函授教育等。四是法学研究人员和法律教育师资的法律教育，包括外语和专业以及素养教育等。五是社会法律教育，如法律专业自学考试、针对广大公民的各种法律讲座、广播电视法律宣传节目等。法律教育学作为一种理论体系，当然不满足于提出或描述法律教育体系的内容，它还必须探讨各个部分之间的内在联系。法律教育的五个层次，是一个有机的整体，其中，第二层次是我国法律教育的中心，第一、第五两个层次是法律教育的基本任务。第三、第四两个层次则是法律教育的必要组成部分。就我国情况而言，五个层次的教育都应当加强，但目前尤其需要加强的是第二个层次的教育。①

有论者认为，目前我国法律教育体系是一个多样化、复杂的体系。除社会层面对公民进行的法律常识宣传教育以及对中小学生的法律基础课教育、对非法律专业大学生的法律公共课教育以外，法律教育的层次仍然表现为多样性、复杂性。以法律教育学历层次为标准，目前我国法律教育体系包括中等专业学校法律教育、专科法律教育、本科法律教育、研究生法律教育（其中包括学术性法律研究生教育和应用型法律研究生教育）以及博士生法律教育。以从事法律教育的学校性质为标准，我国法律教育体系大致又可以分为普通高等院校法律教育、政法或公安专科院校法律教育、司法或公安方面的管理干部学院法律教育三类。以是否脱产学习为标准，又可分为各高等院校专门法律教育和业余法律教育两种。业余法律教育包括函授大学、夜大学、电视大学、自考等形式的法律教育。以法律教育与法律职业的关系为标准，我国的法律教育又可以分为学术型法律教育和职业型法律教育。②

有论者认为，按照学生学习时间来划分，可以将我国的法学教育划分为全日制法学教育和业余法学教育，前者包括普通高等学校和管理干部学院、中等法律专业学校等的法学教育。后者则包括广播电视大学、职业大学、函授大学、夜大学、自修大学、研究生班等的法学教育。

还有论者依据法学教育的层次为标准，将中国的法学教育划分为高等法学教育、成人高等教育及中等法律职业教育，并认为普通

① 何勤华、徐永康：《法律教育学试探》，载《中南政法学院学报》1987年第4期。

② 刘佳主编：《法律教育学》，社会科学文献出版社2012年版，第42页。

高等法学教育一直是中国法学教育的主体和最高层次,成人高等教育包括法律类管理干部学院、法律培训中心及普通高校中的成人教育学院等;而中等法律职业教育是重要的补充。①

笔者认为,上述划分方式在逻辑上不周延,无法涵盖各种层次的法学教育,因此也就无法构建起科学的法学教育学体系。比如,高等法学教育和成人高等教育均属高等法学教育的范畴,除了它们和中等法律职业教育之外,对法官、检察官、律师、公证员、政府机关法制工作人员的职业培训是法律职业教育的一部分,但是它们并不是学历教育。因此,我们可以按照法学教育的目的,对法学教育的构成进行分析,将我国的法学教育划分为法学学历教育和法律职业教育两个层面,其中,法学学历教育依据学历层次的高低不同,可以分为法律专科教育(含法律中专和大专)、法律本科教育(含普通高等教育的本科、成人高等教育的本科)和研究生教育(含法学硕士教育、法律硕士教育、法学博士教育);法律职业教育依据对象的不同,可以分为法官职业教育、检察官职业教育、律师职业教育和公证员职业教育。② 在逻辑周延的前提下,可以考虑以此来构建我国的法学教育学体系。

第三节 法学教育学的研究方法

作为以法学教育为研究对象的学科,法学教育学的研究方法应当着眼法学教育的理论和实践所涉及的各个方面,包括但不仅限采取实证研究、价值分析、历史分析、比较研究、经济分析等方法。

一、实证研究的方法

实证研究的方法从哲学世界观上讲,是承认了整个世界是一个

---

① 曾宪义:《我国法学高层次人才培养规划的必要调整》,载《学位与研究生教育》1997 年第 5 期。

② 冀祥德等:《中国法学教育现状与发展趋势》,中国社会科学出版社 2008 年版,第 80—81 页。

相互联系的整体,承认了这些复杂联系的客观性和规律性。从技术手段上讲,实证研究的方法就是按照事物本来的面目来描述事物,说明研究对象是什么或者究竟是什么样的;或者说,实证研究就是揭示有关变量之间的关系和各种法律活动的原因与结果以及各变量之间的因果关系。它要回答的问题是:如果作出了某种选择,将会带来什么样的后果。实证分析的主要特点,就是通过对客观存在的验证,来求证预设的结论是否正确或者通过实证研究得出结论。在法学教育学的研究过程中,我们也需要运用这一方法,用这种方法来对客观存在的有关法学教育的各种现象进行科学的分析和总结,以期能够从中探寻出法学教育活动的客观规律。

二、价值分析的方法

在法学方法中坚持马克思主义,不仅可以而且应当坚持事实与价值相统一的基本原则,将事实论证与价值分析高度统一起来。这一原则内在地要求我们在分析和研究"法律是什么"的同时,还要继续追问"为什么",要探寻法律现象的价值意蕴。[①] 对于法学研究,"需要科学精神与人文精神双重关照和双重视野的统一视野和方法"。[②] 如果坚持实证主义者的"法律就是法律、法律本身就是公正"的观点,"实体法就会成为可怕的鳄鱼。事实上这个鳄鱼在'二战'中严重侵犯了人权,尤其在德国,犹太人遭受的大量不公正对待都是以法律的名义进行的"。[③] 由此可见,价值分析是法学教育学研究中不可缺少的一种基本方法。在此判断之上,有论者甚至认为,"从人对自身与法律的关系中来研究和探索法律现象,是我国法学方法论走向成熟和完善的可喜开端"。[④] 应当说,运用价值分析的方法对法学教育学进行深入的研究有着重要的意义。

---

① 李可:《法学方法论基本问题研究》,资料来源于中国私法网,访问时间:2011 年 3 月 14 日。

② 欧阳康主编:《社会认识方法论》,武汉大学出版社 1998 年版,第 99 页。

③ [日]谷口安平:《程序公正》,载宋冰编:《程序、正义与现代化——外国法学家在华演讲录》,中国政法大学出版社 1998 年版,第 361 页。

④ 李其瑞:《价值分析方法的法学意义》,载《法律科学(西北政法学院学报)》1993 年第 4 期。

三、历史分析的方法

历史分析的方法，就是人们在研究事物时，按照研究对象产生和发展的自然行程进行研究并进而揭示其发展规律的一种思维方法。在法学教育学的研究中，研究者通过系统地搜集、整理和评鉴国内外的文献资料，努力探究法学教育的演进背景及过程，检视发展规律，总结经验教训，以达到探究法学教育的过去、了解法学教育的现状以及重构法学教育的未来之目标，进而为法学教育理论与实践的推进，提供发展的方向和可资借鉴的历史资源。

四、比较研究的方法

比较研究法是将两种以上的制度或者现象，加以有计划、有目的的叙述、对照、分析和批判，找出其中的异同优劣，并归纳出趋势或者原则，作为解决有关问题或者改进制度之参考。对不同国家的法律进行比较研究已有悠久的历史。公元前 4 世纪古希腊思想家亚里士多德曾对 158 个城邦政制进行了比较研究；18 世纪法国启蒙思想家孟德斯鸠在《论法的精神》中也曾对东西方很多国家的法律制度进行了比较研究。随着现代西方比较法研究领域的不断拓展，比较研究的方法日趋多样化。从本国的实际出发，对代表性国家的法学教育制度和法学教育活动进行分析比较，在利弊分析、优劣鉴定中，构建出能够有效回应本国需要的特定制度，对中国法学教育的发展具有重要意义。

五、经济分析的方法

19 世纪后，因受历史主义、工具主义、反形式主义、多元主义四种思潮的影响，西方法学界内形成了法律社会学派。越出传统的法学界限，将法律置于更广阔的社会背景中进行研究，有助于人们从社会整体观念出发，认识法律的社会基础和社会作用，从而更好地利用法律的控制作用解决社会问题。我们对法学教育学的研究也理应如此。只有把部门法的边界打破，把学科的边界打破，使自己的思维不囿于概念法学的窠臼，问题背后的实质才能得以凸显，问题的有效解决才得以成为可能。因此,西方主流法律社会学日益注重的一系列技术——比如借鉴微观经济学的研究技术、微观经验的研究技术、行为分析的技术等,可以为我们研究法学教育的理论与实践所借鉴。

第四节　法学教育学的研究必要性和意义

很长一个时期以来,我国关于法科教育的研究不仅是混乱的,缺乏系统性,而且,一直停留在“法律教育学”的层面。伴随着我国法治建设从“法制”到“法治”的转变,“法律”也逐步被“法学”所涵盖,以“法学教育学”取代“法律教育学”,是时代发展之需,亟需进行深入研究。

一、法学教育学的研究必要性

法学教育学是随着法学教育日益发达而产生的。作为一门学科,它的出现既是社会进步、法律体系日趋完善的必然结果,也是社会持续发展、国家全面加强法治建设的必然要求,特别是建设中国特色社会主义法治体系的时代需要。

创立法学教育学首先是我国法治建设的客观要求。自党的十一届三中全会以来,尤其是党的十八大以来,我国陆续制定并颁布了许多适合我国国情的法律,形成并完善了中国特色社会主义法律体系,可以说,在我国社会主义法治建设史上,没有哪一个时期的立法工作比得上这一时期更卓有成效。要使这些法律规范深入人心,就不能不从理论上探讨,不能不把教育学的原理引进到法律领域中来。

其次是法学教育的客观要求。开展对法学教育学的研究、创立法学教育学,有助于探索和认识法学教育的客观规律,为法学教育实践提供理论依据。长期以来,我们缺乏对法学教育系统而深入的研究,忽视法学教育规律,致使法学教育滞后于社会需求,以致曾经出现法科学生就业率文科倒数第一的窘况。① 这就从反面告诉我们,忽视法学教育的客观规律必然会造成恶果。在不断推进全面依法治国、加快建设法治中国的今天,加强对法律人才的培养已是一项重要而又紧迫的任务。为适应社会对法律人才的要求越来越高的需要,我们应当着手创立法学教育学,不断加深对法学教育规律的认识,促进法学教育事业的发展。

最后是教育学发展的必然需要。教育学是研究教育现象及其规律的一门科学。把它引进法学教育领域,既是我国法治建设的需要,又是教育学自身发展的需要。为了发展和丰富教育学的理论体系,就很有必要从教育学的高度总结我国社会主义法治教育的经验和教训,研究社会主义法治教育的客观规律,把教育学研究引向深入,为教育学开拓新的领域。②

二、法学教育学的研究意义

在我国,开展法学教育学的研究,加强该学科的建设,具有以下几点重要意义:

一是可以提高我们对法学教育规律的认识,有助于法学教育的改革。改革开放以来,我国的法学教育事业有了很大的发展,但同时也出现了一系列急需解决的问题。比如,教学计划如何制订才更符合法学教育的客观规律,师资配备、课程设置如何安排才算合理,研究生培养(授课内容和授课方式等)和本科生培养应有哪些不同的具体要求,如何加强法律专业的学生思想工作和组织管理以端正他们的思想方向和更好地调动他们的学习积极性,法律图书资料储存、管理如何改进,考试制度、毕业生分配制度等如何改革,等等。法学教育学的研究将有助于上述问题的解决。

二是有助于高等院校科学设置培养计划与方案,做到早出人才、多出人才、出好人才。就我国目前的情况而言,我们对法律人才

---

① 冀祥德:《法学教育的现状及展望》,载《中国法治发展报告 No.7(2009)》,社会科学文献出版社 2009 年版,第 336 页。

② 吴传毅:《论法律教育学的创立》,载《湖南省政法管理干部学院学报》2000 年第 5 期。

知识结构的设计尚处在自发阶段。学校开设什么课,学生就得学什么课;学校培养什么人才,用人单位就只能接受什么人才,最多只能在"要"与"不要"或者要成绩好与成绩差的毕业生之间作出选择。有些实际部门需要的人才,学校培养不出;有些实际部门认为应当掌握的知识,学校开不出有关的课程;等等。而开展法学教育学研究,通过对法律专业毕业生去向的调查与预测,可以提出法律人才知识结构设计的整体方案,有助于人才的针对性培养。

三是可以帮助我们确定和及时调整法学教育体系的层次。法学教育作为一个整体应长期加强与发展,但就法律教育内部各个层次而言,重点放在哪个层次,则应视我国经济的发展、社会形势的变化、法治建设的要求等而不断调整。我国目前仍然处于一个法律专门人才相对不足的时期,特别是法律高端人才的不足和涉外法律人才、西部法律人才的缺乏,这种状况当然决定了我国目前应大力加强第二层次即法律专业学校教育,为国家多培养法律人才。但是,经过一个发展时期后,当法律专业毕业生源源流向社会,法律人才队伍有了一定的数量和质量时,就应适当控制法学院系的数量和招生人数,而将法学教育的重点放到公民义务法律教育和社会法律教育方面来,以培养全体公民的法律意识。

四是加强法学教育学的研究,还将推动和促进法学和教育学乃至整个社会科学的发展与繁荣。恩格斯在论述科学发展的内部规律时曾指出:在两种或多种学科的边缘地带是新学科的生长点,最容易取得成果。而边缘新学科的诞生,又将对相邻各学科产生巨大影响。法学教育学的研究和建设即如此,它不仅会促进法学和教育学的发展,也将进一步丰富我国社会科学的内容。①

① 何勤华、徐永康:《法律教育学试探》,载《中南政法学院学报》1987 年第 4 期。

第二章　法学教育的历史与现状

第一节　法学教育的历史发展

中国的法学教育由来已久,迄今已有近3000 年的历史。自国家、法律出现之后,法学教育便以不同的形式存在和延续着。中国的法学教育历史可以分为三个时期:古代律学教育、近代法学教育和新中国法学教育。

一、古代律学教育

纵观中国的法学教育,可以回溯到3000 多年前的西周时期。传统的儒家学说作为治国平天下的准则,成为中国封建社会长达千年统治的主流。应当指出的是,由于自给自足的农业经济、乡土气息深厚的社会人际关系、儒家礼治思想的强盛、君王至高无上的统治地位,法只是君王进行统治的一种手段,没有“善”与“公平正义”等价值观念在其中,因此中国古代并不存在西方意义上的“法学”。但是不可忽视,中国古代的法律教育毕竟有着深厚的历史积淀。历代各朝皆有或官办或民办的法律教育机构。尤其是秦汉、隋唐以至明清,不仅设有专营法律的官职，更把法律的考试作为择官的条件之一，设有“法科”。随着法在中国古代社会的产生、发展，法学教育也在中国古代社会形成了其特有的形式内容。①

中国古代法学教育的目的是“安上治民”或“治政安民”，即确保统治阶级对劳动人民的统治。仅仅是统治阶级巩固自己政治统治所采取的一种工具。这也决定了中国古代的法并不具有自己的独立地位，与“礼”不分。中国古代的法律渊源于古代的礼俗，而其发展又与古代的“礼”有着相当密切的关联。根据与“礼”密切程度的不同，中国古代的法律教育大抵可以分为较为显著的三个阶段。第一阶段是西周至战国初的以礼为主的阶段。第二阶段为战国至秦朝末的以法为主的阶段。第三阶段为西汉至清的礼法融合阶段。而总的倾向是礼刑兼施，法学教育或多或少地掺杂着礼的内容。因此，从整体而言，无论官学还是私学，法学教育在教育地位上是非独立的。

中国古代的律学教育与现代意义上的法学教育有很大的区别：第一，从教育的目的上，我国古代的法律教育是为了让官吏更好地为统治者服务，让老百姓更好地接受统治者的统治。第二，在教育体制上，至迟在7世纪时，法学（律学）已作为一门独立的学科从单

---

① 中国古代的法律教育主要存在官学和私学两种形式。从教学内容上又可分为非专门和专门讲授法律知识两种。非专门进行法学教育但兼授法律知识的官学，至少可以追溯到西周。而专门的官办法律学校则诞生于唐高祖武德元年（公元618年）左右，其名称为“律学”。唐代律学的出现在中国法制史和中国法律教育史上具有重要意义，它是中国成为法律教育古国的重要标志之一。进入宋代，律学进一步发展，其入学、升级的考试更严格，人数也比唐代增多。宋代以后，虽然不再有官办的专门法律院校，但法律仍是官办学校的讲授内容之一。就私办学校而言，虽然在中国古代没有专门讲授法律的私办学校，但法律的教育却同样是这类学校教学的重要内容之一。私学被认为兴起于春秋时期，春秋战国时期的一些法律学家和法制官员，就是由这类学校培养出来的。春秋时期官学失修私学兴起，又逢诸子百家争鸣，各自宣扬自己的观点，法家作为百家之一，其学说盛极一时，为多国采用，尤其是秦国。但在商鞅变法、统一中国、建立秦朝之后，为了达到对民众思想的控制，刚刚发展的私学教育被禁止、扼杀。在西汉时期，私学规模之大在中国历史上是空前的，其私授法律之风对后世一直都有影响。但随着“罢黜百家，独尊儒术”，儒学确立了其在中国历史上长达几千年的正统地位，律学出现了儒家化的趋势，失去了独立地位。至隋唐时实行科举取士，私学更为儒学所垄断。这种情况一直延续到清末才有所改观。

一儒家经典学科中分离出来,但这种分离只体现在国立学校中,而地方公立学校仍为单一学科。[①] 第三,在教育方法上,基本上限定在边实践边学习的个别教育之上,律学知识的获得更多地是依据经验的积累。第四,在教学师资上,某些机构既承担实际的判案断狱的职能,又肩负着律学教育的功能,如隋唐时期的大理寺即为典型。第五,从教学内容上看,由于法律儒家化,中国律学教育的内容多为儒家经典中涉及法律的部分,即使对后世影响深远的著名法典如《唐律》《明律》等也都是在儒家价值观念的支配下制定出来的,其中的各项具体制度如"五服""十恶"等,均是儒家价值评判的产物。[②] 第六,在教育地位上,法学教育在国家教育中的地位很低,与算学、医学等一同列入技能教育之列。[③] 由此可见,无论是教育的目的、方法,还是教育的师资和内容,我国古代的律学教育都不具有独立的教育地位,并非现代的职业化的法学教育。而且,我国古代皇权专制的政治体制之下也难以产生现代意义上的法学教育机制,只可能存在这种非独立的、为皇权服务的律学教育。这种教育机制对积累官吏的治理经验毫无疑问有着一定的作用,但是,毕竟这种教育不可能波及社会大众,具有其不可克服的局限性,不可能承担起现代法学教育传播知识、为社会培养有用人才的重任。[④]

二、近代法学教育

(一)中国近代法学教育的开端——清末的法学教育

在清末修律、建立新式法科大学之前,中国已经开始了近代内容的法律教育。1867 年,美国传教士丁韪良出任于 1862 年设立的京师同文馆的国际法教师,讲授美国学者惠顿的《万国公法》。据

---

① 丁凌华、赖锦盛:《中国法学教育的历史及其反思》,载《华东政法大学学报》2007 年第 4 期。

② 洪浩:《法治理想与精英教育——中外法学教育制度比较研究》,北京大学出版社 2005 年版,第 20—21 页。

③ 丁凌华、赖锦盛:《中国法学教育的历史及其反思》,载《华东政法大学学报》2007 年第 4 期。

④ 冀祥德等:《中国法学教育现状与发展趋势》,中国社会科学出版社 2008 年版,第 33 页。

文献记载,该课程为同文馆学生的必修课。1895 年之后,受甲午战争失败的强烈刺激,有感于单独借助引进西方先进的科学技术以加强军事力量不足以救国于危亡,中国先进的知识分子首先起来呼吁开展法律教育,培养急需人才。与之相呼应,统治阶级中的一部分开明人士也开始在行动上作出努力。1895 年,天津海关道台盛宣怀奏请朝廷批准设立了中国第一所近代意义上的大学——天津中西学堂(1903 年改名为北洋大学堂)。之后,1896 年建立的上海南洋公学、1898 年建立的京师大学堂也开设了法律教育的课程。1903 年,清政府颁布了《奏定学堂章程》,明令废止科举制,规定了高等教育的学制与科目,大学堂中设法政科大学,开设有政治、法律、交涉、理财、掌故等课程。1904 年,清政府成立了中国历史上第一所具有近代意义的法学教育专门机构——直隶法政学堂。随后全国各地法政学堂纷纷设立。这些学堂都订有完备的法律课程计划。法政教育开始勃兴,法政学堂数大量增加,学生人数也不断上升。据统计,至 1909 年,全国共有高等教育层次的学堂 127 所,学生 23,735 人。其中,法政学堂 47 所,学生 13,282 人,分别占学堂总数的 37% 和学生总数的 55%。在此时期,不仅国立、公立法政大学数量不断增多,而且私立的法政大学(包括法政学校以及大学中的法律院系)也开始出现,如东吴大学(1901 年)、北京法政大学(1912 年)、复旦大学(1917 年)、燕京大学(1919 年)等综合大学中的法学院以及浙江私立法政专门学校等 40 余所专科法政大学。法学教育得到了空前的兴盛,法学一度成为显学。但法律人才在量上兴盛的外表之下,也存在着质量不高的问题。从宏观上看,为适应社会对法律人才从无到有的需求,量比质更具有优先性,而且从总量上看,无论法律教育多么兴盛,接受过高等教育的人占当时中国人口中的比例仍是很小的一部分,更不用说法律教育了。从微观上看,在中国传统"官本位"思想的影响下,在科举制被废止、学习法律成为进入仕途的一条捷径的情况下,人们对学习法律抱有相当高的热情也是可以理解的。

清末的法学教育具有以下几个鲜明的特点:第一,从办学形式上看,清朝中央和地方是推动法学教育发展的主导力量,也是办学的主体。但清末法学教育由官方垄断的局面逐渐被打破，开始出现民办、中外合资和外国人独办等多样化的办学体系。[①] 第二，法学教育的层次多元化，既有大学堂法政大学的法律科，相当于今天大学本科层次，旨在培养通识人才，如天津大学堂、山西大学堂、京师大学堂等；又有高等学堂和法政（或法律）学堂正科、专科等，相当于今天的大学本科以下的专修层次，旨在培养应用型的职业人才。[②] 第三，从教学模式上看，当时在引进西方近代资本主义法学教育模式的过程中，主要模仿英美的法学教育模式、欧陆模式和日本模式。其中，实行英美模式的学校主要有京师同文馆、天津中西学堂法律科和山西大学堂法律科；实行欧洲大陆模式的学校主要有南洋公学政治特班；采取日本模式的教育机构主要有京师大学堂法政科和各类法政专门学堂。第四，从教学师资来看，一开始主要聘请来自欧美和日本的外籍法学教师。此外，清末还向国外派遣法学留学生，他们学成归国之后，还不同程度上从事过法学教育，比如马建忠、魏瀚、伍廷芳、何启、孔祥熙、王正廷、唐宝锷、沈钧儒、宋教仁、汪精卫、胡汉民、顾维钧等。第五，在课程设置上主要依照日本，同时以直隶法政学堂（北洋法政学堂）章程规定的课程为蓝本，各校普遍采用，大都学习宪法学、行政法、各国商法，并学习《大清会典》与《大清律例》。第六，在学制上，既有五年和三年制的正科，也有一年半或两年的速成科和一年的讲习科以及各类各样的进修班。[③]

（二）南京临时政府、北京政府、南京国民政府时期的法学教育

1927年南京国民政府成立之后，教育部为了整顿法学教育，不断采取措施加强对法学教育的监督和控制，法学教育经历了缓慢起步（1927—1932年）、压缩控制（1932—1936年）、战时发展（1937—1945年）、短暂复兴（1946年—1949年9月）四个阶段的发展演变。

---

① 侯强：《清末法学教育与近代中国法制现代化》，载《沈阳大学学报》2007年第5期。

② 周少元：《清末法学教育的特点》，载《法商研究（中南政法学院学报）》2001年第1期。

③ 冀祥德等：《中国法学教育现状与发展趋势》，中国社会科学出版社2008年版，第35—36页。

中国近代的法律教育日趋成熟，并基本定型。此时，全国涌现了一批有质量和有声望的设置有法学院的大学，如清华大学、政治大学、厦门大学、台湾大学，虽然总量不大，但也初步构造起了一个高等法律教育的网络体系。

尽管南京临时政府、北京政府、南京国民政府这三个时期的法学教育仍然主要是为统治阶级服务的工具，但是这一时期尤其是南京国民政府时期的法学教育，兼顾吸收两大法系（侧重于英美法系）法学教育和法学理论的优点，而且与法律职业紧密联系在一起，对我国现代法学教育模式的发展起到了促进作用，特别是对目前我国台湾地区的法学教育有着直接的影响。①

（三）近代法学教育体系

经过上述80多年的艰难历程建立起来的中国近代法学教育体系，初步形成了自己的培养目标、学制、课程设置、教师聘任以及学校管理等一整套制度。

在办学主体上，总的来说，中国近代法学教育可分为官办和私办两种。清政府时期，虽然禁止私人兴办法学教育机构的禁令直到清政府崩溃的前一年才得以解除，但这个从严禁私办到准许私办的转变过程，有助于法学与官方的分离，也有助于培养民主与自由的气氛。民国时期的法学教育由官办和私办两部分组成，其中官办又分为国立和地方公立两类。国立由中央政府设立，地方公立则由地方政府依据相关法令，由中央政府批准设立，隶属各地方政府。民国政府对法学教育采取了具体而严密的政府管制，学术机构官僚化的趋势严重，法学教育逐渐演变成“官学”。

在培养目标上，因不同时期和学校的不同类型而有所区别。总括从清末至国民党政府的法律教育的目标，虽然在说法上不同，但基本上是一以贯之的，即主要培养精通法律知识、懂得西方法学理念、服从法律规范、能够处理社会问题的高层次法律人才。这一目标，从清末至1949年9月这40多年法律教育以及立法和司法实践

① 冀祥德等：《中国法学教育现状与发展趋势》，中国社会科学出版社2008年版，第37页。

来看,基本上是实现了。

在学制、学科与课程设置上,1903 年颁行的《奏定学堂章程》,规定了癸卯学制。这一学制几经变化之后,在北洋政府期间基本上被维持了下来。南京国民政府建立之后,通过颁布一系列关于学校管理体制方面的法律和法规,进一步完善了高等法律教育的学制。与学制相联系,在法律教育的分科方面,各个时期也是不一样的。在 1895 年创办的天津中西学堂中有了律例的课程,法律属于高等政治学的内容。自 1898 年京师大学堂建立,开始了大学教育的分科,政法科与经事科等一起,是大学堂的八大学科之一。1903 年《奏定学堂章程》颁布以后,政治学与法学开始分离,成为法科中的一个专业,法政教育获得了比较快的发展。1912 年中华民国成立以后,法律教育的分科有了进一步的发展。各个大学,一般都分为文、理、商、法、医、农、工七科,法政大学成为其中的一个分科大学。在法政大学中,一般设置三个主要专业,即法律学、政治学和经济学。这一体制以后一直被延续了下来,至新中国成立前也没有什么大的变化。高等法律教育的核心是课程设置问题。它是随着中国近代法律教育的日益进步而逐步完善的。法律课程在先期设立的学校中的数量经历了一个从少到多的发展过程,其地位也经过了一个从低到高的发展过程。

在师资队伍上,中国近代法律教育的师资队伍有一个发展进步的过程。最早从事法律教育的主要是西方传教士以及其亲属。至清末修律,中国开创新式法学教育,旧有的法律制度被打破,新的法律体系又未建立,因此教学中以研习西方的法律制度为主,加上中国当时专业法律人才的缺乏以及列强扩张在华势力的意图,中国政府大量聘请外国法律专家来华任教,20 世纪 30 年代之后,随着在中国接受法律教育的人才的增加以及海外法学留学生的陆续回国,在各政法院校中执教的中国教师日益增多,并开始占据主导地位。但即使如此,外国教师在法学院中仍然为数不少。

中国近代法律教育是中国近代法学萌芽和诞生的基础之一。中国特定的国情使中国近代法律教育具有许多与其他国家不同的特点,这些特点也影响了中国近代法学的成长及其风格:

第一，中国近代法律教育是派生的，不是原产的。世界上第一所法学院于11世纪中叶诞生于意大利中部的波伦那（Bologna）。至19世纪末，大学法学院的建设在西方已经具有800余年历史，已经非常成熟了。而在中国，自公元2世纪东汉末出现律学教育至7—12世纪唐宋两朝有过一个比较繁荣阶段之后，到元代官方的法律教育被正式取消，直到清末，法律教育一直被排除在国家正规的教育科目之外。而且中国当时的法律教育，以刑律为主要内容，以科举考试策问为主要形式，既不能称之为学校（School），又不是大学（University）类型的，是以从属于经学为主要特征的法律教育。因此，中国近代以后的法律教育都是从西方传入的。

由于中国近代法律教育源自西方，带有强烈的模仿色彩，因此它具有一系列的派生法律教育所具有的特点，如比较功利，发展时期短，政治色彩浓厚（政府为了维持自己的政治统治才不得不开展法律教育，而不是中国历史上法律教育发展的自然结果），学术积累不够（没有学术传统，教学与科研的底气不足），教师以留学生为主体，由于开展时间短，因而各地发展不平衡，时断时续，历经艰难，等等。而这些特点也影响了中国近代法学的诞生与成长，使其具有了幼稚、底气不足、模仿外国、没有自己的传统和特色、政治干预比较强等特征。

第二，法科留学活动在中国近代的法律教育的起步时期，占据着非常重要的地位。清代的国外留学始于自费留学。自费留学生在留学过程中认识到西方的民主和法律制度的先进，在归国后极力建议清政府公派留学。清政府接受建议，于1872年开始选派学生到美国留学，形成第一次留学高潮。此后留学之风一直未断。法科留学生尽管是在国外接受的法律教育，但由于其学成后都回国工作，故也可以看作是中国近代法律教育的有机组成部分。尤其是对中国近代法学的诞生与成长而言，留学生的意义更为重大，因为他们在中国各法律院校任教，传播法律知识，翻译法学著作、教材、论文，创办法学刊物等方面均发挥着主力军的作用。法科留学活动构成近代法律教育的有机组成部分，当然不只是中国特有的现象，它是法律教育派生之东方国家如明治维新时期日本等国家所共有的历史现象。但是,留学生人数规模这么巨大,延续时间如此之长,则是中国特有的。

第三,与上述两点相连,中国近代的法律教育的总量较小(这一点与教育在国家生活中的总量太小密切相关),名人不多,对社会贡献度不大。同时,法律教育独立的传统(大学独立、法律教育独立)没有形成,影响也不大,对社会的贡献度自然也就不高。

第四,政治多变,战乱频繁,没有好的学术环境,社会上最优秀的青年没有学法律,而是或走实业救国之路,或走上以革命解放中国之路。中国近代社会始终处在一个激烈动荡变化之中,中国近代法律教育因此命运多变,历经坎坷。许多法律教育机构不断搬迁,如厦门大学曾迁校长汀,这种动荡的局面不但无法为法学教育提供安全、稳定的教学与研究环境,更重要的是影响了法律在社会上的至尊地位,严重损伤了法律在人们心目中的权威,公众普遍认为法律不能解决中国的危机,只有走武装反抗的道路才能解放中国,只有发展实业才能拯救积贫积弱的中国。这样,社会上许多优秀的青年就不再将报考法学院学习法律作为实现人生之价值目标的途径,而是或投笔从戎、或投笔从政。

三、新中国法学教育

中国现代法学教育70多年的发展历程可谓一波三折。新中国成立以后,旧的法律教育体系被废止。以马克思主义法学理论为指导的新法学教育在全国兴起,苏联法学教育模式被全面引进。全面移植苏联的法学和法学教育体系,客观上固然使中国缩短了自己探索发展道路的时间,但也造成了一定的负面影响,并奠定了一定时期我国法学教育的基调:泛政治化和非职业化,按照政治标准和政治人的要求来构建法学教育的体系,法学教育的法律职业性被政治性所淡化直至吸收。

20世纪50年代国家进行“院系调整”,全国设立法律系的大学从34所减少到6所(中国人民大学、东北人民大学和北京政法学院、华东政法学院、西南政法学院、中南政法学院)。院系调整之后,我国法学教育格局基本确立,这种调整使原本分布不均的法学院系布局趋于合理,便于集中有限的法学教育资源,提高法学教育的质量,但同时也产生了一些负面影响,比如政法院校为主的局面长期持续,不利于法科学生综合素质的培养。

1958 年以后我国法学教育开始滑坡,直至"文化大革命"中完全被取消。到 20 世纪 70 年代,全国名义上只剩下两个本科和一个专科,北京大学法律系、吉林大学法律系和湖北大学法律专科,但实际上已停止招生。

党的十一届三中全会开创了我国历史发展的新时期,也迎来我国法学教育的春天,法学教育得到了恢复和发展。1978 年之后,相继有北京大学法学院、中国人民大学法学院、北京政法学院(后改为中国政法大学)、西南政法学院(后改为西南政法大学)、华东政法学院(后改为华东政法大学)、西北政法学院(后改为西北政法大学)、中南政法学院(后改为中南财经政法大学)等政法院校复办。法学教育基本恢复到"文化大革命"前的规模。20 世纪 80 年代以来,是高等法学教育的大发展阶段。此间,几乎所有综合大学都设立了法律院系,甚至一些理工、农林、外语、经贸等院校也设立了法律院系。到 1992 年底,全国已在 135 个普通高校设立了法学专业,比 1957 年增长了 13 倍,法学学士占全国在校大学生总数的 1.58%,总数达 40,555 人(其中本科生 27,580 人,专科生 12,975 人)。到 1995 年增加到 140 所。到 2001 年底,全国普通高等院校设立法律专业的院系有 241 个,法学专业本科在校学生为 8.5 万人,年招生 2.9 万人,毕业生约 1.78 万人,法学硕士点共 201 个,授予法学硕士学位 6572 人;法学博士点共 38 个,授予法学博士学位 320 人。到 2002 年底,全国已有 330 多所普通高等院校设置了法学院(系)或法学专业。截至 2005 年底,在不包括独立学院和各类法学专科院校的情况下,全国已有 559 所高校开设法学专业,在校的法学专业本科生和研究生约 30 万人,其中本科生为 20 万人,硕士研究生 8 万多人,博士研究生 6000 多人。[①] 据 2005 年国务院学位办公室发表的统计数据,我国大学授予的法学学士占学士总数的

---

① 徐显明主编:《中国法学教育状况》,中国政法大学出版社 2009 年版,第 1 页。

3.6%；在 1999—2003 年授予的硕士和博士学位中，法学硕士占硕士总数的 6.86%；法学博士占博士总数的 3.56%。[①] 截至 2007 年底，全国普通高等院校设立法学专业的有 615 所，在校法学本科生 30 多万人，硕士研究生 8 万多人，博士研究生 6000 多人。截至 2020 年，在校法学本科生 639,402 人，硕士研究生 156,855 人，博士研究生 23,831 人；本科招生 158,148 人，硕士招生 60,917 人，博士招生 5536 人；本科毕业 147,207 人，硕士毕业 45,814 人，博士毕业 3026 人。另外，在科研机构中，截至 2020 年，在校硕士生 1922 人，博士生 410 人；硕士招生 716 人，博士招生 84 人；硕士毕业 575 人，博士毕业 108 人。[②]

从上述以时间为纵向坐标的回溯可以看出，中国法学教育发展的历史几乎如同中国的历史一样源远流长。从 3000 年前西周时期的萌芽生成，到 2000 多年前春秋战国时期私塾性质的法学教育，至汉唐时期法学教育已经有了长足的发展，直至清末民初正规的、职业化的法学教育的形成。新中国成立后，法学教育经历了引进初创、遭受挫折、恢复重建的艰难发展历程，经过 20 世纪 90 年代以来的持续改革和发展，已经形成了具有一定规模、结构比较合理、整体质量稳步提高的法学教育体系，并在世界法学教育中占有重要一席。目前我国已经形成了有中国特色的社会主义法学教育模式，其基本内容为：以法学学士、硕士、博士教育为主体，法律硕士教育为补充的高等法学教育体系；法学的基本教育、特色教育、拓展教育有机结合的人才培养模式；普通高校的法律素质教育与专门学校的法律职业教育衔接、统一法律职业资格考试（原司法考试）与法学教育互动的就业机制。法学教育的中国模式与法学教育的美国模式、欧洲模式呈三足鼎立之势。[③]

---

① 夏利民、李恩慈主编：《法学教育论》，中国人民公安大学出版社 2006 年版，第 1 页。

② 参见教育部网站，http://www.moe.gov.cn/jyb_sjzl/moe_560/2020/quanguo/202108/t20210831_556336.html，最后访问时间：2022 年 4 月 25 日。

③ 冀祥德：《论法学教育中国模式的初步形成》，载《法学论坛》2011 年第 5 期。

第二节　法学教育的现行框架

应该看到，改革开放以来，中国法学教育的发展确实如雨后春笋一般，呈现出一派欣欣向荣的局面。但是，在繁荣的背后，随着法学教育规模的空前扩张，各种各样的法学院系越来越多，法学毕业生数量迅速增加的同时，人们对法学学科毕业生的质量却产生了越来越多的怀疑和批评，有调查显示法学学科毕业生的就业率列文科毕业生倒数第一，“学法之人如过江之鲫，法律文凭贱如粪土”，法学学科毕业生的就业越来越难。为此，不得不引起人们对于管理体制、教育层次、招生制度、专业设置和教学形式等问题的深刻反思，探索法学教育改革之路。

一、法学教育的管理体制

在1998年以前，我国法学院校依其性质及管理方式的不同可以划分为三类：(1)司法部所属的法学教育体系，分别是中国政法大学、西南政法大学、华东政法学院、西北政法学院、中南政法学院。这些法学院系(校)具有雄厚的师资力量且规模较大，其在校生已近全国法学在校生的一半。(2)教育部直接主管的重点综合大学的法学院系，如北京大学、中国人民大学、武汉大学、吉林大学、清华大学、南京大学、南开大学、中山大学、厦门大学等法学院系，其师资力量雄厚，在全国有较大的影响。(3)行业主管部门所属的理工院校与地方所属的大学的法学院系，近年来以其行业优势举办法学教育，为法学专业复合型人才的培养增添了新的亮点，但这类院系的师资有限，招生相对较少。在学校与主管部门的关系上，高等学校基本上完全依附于主管的政府部门，从学校的设立、撤销、院校长任免、人事制度、机构设置、财务制度、师生待遇以及教学计划教学大纲教材等，都是由主管部门决定，学校只根据主管部门所拨经费、下达的计划办学，缺乏独立性。而不同的学校附属于不同的主管部门，又易造成条块分割的局面，各类学校之间产生不必要的内耗，不利于教学的正常发展。

1998 年以后，根据《中共中央国务院关于关于深化教育改革全面推进素质教育的决定》和《国务院关于进一步调整国务院部门（单位）所属院校管理体制和布局结构决定》，国务院各部委一般不再直接管理普通高等院校。自 2000 年春季起，司法部将直属的五所政法高等院校，划转教育部及有关省市管理，实行归由教育部或者中央与地方共建、地方管理为主的新体制。其中，中央政法管理干部学院与中国政法大学合并交由教育部直接管理，中南政法学院与中南财经大学合并为中南财经政法大学隶属教育部，中央司法警官教育学院（2000 年改为中央司法警官学院，转制为普通高校）作为培养监狱、劳教警察的基地仍由司法部直接管理，西南政法大学、华东政法学院、西北政法学院则变为省部共建、地方管理为主。如此一来，“由教育行政部门的行政管理与司法行政部门的行业指导构成我国法学教育宏观管理指导体制的基础，再加上法学院自身成立的行业协会即中国法学会法学教育研究会的自律性管理，三者的有机结合，共同形成了有中国特色的法学教育宏观管理体制”。[①]

二、法学教育的层次区分

20 世纪 80 年代以前，我国的法学教育一直集中于高校的法学院系，教育层次也以本科教育为主。20 世纪 80 年代以后，各种形式的法学教育纷纷出现，呈现出层次呈多样化趋势，从中专、大专、本科（学士）到硕士、博士，共存在五个层次。其中，中专教育主要集中在各省所办的司法学校，学制为 2 年；大专的教育方式最为多样，包括全日制普通高等学校教育、全日制短期职业大学、普通高等学校附设夜大学、普通高等学校附设函授部或独立函授学院、广播电视大学、职工业余大学、管理干部学院和高等教育自学考试等，学制一般为 2 年或 3 年；本科的学士教育主要由全日制普通高等学校承担，以 4 年制本科为主，还有二学位制和辅修制；研究生（硕士、博

---

① 参见霍宪丹：《不解之缘——20 年法学教育之见证》，法律出版社 2003 年版，第 181 页。

士)集中在全日制普通高等学校中进行,学制一般为2年或3年,还有法律硕士和法律博士培养方案。

法学教育作为中国高等教育的组成部分,高中毕业生通过国家统一高等教育入学考试,进入高等院校法律本科专业;经过4年的学习,获得法学学士学位;再经过2年或者3年学习,通过论文答辩,获得法学硕士或者法律硕士学位;法学博士或法律博士学位的获得一般需要3年以上。也就是说,在中国从法学学士到硕士到博士最少需要9年。

在中国法学教育的结构中,普通高等法学教育占主流,囊括了各个层次的学历学位,从学士、硕士到博士各层次学位应有尽有。成人教育除脱产本科、专升本外,函授远程教育、广播电视、夜大学、自修大学层次单一,多为大专,但规模庞大。而自学考试是一个开放的体系,既有专科学历,亦设有本科学历。

三、法学教育的招生制度

普通高等学校本、专科学生均从应届高中毕业生中招收,由国家统一命题,统一组织考试,统一时间录取。学校根据国家的招生计划到各地招录。录取顺序一般以学校级别为序从重点到普通,根据考生的志愿和成绩决定是否录取。法学学制本科为4年,大专为2年。硕士研究生的考试则实行全国统一与学校命题相结合的考试招生制度,即外语,政治理论课由全国统一命题,法学专业课由学校自行命题。外语成绩由国家统一划定录取分数线,学校再依据择优原则录取,招生名额以国家计划为准,学制为3年。博士生由国家授权的招生专业点根据自己的研究方向自行命题招生,学制由3—5年不等。成人法学专业招生亦由国家成人教育管理系统统一组织考试,统一确定录取标准。脱产专科一般为2年,本科为4年,不脱产不离岗的为3—5年不等。

四、法学教育的专业设置

在20世纪五六十年代和恢复重建的一段时间,法学只设法律专业一科。20世纪80年代中期,随着国家经济建设的飞速发展,民主法治建设步伐的加快，社会对专门人才的需求日增，迫切要求人才培养更加专门化。法学专业设置随着社会需求进行了多次调整，法学本科、专科设置了法律（后改为法学）、经济学、国际经济学、监狱法（行政法）、犯罪学、知识产权法（双学位）、环境法（双学位）等专业，各地区发展不平衡，各院校师资状况不同，专业设置不一。

由于这些过窄的专业设置，在市场经济条件下阻碍了学生综合能力的提高，难以满足社会需求，教育部于1998年底重新调整了法学专业的专业设置。按照“宽口径”，“厚基础”，提高学生思想素质、文化素质、专业素质、身心素质的要求，法学本科取消了经济法、国际经济法等专业，只设一个法学专业（允许学校根据情况设若干方向）。在此基础上确定了法学专业的标准：设14门核心课作为设立法学专业的统一要求。这14门专业核心课是：宪法、法理学、民法、刑法、民事诉讼法、刑事诉讼法、行政法与行政诉讼法、中国法制史、经济法、商法、知识产权法、国际法、国际私法、国际经济法。党的十六大以后，党中央提出科学发展观，更加注重民生和人权保障，提出保护劳动者的合法权益，构建和发展和谐稳定的劳动关系，并提出建设生态文明，建设环境友好型社会和资源节约型社会，全国人大和国务院加大有关劳动和社会保障的立法及其实施监督、有关环境资源的立法及其实施监督。为此教育部法学类专业教学指导委员会于2007年3月11日研究决定，将劳动与社会保障法和环境资源法作为核心课程，使核心课程增加到16门。

2021年，随着习近平法治思想的提出，为贯彻落实教育部党组推进习近平法治思想进教材、进课堂、进头脑工作部署，切实将习近平法治思想纳入高校法治理论教学体系，坚持立德树人、德法兼修，推动法学教育高质量发展，培养德才兼备高素质法治人才，教育部修订了《法学类专业教学质量国家标准（2021年版）》，明确了习近平法治思想的指导地位，将“习近平法治思想概论”纳入法学专业核心必修课。根据《法学类专业教学质量国家标准（2021年版）》，法学专业核心课程采取“1+10+X”分类设置模式。“1”指“习近平法治思想概论”课程。“10”指法学专业学生必须完成的10门专业必修课，包括：法理学、宪法学、中国法律史、刑法、民法、刑事诉讼法、民事诉讼法、行政法与行政诉讼法、国际法和法律职业伦理。"X"指各院校根据办学特色开设的其他专业必修课，包括：经济法、知识产权法、商法、国际私法、国际经济法、环境资源法、劳动与社会保障法、证据法和财税法，"X"选择设置门数原则上不低于5门。

法学硕士研究生、博士研究生共设10个专业。为了培养高层次复合型应用型法律人才，吸引更多的非法学学士学位获得者加盟法律事业，国家增设法律硕士（非法学）专业研究生层次，成为继法学双学位后又一个高级复合型人才培养的模式。后来，又增设法律硕士（法学）专业研究生，以培养高层次的专门型、应用型法治人才。2022年9月，国务院学位委员会，教育部在印发的《研究生教育学科专业目录（2022年）》中又增加了法律博士学位。

在国家专业目录内，教育部直属学校设置专业须经教育部批准；行业主管的学校专业设置须由行业主管部门批准，报教育主管部门即教育部备案；地方院校设置专业须经省市教育部门批准，报教育部备案。法学类专业设置亦同。

五、法学教育的教学形式

中国法学教育偏向于大陆法系国家的教学模式，但又不是真正的大陆法系教学模式。各法学院系一度以注重知识体系传授的讲授课模式为主。这种教学模式优点在于，可以完整的介绍部门法的基础理论，有利于初学者构建系统的知识框架，缺点在于缺乏灵活性，一方讲，一方听，缺乏互动，不利于培养学生的质疑精神和独立思考能力，以至于有的学生将这种学习方式归纳为"记笔记，背笔记，考笔记，忘笔记"的四步曲。近年来，随着人们对法学教学模式改革的思考和实践，各学校借鉴外国的经验，对教学模式进行了一些探索性的改进，主要表现为，引进了一些注重培养学生法律实践能力的教学方式，如练习课、案例分析、法律诊所、模拟法庭以及注重培养学术能力的专题研究等教学方式。而对传统的讲授课方式，一些老师也在微观上进行了尝试性的改变，比如注重课堂师生的互动、改变传统的考试方式等，取得了一些成效。

但是，课程的设置必须考虑效益和可行性。无论法律诊所，还是模拟法庭，其覆盖面都比较小，真正能够融入其中、受到训练，并且得到专家点评指导的学生在数量上受到制约。在我国目前法学成为显学，法学院系林立、法学学生数量剧增的情况下，这些新生教学模式所发挥的实效更要打上折扣。因此以上教学形式在实践中的开展和推广，必须考虑我国高校扩招，法学专业人数急剧增加的现状。

六、法学教育的课程设置

中国高等法学教育的课程分为两类：一类是人文社会科学的通识课程，包括哲学、经济学、政治学、历史学等人文社会科学的基础课以及计算机、体育、文艺、外语等公共课；另一类是法学专业的课程，包括必修课和选修课。必修课即法学专业的核心课程，根据教育部 2021 年修订的《法学类专业教学质量国家标准(2021 年版)》，法学专业核心课程采取“1 + 10 + X”分类设置模式。“1”指“习近平法治思想概论”课程。“10”指法学专业学生必须完成的 10 门专业必修课，包括：法理学、宪法学、中国法律史、刑法、民法、刑事诉讼法、民事诉讼法、行政法与行政诉讼法、国际法和法律职业伦理。“X”指各院校根据办学特色开设的其他专业必修课，包括：经济法、知识产权法、商法、国际私法、国际经济法、环境资源法、劳动与社会保障法、证据法和财税法，“X”选择设置门数原则上不低于 5 门。选修课包括比较法、立法学、法社会学、法学方法论等。

第三章　法学教育的功能与定位

第一节　法学教育的功能

在社会学视野中,功能是一个中性的概念,泛指构成某一社会系统的要素对系统的维持与发展所产生的一切作用或影响。这种作用或影响可以是正面的,也可以是负面的。本节所讨论的法学教育的功能主要是从正面意义上来讨论的。

一、法学教育功能的两重属性

法学教育的功能既是法学教育进行研究的逻辑起点,也是指引法学教育、确定法学教育目标和方向的指针。法学教育具有教育和法律的双重属性,法学教育的功能也具有这两个方面的属性。实际上,法学教育的功能是依托于教育的功能和法律的功能的。一方面,法学教育是教育体系的一个重要组成部分,必然承载着教育的一般功能;另一方面,法学教育又以传授法学专业知识和法律技能为主要内容的教育部门,因此,必然也要起着支持法律在社会中的作用的功能。

从法学教育的教育属性上看,教育自从与生产劳动和社会生活相分离，就以其独有的形式在社会和个人的发展过程中发挥着特有的功能与作用。从社会的角度看，教育能够为社会培养所需人才，增加社会知识存量，提高国民整体素质，进而实现经济增长，提高社会文明程度，从这个意义上讲，教育不是目的而是手段，是用以达到国家在政治、经济、社会、文化等方面目的的重要途径和手段。从个体的角度看，国民教育在实施社会教化，培养理想公民，为个人掌握生存所需要的基本知识和技能提供有力条件，在使个人自我价值得以有效实现方面，起着无可替代的作用，个人通过教育能够增强谋生能力，在社会和经济的阶梯上晋升。教育是个人内涵充实，怡然自得。因而，自古以来，教育就被作为个人实现人生目标的重要手段。法学教育自然也就必须发挥此项功能。

从法学教育的法律属性上看，法学教育的功能源于法治的需要，正所谓“一国法律教育之得失，有关国家法治的前途”。实现和保证法治的良好运行，需要诸多的条件和要素，其中最为重要的一个要素就是“人”，只有借助于制定并执行和遵守法律的人，才能真正实现法治，在这些人中，最重要的一个群体就是法律职业者。法律职业群体有赖于法学教育才能得以形成和壮大。

在对法学教育功能的认识上，必须立足于上述两个方面，不能厚此薄彼：如果法学教育不能实现教育的功能，也就不能称其为教育，只是一种职业培训而已；同样，如果法学教育脱离法律的属性，置法治的需求于不顾，法学教育和其他形式的教育也就无异，不具有单独存在的价值了。

二、既往对法学教育功能认识的偏差

从我国实际来看，很长一段时间以来，国内学术界和实务界对法学教育的功能认识一直存在偏差。

新中国成立以后，教育部 1951 年颁布的《法学院、法律系课程草案》中规定，法律系的任务是“为巩固人民民主专政，适应国家建设的需要以及社会发展之前景，以《共同纲领》为基础，以毛泽东思想为指导，培养了解政策法令以及新法学、为人民服务的法律工作干部”。

1964 年 1 月 24 日，教育部和最高人民法院联合颁布的《法律专业四年制教学方案》规定，政法学院和四年制法律系的培养目标是“政法工作干部”，具体要求为：“（1）具有爱国主义和国际主义精神，具有共产主义道德品质，拥护共产党的领导，拥护社会主义，愿意为社会主义事业服务，通过马克思列宁主义、毛泽东著作的学习和一定的生产劳动、实际工作的锻炼，逐步树立无产阶级的阶级观点，有坚定的政治立场、较好的思想修养、较强的组织性和纪律性。（2）正确理解马克思列宁主义、毛泽东著作中关于国家和法的基本理论，具有中外政治和法律的历史和现状的知识，熟悉中国共产党关于政治工作的方针政策。（3）有较好的语言和文字的表达能力，有写作判牍的基本训练，掌握一门外国语，达到阅读政法书刊的水平。（4）具有健全的体魄。”

1981 年，政法学院教育工作座谈会确定的培养目标为，“培养德、智、体、美全面发展的司法工作者以及法学教育和理论研究的专门人才”。

1984 年，教育部在武汉召开的全国综合性大学专业教学计划会中也作出了类似规定。[①] 由此不难看出，从新中国成立后到 20 世纪 80 年代，我国法学教育的主要功能是培养政治素质过硬的司法工作者，为政治服务。法学教育的政治功能被突出强调，法学教育服务于政治的色彩相当浓厚，这与这段时期国家的政治局势和执政方针是密切联系的。可以说，这段时间人们对法学教育的功能的认识是非常明确的，但是由于这种认识带有明显的局限性和工具性，进而违背了法学教育的规律，也注定了这种认识指导下的法学教育必然不会是真正意义上的法学教育，也必然不能有效实现法学教育的功能。

1996 年，全国法律工作会议指出，法学教育的目标是“以社会需要为导向，面向社会，培养德、智、体全面发展，有正确的政治方向，具有广泛的知识结构和文化素养……的通用人才”。这种界定

---

①　汤能松等编著：《探索的轨迹——中国法学教育发展史略》，法律出版社 1995 年版，第 429—482 页。

淡化了法学教育的政治功能，但是却完全忽略了法学教育的特性，将法学教育的功能和一般教育混同，从而导致法学教育实践中的迷茫和混乱。

人们在法学教育功能认识上的模糊必将导致法学教育培养目标的不明确，进而引发法学教育实践中的混乱和迷茫，也注定了法学教育无法有效适应社会的需求。因此，在进行法学教育的一系列改革之前，对法学教育的功能有一个正确且清晰的认识是重中之重。

三、法学教育功能再认识

具体来看，法学教育在社会中所发挥的功能主要表现在以下几个方面：

第一，培养掌握法律专门知识、具有科学的法律思维方式和专业的法律技能，并具备良好职业道德和操守的法律专业人才。这是法学教育的首要也是最重要的功能，也是由法学教育的法律属性决定的。这里所说的法律专业人才主要是法律职业共同体的组成人员，既包括从事法律实务的实践型、应用型人才（包括律师、法官、检察官、公证人员、仲裁人员等），也包括从事法学研究的各类研究人员。

第二，为社会培养具有法律专业知识的高素质、综合性的管理和服务人才。这是法学教育的一个重要功能。法学教育培养出来的人才不一定都会进入法律职业，相当一部分人会进入其他行业和领域工作，即使进入法律职业的人也不一定将其作为终身职业，他们中的一部分人会因为种种原因转入其他行业。对于这部分人来说，法学教育阶段的素质教育和基础教育是他们从事非法律专业工作的基础，而法学专业教育则是他们工作的专业背景优势。在社会生活领域，不乏一些凭借自己的法律专业背景优势在其他行业取得傲人成绩的法科学生。

第三，为社会各类在职人员尤其是法律职业在职人员，提供定期或不定期的培训和继续教育服务。如今，知识更新速度越来越快，继续教育、终身教育已成为时代所需。法学教育机构特别是高等院校和科研院所应该利用自身的资源优势，主动承担起此项功能。

第四，普及法律知识，宣传法治思想。法学教育在对法科学生传授知识，进行职业培训的过程中实际上就是一种普及法律知识、宣传法治思想的过程，自不待言。这里笔者重点强调的受众群是那些不具有法律专业知识的人群，向这类人群普及法律知识、宣传法治思想是法学教育的一项附加功能，也是法学教育具有辐射性的重要体现。

笔者认为，法学教育的上述四项功能是具有层次性的，即培养法律专业人才是第一位的，居于核心地位，法学教育应以实现此项功能为首任；培养综合性的管理人才、提供继续教育和终身教育服务次之；普及法律知识、宣传法治思想在法学教育的诸种功能中则处于最次要的地位。

当然，也可以从以下四个角度来看待法学教育的基本功能：

第一，人才培养功能。培养适合建设社会主义法治国家需要的人才是法学教育的基本任务。在培养法律人才方面，注意把专业教育与品德教育，特别是职业伦理教育相结合，把传授法律知识和培养现代法治理念相结合。虽然中国的法学教育的迅速发展，但目前中国在法律人才培养方面还存在不平衡，表现在不同法律院校拥有的法学教育资源特别是师资的不平衡，不同地区法学专业分布的不平衡和学生就业去向的不平衡。为此国家采取分类培养的计划，包括应用型、复合型法律职业人才，涉外法律人才和西部基层法律人才。应用型、复合型法律职业人才培养是为了适应多样化法律职业要求，坚持厚基础、宽口径，强化学生法律职业伦理教育、强化学生法律实务技能培养，提高学生运用法学与其他学科知识方法解决实际法律问题的能力，促进法学教育与法律职业的深度衔接。涉外法律人才是为了适应世界多极化、经济全球化和国家对外开放的需要，培养一批具有国际视野、通晓国际规则，能够参与国际法律事务的涉外法律人才。西部基层法律人才是为了适应西部跨越式发展和长治久安的需要，结合政法人才培养体制改革，面向西部基层政法机关，培养一批具有奉献精神、较强实践能力，能够“下得去、用得上、留得住”的基层法律人才。

第二,学术研究功能。我国《宪法》第 47 条规定:“中华人民共和国公民有进行科学研究、文学艺术创作和其他文化活动的自由。国家对于从事教育、科学、技术、文学、艺术和其他文化事业的公民的有益于人民的创造性工作,给以鼓励和帮助。”在我国,高等法学教育机构是法学研究任务重要的承担者。中国高等法学教育机构注重基本理论研究,包括法理学、法律史学、部门法学、国际法学的基本理论研究,也包括外国法和比较法的研究,注重把法学理论的普遍性与中国法律实践的特殊性相结合,注重研究中国的法律实践与法治理论,为中国建设社会主义法治国家提供理论支撑。

第三,社会服务功能。中国高等法学教育不应是关在象牙塔中封闭的教育,而应积极地服务于社会。高等法律院校为培训中国各级立法机关、司法机关和行政机关的干部,提高他们的专业化水平做了大量工作。高等法律院校还积极开展法律服务工作,提供法律咨询,为残疾人和其他弱势群体提供免费的法律服务。高等法律院校也承担大量的法治宣传和教育的任务,为在广大公民、干部中普及法律常识、树立依法治国观念做出了大量的工作。法律院校的教师积极参加国家的立法实践,在全国人大及其常委会、国务院和地方国家机关制订相关法律、行政法规和地方法规的过程中,征求专家意见,召开论证会,一些重要的法律首先委托高校教师草拟专家意见稿,已经成为立法程序的通例。一些学者还应聘到各级人民法院、人民检察院兼职,既可以提高司法机关的审判和检察业务水平,同时也有助于教学和研究工作密切联系实际,经常把司法实践中的一些疑难案件作为教学和研究的对象。

第四,文化传承功能。中国法律文化有着悠久的历史,在当代中国法律制度中,它们仍然得到发扬光大,如民事调解、罪犯的社区改造等。在新的历史条件下,如何把这些优秀的文化传统继承下来,是高等法学教育的一项重要使命。中国高校法律专业普遍开设中国法制史、外国法制史等课程,还有一些学校开设了文化遗产法等专业课程。吸收世界各国的优秀法律文化,研究各项法律制度的中国传统,结合当代中国法律实践,创造具有中国特色、中国气派、中国风格的社会主义法学，是高等法学教育的发展方向。

第二节 法学教育的定位

《现代汉语词典》中将“定位”解释为“用仪器对物体所在的位置进行测量”，“经测量后确定的位置”，“把事物放在适当的地位并做出某种评价”。[①] 从这个意义认识法学教育的定位，就要看是从法学教育承担的使命的角度定位，还是从法学教育范畴、主体、层次等角度做出评价。

一、从法学教育使命的角度定位

凡能够在大学中占有一席之地的学科均有自己特定的目的与使命。政治学是为了改善对公正利益的管理；管理学是为了改善对社会目标的管理；经济学是为了改善对成本与效益关系的管理；教育学是为了改善人们对德性与智性形成过程的管理；新闻学是为了改善人们对社会事物知情状态的管理，那么法学教育的使命是什么呢？法学教育的使命是培养信仰法治、忠诚于正义的法律人。

徐显明教授从中国法学教育正在面临的困境出发探讨法学教育的定位问题。他认为，中国目前的法学教育正面临着一系列困境：第一个困境是法学教育的低起点和法律职业共同体高素质要求之间的矛盾。作为法律职业共同体的成员，应当具备超乎常人的智慧与判断力，低起点的法学教育不能满足这一要求。第二个困境是法学教育的大众化与精英化之间的矛盾。作为法律职业共同体的成员，应当具备超乎常人的德性与人格，基于提升人们一般文化知识的大众教育也显然不能满足这一要求。第三个困境是法学的通识教育与职业教育之间的矛盾。通识教育的目的是教授学生一般社会知识与做人的一般道理，而法律职业教育的目的是对未来的法律人进行职业伦理与职业技巧的训练，这两个目标如何能够在有限

---

① 《现代汉语词典》（第 7 版），商务印书馆 2016 年版，第 309 页。

的时空条件下同时完成？第四个困境是法学教育的人文性和科学性之间的矛盾。科学的教育在于培养理性精神与规则意识，人文的教育在于培育个性与人文情怀，这两种精神何以能够在未来法律人身上并行不悖？要解决这些问题，就需要确立法学教育的核心理念。①

基于上述困境，徐明显教授指出，法学教育作为国家法治实践活动之重要一环，应当坚持以下三点：第一，法学教育应当承担起引领时代法律思想走向，提升整个社会法治素养的责任。不同于政府所推行的法律常识的普及，专业点的法学教育与研究应当能够代表一个时代的最高理论水平，应当为一个社会法治理念和法治走向负责。第二，法学教育应当承担起构筑社会伦理体系的责任。社会伦理体系有三个层次，处在最低层次的是公民伦理，居于第二层次的是职业伦理，而处在最高层次的是社会精英的政治伦理。法律人操持的是社会的正义事业，作为社会精英的法律人，除了遵守社会所赋予的职业伦理要求外，还要成为政治伦理趋向正义良善的引领者。我们培养的法律人应当具备社会最高位阶的伦理水平。第三，法学教育应当承担起维护社会主流价值的责任。正义在任何时候都是社会合作的首要前提，失去正义的牵引，人类将会步入杂草丛生的丛林。

从法学教育使命的角度定位，法学教育就是要培养信仰法治、忠诚于正义的法律人，由他们去守护正义，借靠着他们的智慧与理性、良知与勇气，搭建社会的正义之梯，让社会中的每一个人都能够登临正义的高地。②

二、从大教育观的角度定位

霍宪丹教授从法学教育的范畴、主体以及法学教育与法律职业的联系等方面定位法学教育。他认为：

1. 法学教育不仅是学历和学位教育。法学教育应当是一种在

① 徐显明：《法学教育的责任》，载《中国改革报》2007年6月21日。
② 徐显明：《法学教育的责任》，载《中国改革报》2007年6月21日。

大教育观指导下的建构和实践，这种大教育观是以终身教育思想、专业化分工与社会化协作相统一的社会发展规律和智力资本及人力资源理论为指导的。[①]

对这一观点，笔者表示赞同。长期以来，中国法学教育被习惯定位于法学专业的学历与学位教育，获得学历或者学位被看作接受法学教育结束的象征。这种对法学教育的定位显然是狭隘的，与知识型、学习型社会体制下终身教育、终身学习的教育理念和教育思想是相悖的。正是因为中国法学教育“法学专业点的学历和学位教育”之定位，一方面使得社会对法学教育的期待完全集中于法学院校的学历与学位教育；另一方面社会有关机构和组织“逃离”了法学教育的责任，成为法学教育的看客，法院、检察院、律师事务所等肩负着法学继续教育责任的组织，在不履行职责的同时，反而对法学教育评头论足。为此，应当摒弃传统法学教育“法学专业的学历与学位教育”之定位，树立法学教育是一种与人相伴一生的新的教育理念和培养模式。

2. 法学教育不仅是高等学校的责任。法学教育的基本目标是把一个社会人培养成一个法律人。在社会人转变为法律人的过程中，法学院校的责任当然责无旁贷，并且应当具有举足轻重的地位。但是，社会人获得法学专业学历或者学位，并不意味着从社会人到法律人转变的完成。对此，有论者批评说，长期以来，中国的法学教育走的是一条法学院校自我办学、自我完善、自成一体，以知识传授和理论研究为主的学科化、学院化的发展道路，人们在观念认识上习惯于将法学教育视为一次性的学校教育，将法学教育的概念等同于高等院校法学专业的学历教育。[②] 在笔者看来，正是囿于中国法学教育就是“高等院校法学专业的学历与学位教育”之定位，才使得法学院校承担了过多的社会责任，虽负担过重，但依然备受诟病。

3. 法学教育必须紧密联系法律职业。“纵观法律职业和法学教育的发展历程，可以说，法学教育与法律职业从一开始就有着不解

---

① 霍宪丹：《中国法学教育反思》，中国人民大学出版社 2007 年版，第 68 页。

② 霍宪丹：《中国法学教育反思》，中国人民大学出版社 2007 年版，第 63 页。

之缘。一方面,没有法学教育就没有法律职业;法学教育培养和提升了法律专业知识和法律职业素养。另一方面,法律职业决定了法学教育的发展方向;法律职业丰富了法学教育的内容。当两者脱离时,就将导致结构失范和发展失衡。法律职业与法学教育之间长期缺乏制度联系,处于脱节的状态。已经表现出来的弊端至少有二:其一,法学教育长期由法学院校闭门经营,似乎与法律职业部门无关,不系统、不规范的实践教学和实习活动,无法满足法律职业对法学教育的针对性需求;其二,"法律职业离开法学教育的支持和涵养,加上受社会历史条件的制约,不仅偏离了分工专业化、队伍职业化的健康发展轨道,而且还形成了'司法模式行政化,司法活动功利化,司法机构地方化和司法队伍大众化的弊端'"。①

中国法学教育恢复40多年来的实践发展告诉我们,随着国家法治进程的不断推进,特别是国家法律职业资格考试(原司法考试)制度的建立,中国法学教育传统定位的历史使命已经完成。法治国家建设中,要求法律职业必须走上专业化和职业化的轨道,法学教育肩负着为法律职业部门和全社会培养高素质法律人才的历史使命。"这种高素质的法律人才,绝不仅仅是掌握了法学知识体系的人,'他'应当是和必须是法律专业知识、法律职业素养和法律职业技能的统一体。而要实现这个目标,必须尽快摒弃法学教育的传统观念,重新界定和建构大法学教育的新观念,这是法学教育进一步改革发展的当务之急和首要前提。"②

综上所述,大教育观下的法学教育的现代定位是:法学教育不仅是高等院校和科研机构中的法学专业教育,也是法律职业机构中的互补与继续教育;法学教育不仅包括学历和学位教育,也包括非学历教育;法学教育不仅包括法律学科教育,也包括法律职业教育;法学教育不仅包括法学知识技能教育,也包括法学学科规律特色教育。

---

① 霍宪丹:《中国法学教育反思》,中国人民大学出版社2007年版,第63页。

② 霍宪丹:《中国法学教育反思》,中国人民大学出版社2007年版,第69页。

第四章　法学教育的目标

第一节　法学教育目标存在的问题

新中国成立后尤其是党的十一届三中全会以后，中国的法学教育取得了举世瞩目的成就，办学规模不断扩大，层次日趋多样化，体系日臻完善。其发展速度之快，规模之大，不仅在中国法学教育史上是空前的，就是在世界上也极为罕见。但是，法学教育存在的问题也很多。曾经一度蜂拥而至、大干快上的做法，给我国法学教育的质量造成了严重影响，同时，也造成我国的法学毕业生就业率严重下滑。党的十八大以来，中国特色社会主义进入新时代。2017 年党的十九大提出“高质量发展”。2021 年，在“两个一百年“奋斗目标历史交汇之时，特殊时刻的“两会”，习近平总书记接连强调“高质量发展”，为新时代指明了方向，同时也是法学教育一个极为重要的时代课题。基于此，认真反思我国当下法学教育的目标，对指导我国今后法学教育的发展，无疑具有重要的意义。

一、研究法学教育目标的必要性

法学教育的目标是整个法学教学的灵魂，也是法学教育的基本问题，并且始终是法学教育首先必须回答的问题。法学教育的目标决定着法学人才培养模式、法律专业的课程设置及其体系结构、教学方法、教材选择、师资建设、法学教育与法律职业的关系等一系列问题,它不仅是法学教育活动的出发点,更是法学教育的核心点。

法学教育发展的历程表明,良好的法学教育离不开法学教育学的同步发展。与国外相比,对于法学教育本身,我们缺乏系统的研究,以至我国法学教育从来就没有一个稳定、科学的定位。由于很少注重对教育本身的研究和反省,因而一旦出现问题,人们自然就很难对问题的起源及治理措施有通盘的考虑和整体的设计。为了使法学教育稳步快速地发展,我们需要关注法学教育自身,需要对法学教育的目标进行定位。法学教育的目标不仅确定了法学教育的职责和功能,也影响着法学课程的设置和学生的入学资格等问题。① 如果不对法学教育进行正确定性,法学教育就会迷失方向、误入歧途,这势必会制约我国法学教育的发展,也难以培养出适应法治国家要求的合格法律人才。

但是,长期以来,由于种种原因,我国的法学教育目标一直就没有一个准确的定位。随着市场经济的日益发展,法学教育与法律职业的关系成了法学界人士所关注的热点,对法学教育目标的争论,一方面表现在究竟定位于法律职业教育还是学科教育,即法学教育应当成为培养未来的律师、法官、检察官等法律职业者的职业教育,还是应当成为培养国民素质的通识性教育;另一方面表现在法学教育应当是精英教育还是大众教育以及二者兼有等的争论上。

二、法学教育目标存在的问题

近年来,关于法学教育目标研究颇多。从整体上看,多数论者认为,我国的法学教育在迄今为止的相当长的时间里,没有确定出一个稳定的目标,当然也不存在与稳定目标相适应的关于合格毕业

---

① 覃佐媛、曾言:《法学本科教育的性质定位再探》,载《湖南医科大学学报(社会科学版)》2002 年第 4 期。

生的标准。

以构建科学的高等法学教育培养目标为核心,我国高等法学教育在培养目标确立方面还存在不足。尽管1979年后,随着我国经济的发展和民主与法治的不断进步,法学教育不断加强,富有中国特色的高等法学教育基本上形成了完善的体系。但纵观我国各高等院校的法学专业培养目标与国际上其他国家相比较,仍有若干不足。其一,我国高等法学教育培养目标不明确、不具体,缺乏针对性。许多高校的法学专业培养目标仅指出培养高级法律专门人才,但缺乏人才所从事的明确工作方向。世界上其他国家法学教育的培养方向十分明确,如美国法学教育培养律师;德国法学教育培养法官、检察官及高级行政官员;日本法学教育培养司法人员。其二,我国高等法学教育培养目标内容不全面。大部分高等院校的法学专业培养目标仅强调基础知识和专业知识的掌握,忽视创新能力和实际工作能力的培养。因此,在我国的法学教育中,教学方式大都采取单调的课堂讲授,缺乏课堂讨论及案例教学;考试方式大都采取闭卷的书面考试,对实践性教学重视不够。①

上述不足导致我国在高等法学教育领域,长期偏重基础教育,对应用性教育重视不够。如果用意大利著名经济学家维尔弗雷多·帕累托提出的"20 80 规则"(即帕累托规则)来衡量,我国法学教育在多数情况下是用20%的资源发展应用性教育,而将80%的资源用于发展基础教育。这与美国的法学教育比例刚好相反。这样做所造成的后果表现在:一是就所培养的人才来看,应当具备的法律知识结构不完整,特别缺乏创新意识和思维能力的训练,综合素质不高,认识问题、判断问题、解决问题的能力较差,遇到实际法律问题茫然无措。二是就整个法学教育来看,由于培养出的人才不适合社会的需要,造成我国法学教育与法律职业相脱节。这种脱节背离了法学教育的宗旨和法律职业的发展要求,阻碍了我国的法治建

---

①　田国兴、张荣华:《我国高等法学教育培养目标的创新与确立》,载《现代教育科学》2003年第4期。

设,已成为当前法学教育的根本缺陷之一。①

在我国,要构建一个高等法学教育体系,就先要明确其培养目标,目标集中体现在对该项教育的定位与定型上,并由此决定该项教育的体制、方法、内容等一系列具体制度。目前,我国高等法学教育的培养目标一般是套用高等教育的共同目标,简单表述为:“培养德智体全面发展,坚持四项基本原则,具有系统法学理论知识和实践能力的能够胜任法律工作的专门合格人才。”就具体的教学实践而言,我们培养的是法学通识人才还是专门人才?培养的是法官、检察官、律师还是掌握一般法律知识的人才?进行的是精英教育还是大众教育?尚不太明确,法学院的本科教育到底是以素质教育为主还是以职业教育为主?还很不清楚。这就造成了经过几年的法学本科教育,理论水平上该提高的没有提高,该有较强实践能力的人才没有培养出来,法科毕业生既不能及时地从事法律事务,又不能较好地从事法学理论研究。

大陆法系的法学教育注重法律原理,相对忽视法律技能的培植,把普通本科教育作为学术教育,培养具有学术精神和一般文化素质的大学生,那种由律师、法官参与的法律职业训练,被置于高等教育之外,在这种培养目标下,学生能够具有扎实而广博的理论功底。在英美法系的国家,法学教育的主要目标在于培养实用型,具有独立操作技能的法律人才,也就是培养法律职业者。所以,英国和美国的法学教育在性质上属于职业教育,作为一种职业教育,法学教育的目标即是培养合格的律师,学生毕业就可以进行法律事务操作,这种培养目标的优点在于学生对社会的适应性很强。

法学教育的首要问题是确定培养目标,也就是培养什么样规格标准、类型、适于什么职业的法律人才。由于我国人才培养目标不清,造成了本科、大专、中专法律院校(系)、甚至法律职业系统本应以进行职业技能培训或者继续教育为主的各类培训中心,在教学内容、方式上几乎毫无区别。种类繁多的法学教育在人才的培养规格

---

① 田国兴、张荣华:《我国高等法学教育培养目标的创新与确立》,载《现代教育科学》2003 年第 4 期。

和类型上，缺乏事实上的合理分工，基本上是在低层次上同构重复，从而形成了一方面各类高层次、高素质法律人才大量短缺，不能满足新时期全面依法治国的需要，另一方面是大量大中专法律学校毕业生由于层次太低难以就业，造成人才资源、教育资源巨大浪费的双重危机。①

改革开放以后，中国法学教育形成了全方位、多层次、大规模的局面。然而，面对这种空前的、盲目的、大规模的发展，法学教育除了有"泡沫成分"的虚假繁荣以外，其中的诸多矛盾也显现出来，尤为突出的是法学本科教育的核心问题——法学教育目标的确定，即法学院系究竟是为培养未来的律师、法官、检察官的法律职业者的职业教育学院（professional school），还是应当成为培养国民素质的通识性教育（general high education），或者是培养法律学者和法学专家的讲授法学理论和系统法律知识的研究学院（research school）。针对本科法学教育来讲，存在的问题就是把法学教育目标定为职业教育（professional education），还是素质教育（liberal education）。②

由于法学教育的目的不明确，我国法学教育的发展出现无序的状态，当前的法学教育带有极大的盲目性、实用性和功利性，众多法律院系在招生时缺乏培养目的，学生选择法律专业更是缺乏有效指导，仅仅是为了找饭碗而上大学，毫无对法律的兴趣，看似饱和的法学专业教育不仅未能对社会发展起到应有的作用，反而让民众对我国的法学教育失望之至。一些不合格的法律从业者更是让法律的权威不复存在，也使法学教育饱受非议。③

中国特色社会主义进入新时代，高质量发展成为法学教育的主题，法学教育高质量发展的根本在于法学教育的活力、创新力和竞争力。

---

① 梁志东：《对法治中国法律教育问题的思考》，载《现代企业教育》2010 年第 16 期。

② 张艳丽：《法学本科教育目标与教学方法》，载《北京理工大学学报（社会科学版）》2007 年第 1 期。

③ 马明华：《我国法学教育的困境与出路初探》，载《郑州航空工业管理学院学报（社会科学版）》2011 年第 4 期。

第二节　域外法学教育的目标

由于文化传统、政治信仰、经济制度等不同，世界各国法学教育的目标也不同，甚至，即使在同一个国家，各大学法学教育目标的设立也有差异。这些考察告诉我们，法学教育目标的确定要因国情制宜、因地制宜、因时制宜。

一、世界主要国家的法学教育目标

（一）美国的法学教育目标

美国的法学教育在培养目标上持有“小司法”的理念。美国的法学院以法律职业博士为主，而法律职业博士的培养目标非常明确，就是培养律师，这里的律师主要是指私人开业律师，这是一种属于“小司法”的教育理念。[①] 现行的《2006—2007 美国律师协会法学院认证标准》第 301 条对法学院的教育目标作了规定：法学院应当保持教育项目，以便学生加入律师职业，并有效地、负责任地从事律师职业；法学院应当保证所有学生都有相同的机会充分利用法学院的教育目标、共同教育项目以及其他教育利益，更好地进行学习。[②]

有论者认为，美国法学教育的目标在于促进法律职业。美国的法学教育一直以来都明确将促进法律职业或者为职业提供准备设定为教育目标，学生在法学院的学习集中体现为专门的法学培养和法律职业训练，因此职业教育化构成了美国法学教育的根本特征。法学教育被认为典型地属于法律职业教育，更确切地说是律师教育。法学教育注重的是法律人的思考方式、法律职业素质和职业能力的培养和训练。在法律教育中，强调“像律师一样思考”，并认为“优秀法学院的课程不是教授法律原则，而是教给学生律师式的思

---

① 张桂英：《美国法学教育理念与模式对我国之启示》，载《黑龙江高教研究》2007 年第 6 期。

② 刘佳主编：《法律教育学》，社会科学文献出版社 2012 年版，第 276—277 页。

维方式——这是他们适用不断变化的法律原则的基本工具”。

但是,美国法学教育的职业化,并非仅指法律职业技能训练。由此可见,美国的法律职业教育,不仅是指法学院要为法律学生提供分析和解决法律实务方面问题的各种技术性训练和关于实在法和法律程序方面的实践职业能力,而且还要培养学生关于法学探究和立法思维的学术能力,训练他们像律师那样思考问题的能力和掌握法律论证与推理的艺术。

美国的法学教育立足于促进法律职业的目标,通过具有职业导向性的美国律师协会(ABA)和美国法学院协会(AALS)联合对法学教育进行评估得到进一步的强化。同时为了确保实现这一目标,ABA 一直以来对其法学教育的实际状况进行跟踪调查,并发布有关法学教育状况的报告,不断地对其法学教育进行反省,并提出改革的建议。①

(二)英国的法学教育目标

英国的法学教育主要是一种职业训练,其目的是培养合格的律师和法官,而不是法学研究者或法学家。这种培养目标与美国以培养律师为目的的法律教育有些细微的区别,当今英国的法学教育分为理论教育和职业培训两个阶段,任何有志于成为律师的学生都必须一次完成这两个阶段的学习。这样的培养目标也决定了教育模式必须由学术基础教育阶段和职业培训阶段及必要的实习阶段组成,这样的制度设计有利于培养真正合格的从事实务的法律职业工作者。②

(三)澳大利亚的法学教育目标

澳大利亚对法律从业者的培训仿效英国模式。因此,受英国的影响,澳大利亚法学教育的目标也是培养具有实践操作能力的律师。澳大利亚的法学教育既是职业教育,又是普通教育。职业教育以培养实务型人才为主要目标;普通教育就是为进入其他行业奠定

---

① 胡利玲:《美国的法学教育及其启示——兼论我国商法教学的改革》,《中国大学教学》2009 年第 9 期。

② 刘佳主编:《法律教育学》,社会科学文献出版社 2012 年版,第 287 页。

必要的人文教育基础。①

（四）韩国的法学教育目标

韩国的本科法学教育，从制度方面来看，属于提高国民素质的通识教育，侧重适应社会各方面的需求；研究生院的教育课程主要侧重于培养法学家。随着对英美法系法学教育模式的借鉴吸收，韩国的法学教育开始侧重于职业教育，兼顾通识教育，2007 年 7 月通过的《有关法科大学院设置及运行的法律》第 2 条规定，法科大学院的理念是："培养能够顺应国民的多样期待和要求，并提供高质量的法律服务，有丰富的教养、对人和社会有着更加深刻理解和追求自由、平等、正义价值观，具备健全的职业伦理观，专业有效处理纷繁复杂的法律纠纷的专业人才。"②

（五）日本的法学教育目标

日本大学本科阶段（4 年制）法学教育的目的并不是培养法律的专职人才，而是一种为普及法学思维方式而开设的普通素质教育。日本法学教育家一般认为法律院校不是法律实用学校，本质上不是职业教育，并不直接为社会输送法律职业人员，因为法学本科学士的教育，仅要求学生具有坚实的基本法学理论基础，较宽厚的专业理论基础和较深的专业知识。在教学中，强调法是社会人应该遵循的行为规范，是社会人的最高行为境界，重点是给予理性的讲解，而不注重讲授应当如何去做。至于法律职业方面的实务，则应是大学毕业后的专门项目，不应大学期间完成。所以日本的法律院校的教育目的是重理性而轻实务，具有重视基础理论的单一性。③

（六）德国的法学教育目标

德国的《高等学校框架法》和《法官法》是德国法学教育实施的基本依据，《高等学校框架法》规定："高等学校的任务在于，通过研究、教授和研习，培植和发展科学、艺术，并为学生将来从事需要运用科学知识和科学方法或艺术创造能力的职业做准备。""教授和

---

① 刘佳主编：《法律教育学》，社会科学文献出版社 2012 年版，第 287 页。

② 刘佳主编：《法律教育学》，社会科学文献出版社 2012 年版，第 295—296 页。

③ 刘佳主编：《法律教育学》，社会科学文献出版社 2012 年版，第 296 页。

研习应为学生从事某种职业做准备，应根据专业传授给学生职业所需的知识、能力和方法，以使学生能在一个自由、民主和法治的国家里，胜任科学或艺术工作和具有责任性的事业。”德国《法官法》第5条第1款，将法学教育的目标确定为“取得担任法官职务的资格”。上述规范非常清楚地表达了德国法学教育的核心就是职业教育。这是德国法学教育改革之前对培养目标的定位。2002年3月21日，德国公布的《法律教育改革法》对德国《法官法》和《联邦律师条例》进行了修订，对法学教育培养目标进行了新的定位，提出了“具有全方位工作能力的法律人”这一概念。换句话说，德国的法学教育不再以培养法官作为唯一目标，而是旨在培养在任何法律职业领域都有能力开展法律工作的专业人才，其核心仍然是职业教育。①

（七）法国的法学教育目标

法国为了应对教育的国际化趋势，从1999年起开始进行高等教育改革，在教学改革方面，他们提出：“本科第一年为基础学习阶段，学生应掌握基本知识（文化基础、社会经济知识、法律基础等）和能力（信息技术、外语、方法论等）；第二年为巩固阶段，即在一年级的基础上逐步进入专业学习（可以采取研讨会、论坛、企业指导等），并在学期结束时拟定个人就业计划；第三年则是与学生个人计划相适应的专业学习年，在这一年中每名学生都参加毕业实习。各大学将设立学生就业帮扶办公室，分配实习和工作机会到各个单位，帮助学生找到第一份工作并适应工作岗位。”②从以上改革措施看，第一，法国高等教育仍然坚持基础教育的发展方向；第二，在坚持基础教育的同时适度加强实务训练，为学生的就业打下基础。鉴于此，在法学教育层面，法国现在虽然大幅度引进实务教育，但法学教育中正确的原理性思维仍是培养受教育者的关键。法国法学教育不是职业教育，也不是精英教育，原则上不实行法律职业一元化，采取多元化法律职业培养制度，根据法律职业种类的不同，候选司

---

① 刘佳主编：《法律教育学》，社会科学文献出版社2012年版，第309页。

② 刘敏：《2000～2010年法国的高等教育改革》，载《大学（学术版）》2011年第3期。

法官和律师分别由不同的学校进行培养。由此说明,法国的法学教育是以培养法官、律师以及多行业就业人才为目标的。“可以这么说,在法国,学生在大学法律系所接受的教育,主要是积累知识、锻炼思维和写作能力的基础教育(至少是在第一和第二阶段),而不是具体的职业训练。一旦学生决心从事某一项法律职业时,他还必须再接受专门的培训,或进律师学校、司法学校、公证学校,或参加特殊的公务员考试,或注册 DESS。”①

二、世界著名大学的法学教育目标

(一)哈佛大学的法学教育目标

哈佛大学法学教育定位较高,“有崇高的培养目标”,其教育“毋宁强调任何一个部门法,不如兼顾入门课程和所有法律领域需学习的提高课程。此种多元、富挑战性的教育安排,旨在培养学生在法律工作中的领导能力,诸如司法、行政、其他公共机构、学术和经营等部门的工作能力”。为了培养领导型人才,这些挑战性教育针对的不是缺乏一定专业知识积累与文化背景的高中毕业生,而是其他专业的大学毕业生,是大学后的一种深化教育,属于典型的英才教育。其教育,不是正襟危坐讲述抽象的教条、超现实的理性或某个法学理论,而是选择一种实习训练的模式,在教与学之间模仿法律实务工作,展开技能训练,经过激烈的追问、辩论和对抗,增进学生的法律实践经验和思考能力。哈佛大学法学院明确提出:法学院为其毕业生作为法律人才或者与法律相关的职业角色提供准备,其目标是为法律教学和法律研究提供一种通晓的、启发性的训练。法学院通过其教员、学生和毕业生,寻求就解决社会复杂问题创造实质性的贡献。②

(二)耶鲁大学的法学教育目标

耶鲁大学法学院院长斯旺曾特别指出,大学的法学院有双重职

---

① 刘佳主编:《法律教育学》,社会科学文献出版社 2012 年版,第 318—319 页。

② 胡利玲:《美国的法学教育及其启示——兼论我国商法教学的改革》,载《中国大学教学》2009 年第 9 期。

能:一是通过案例教学法“对学生进行训练”,使其在选择职业过程中能成为一名成功的职业律师;二是通过对现存法律的科学研究和分析,通过对其他国家法律的比较研究,通过对法律缺点的批评和对立法理论等的建议,通过借法律和社会的其他制度相联系等方式,致力于“改进法律”。因此,除了纯粹的职业训练以外,法学院有义务通过其教师的研究和出版物以及通过有特点的教学,扩大法学教育的广泛基础。①

(三)剑桥大学的法学教育目标

英国剑桥大学法科的教学目标,是培养学生“从学术角度而非出于职业的需要,对法律一般原理作全面的理解,同样重视原则与技术、推理与阐释两方面的内容,把握法的时代意义,学会在广泛的社会背景中考虑问题”。剑桥大学培养执业律师,但更重要的却是提供优良的通才教育,使受业对象尽可能广泛受益。②

(四)巴黎第二大学的法学教育目标

法国大学法律教育分为前期的大众教育和后期的英才教育两部分,其大众教育有浓厚的理论灌输色彩,这一特点甚至遭到不留情面的批判。巴黎第二大学没有对法学提出特别的教学目标,但因其教育的学术性很强,特别是经过前期大众教育的反复理论讲解、灌输和沉淀,督促学生将法学理论变成个人的法律意识和法律文化。在全面提高学生素质的基础上,巴黎第二大学法学院才进入后期教育,兼顾社会专业化分工的需要,针对性地进行专才教育,给具有不同选择意向的学生提供不同的专业方向和相关课程,因材施教。对选择以法学研究为目标的学子,其课程重点是理论素养提高与研究技能训练;而对志在法律实务的学生,则侧重培养其法律实践技能,且安排其参加法律实习和严格的选拔考试,这些学生通过

---

① 胡利玲:《美国的法学教育及其启示——兼论我国商法教学的改革》,载《中国大学教学》2009年第9期。

② 王安异:《法学教育模式及其选择》,载中国法学教育网,最后访问时间:2012年8月31日。

考试,才能从事法律职业。①

(五)海德堡大学的法学教育目标

德国海德堡大学法学院也没有提出什么响亮的教育口号,只是将德国国家考试作为评价法科学生成绩的唯一标准,所有学生只有通过国家考试,才能进行下一步职业训练或学术训练,国家考试成为大学法学教育的重要组成部分。虽然德国法学教育态度明确,目的就是帮助学生通过国家考试;但其教育并不是消极的"应试补习化",而有自己的要求,其教育过程本身非常强调素质培养,除了讲授课之外,学生还必须上一些练习课、专题讨论课,有一些作业要求。练习课的案例分析或论文撰写、专题研讨所需的专题发言,非常注意培养学生的能力,常常要求长篇大论,要求对相关的学说作很全面的了解和评析,学术气息十分浓厚,若无相当的法学思考能力和务实的研究精神,通常很难完成学习任务。②

(六)悉尼大学的法学教育目标

悉尼大学法学教育兼具大众教育和英才教育的特征,其招生较开放,可招收高中毕业生和大学毕业生两类不同学生。虽然如此,但其培养目标定位较高,旨在培养社会精英,即"着力培养具有法律想象力、创造力的法学本科毕业生"。以此而使其掌握高水平的批判、分析能力,有历史理解力和社会观察力,同时也掌握一定的法律技能,全面、广泛地掌握包括法律知识在内的各种知识,以满足法律实践的需要;能够理解法律的时代、社会背景,有能力根据法律修改、社会变迁而运用法律技能;具备职业责任感和人情味(sensitivity to the human element);有思考力,能够提出问题、解决问题,能够在日益变迁的环境下灵活运用法律技能。③

---

① 王安异:《法学教育模式及其选择》,载中国法学教育网,最后访问时间:2012年8月31日。

② 王安异:《法学教育模式及其选择》,载中国法学教育网,最后访问时间:2012年8月31日。

③ 王安异:《法学教育模式及其选择》,载中国法学教育网,最后访问时间:2012年8月31日。

（七）东京大学的法学教育目标

日本东京大学法学教育也采取了折中的政策，同时考虑大众教育和英才教育的需要。其招生对象为普通高中毕业生，但因为法学教育在日本大学教育中处于中心位置，大量的社会管理人才，包括活跃在经济、政治、外交、行政管理等各个领域的许多优秀人士，都毕业于法律院校，所以其培养目标仍定位高远。①

第三节　关于法学教育目标的争论

国内对法学教育目标的争论一直没有达成一致，主要有职业教育论、通识教育论与二者结合教育论，精英教育论、大众教育论与二者结合教育论，区别教育论和素质教育论等观点。笔者提出层次教育论观点。

一、职业教育论、通识教育论与二者结合教育论

（一）职业教育论

相当一部分论者认为，我国法学教育应当注重职业化教育。从法学教育的本身特征出发，结合我国经济发展的需要，大力倡导法学教育的职业化发展，是这些年来对我国法学教育发展的反思的结果。或者说，改革开放40多年来，我国的法律职业教育已经成了我国法学教育的短板，造成了我国法学教育发展的滞后性与非科学性。法律职业教育不同于传统的法学经典教育，前者注重如下技能的培养与训练：团队合作精神、沟通能力、问题解决能力、个人分析问题与解决问题的能力等。根据我国目前法学的教育模式，所培养出来的法科学生很难极快地适应社会的需求，往往需要较长的时间去适应社会的诸多要求，从而造成了法学教育与社会需求的严重脱节，背离了教育的宗旨与目的。

---

① 王安异：《法学教育模式及其选择》，载中国法学教育网，最后访问时间：2012年8月31日。

有论者认为,法学教育应当弃通识教育,走职业教育之路。通识教育存在着一个最大的弊端,即轻技能、轻实用。通识教育除注重知识的基础性、全面性之外,还注重培养能力,即想象和概括的能力、理性思维的能力。通识教育还重视知、情、意的陶冶,以塑造完美的人格。然而,所学虽广博,却难以精深。由于教学重心偏离实际应用,易导致学用脱节。因此,法学教育除了向通识教育方向发展,也应作为一种特殊的职业教育。我们应以培养应用型和动手能力强的人才为目标。国外法学院的课程设置都有一个特点,即密切地与法律职业资格的授予结合在一起。事实上,在不少国家和地区,掌管律师资格授予的律师协会本身就参与了当地大学法学院的课程设置,毕业生只须再由执业多年的律师进行一段时间的职业训练和实习,即可自动取得律师执照,而无须再经律师资格考试,因为这种法律职业教育已为当地律师协会所承认。类似国外的这些做法与思路是颇值得我们借鉴的。①

有论者认为,法学教育以培养精英人才为目标,国家和社会需要各种法律职业的专门人才,决定了法学教育的性质是职业教育,而不是通识教育。“法学教育只有与法律职业密切结合,才能逐步走向专业化、规范化,才能建立相对稳定和连贯的知识传统。”一般而言,法学教育承担的主要任务是“适应司法改革的需要,为立法、司法、法律服务、法律监督等法律职业部门培养大批高素质的法律人才,提供严格的一体化的法律职业教育、培训和终身化的法律继续教育。同时,培养一批与法官、律师、检察官等职业相配套的从事法律辅助工作的高等技术应用型法律职业类人才”。但40多年来,我国普通高等学校的法学教育实行的是通识教育,而不是法律职业教育。通识教育是面向所有大学生的非专业教育,它为学生进行专业学习提供必要的综合知识储备。该论者进一步指出了通识教育的局限性,认为通识教育与社会发展实际需求相脱离,与受教育者必须面对的生存和谋生的需求相脱离。单一的通识教育有违法律

---

① 范军:《关于法学专业教学内容及开放教学之手段的几点思考》,载《开放教育研究》1999年第1期。

职业教育的特殊性，导致了毕业生缺乏较强的职业能力，难以在短时间内胜任检察业务、审判业务、律师业务等法律业务。可以说，法学教育与法律职业的脱节已经在深层次上制约、影响甚至阻碍着我国法学教育进一步改革和发展。①

有论者认为，应当将培养学生的法律职业能力作为我国法学教育未来改革的重点，作为我国法学本科教育的基本目标和发展方向。我国的法学教育历来重视法学理论教育而忽视法律职业教育，存在着与法律职业相互分离的缺陷，甚至严重丧失了职业教育的性质。近年来虽然进行了一些变革，但是由于其自身体制和机制障碍陷入种种结构困境，仍然不能像人们预期那样承担培养法律职业的功能。致使法学院培养出来的学生不具备基本的技能，不能解决实际问题，无法成为职业的后备力量，客观上也阻碍了法律职业的发展。其根本原因在于我国法学教育目标定位的偏差。为此，该论者认为，现代法学教育不能唯学术教育，而应是学术教育与职业培养的综合。应在学术训练的同时，注重与法律专业人士执业培养的结合。不仅应培养学生法学研究和立法思维的学术能力，还应培养其法律的应用能力。因此，明确以法学理论为前提和基础，加强法律职业教育，培养学生的法律职业能力应当作为我国法学教育未来改革的重点，也是我国法学本科教育的基本目标和发展方向。②

有论者认为，法学教育需要对学生进行相关学科知识的综合，但是必须在法学教育的职业化的前提下进行，进行法律职业教育始终是第一要务。其他综合素质的发展必须是围绕第一要务进行的。传统的法学教育以普通高等素质教育为理念的做法，在我国市场经济不发达、国民整体文化素质还不高的情况下进行的，当时市场经济发展的要求还不强烈，又要响应国家提高全民文化素质这一政策性号召，很自然走上了普通高等素质教育的道路。但是，在新时代

---

① 蒋悟真：《法学教育的培养目标、性质及模式检视》，载《怀化学院学报》2008 年第 10 期。

② 胡利玲：《美国的法学教育及其启示——兼论我国商法教学的改革》，载《中国大学教学》2009 年第 9 期。

背景下，国民的整体文化素质较过去已经有了很大程度的提高，如果法学教育还停留在过去的高等素质教育水平，却无视时代的变化要求，那么这种法学教育最终带给我们的只是悲哀和不幸，只能阻碍我国经济社会的更好发展。[①]

有论者认为，我国的法学本科教育最好定位于以职业教育为主，培养高素质的复合型人才。我国的法学本科教育应重视职业教育，以职业教育为主。首先，这是由于法学教育与法律职业有密切的联系。当前世界各国和各地区的法学教育综合起来，主要存在三种基本模式。第一种是以美国为代表的法学教育模式。这是一种专门的法律职业教育，旨在训练他们“像律师那样进行思考”。律师资格考试是从业的前提，第二种是以英国、我国香港特别行政区为代表的教育模式，该模式要求必须在取得法律教育深造文凭后才能从事以法律为职业的工作。第三种是以我国台湾地区为代表的法律训练模式，法学本科毕业生在通过司法官的资格考试后，到其训练所进行训练之后方可正式从业。从这种三种基本模式中，我们不难总结出的结论是：成功的法学教育一般都是将法学教育与法律职业紧密结合，即要从事法律职业，就得进行相应的资格考试，而能参加资格考试的前提就是受过系统正规的法学教育。既然法学教育要为法律职业服务，那么法学教育就应是法律职业的基础，它不仅是一般高等教育，同时更应是一种特殊的职业教育。其次，法学本科以职业教育为主，是由于法律本身的实践性所决定的。法律作为一种实践性很强的科学，要求法律职业人士不仅要有足够的法律理论知识，而且还要具有丰富的实践经验，对此霍姆斯一直认为：“法律的生命不是逻辑，而是经验。”要丰富法律职业者的实践经验，就得对法律职业者的来源——法学本科学生进行足够的法律职业训练和教育。最后，法学本科以职业教育为主，是法律实务部门的需要。20 世纪 80 年代开始兴盛的法学教育，虽然为我国培养了大量的法律人才，但仍然满足不了法律职业部门的实际需要。教育

---

① 董邦俊、高小青：《WTO 背景下我国法学教育改革论纲》，载《江西科技师范学院学报》2008 年第 2 期。

与实践的错位,对教育资源和学生的前途都是极大的浪费和损失。在以职业教育为主的前提下,我国的法学本科教育,还应当立足于培养高素质的复合型的法律人才。法学本科教育既要重视职业教育,又不能目光短浅,把法学本科教育变成一般的律师职业培训。我们的法学本科教育,既要以职业教育为主,又要注意培养高素质的复合型人才。①

有论者对我国高等法学教育培养目标应当具备的内容进行了必要的阐述,并认为我国的法学教育培养目标应当定位于培养法律职业人员,即毕业之后能够从事司法工作的人员。该论者认为,我国高等法学教育培养目标应是为建设社会主义法治国家服务的、高素质的、将来能够从事现代司法工作的人才。这种高素质人才体现为"基础雄厚、专业扎实、开拓创新、实战性强"。

一是基础雄厚。基础即思想、政治素质和人文素质。法律专业人士应具有追求真理、维护公正的崇高思想;应具有崇尚法律、法律至上的坚定信念;应不唯权、不唯上、不牟私利、公正廉明、刚正不阿,做法律的卫士。现代法律人才还应具备一定的人文素质。法学学生不仅要学习马克思主义理论,还要学习一定的社会学、管理学、经济学和自然科学知识,使其在浓厚的文化氛围中全面发展。二是专业扎实。具体表现为法律专业素质。法律专业学生在校期间应该必修专业核心课程。在必修的核心课之外,应该扩大选修课。法学专业的学生应当依据自己的兴趣、爱好和研究方向,选择一个专业方向。学校应为每一个专业方向规定一组限选课程,作为对必修课程的补充。限选课和任选课的总和应为专业核心课的两倍。这样培养出来的学生既有法学专业的共性,又有不同学生的个性;既保证了法学专业必不可少的专业基本知识,又发挥了学生的不同特点。学生毕业后既可以在法律的大环境里从事一般性法律工作,又可以依其所长从事某一个特殊领域的法律工作。三是开拓创新、实战性强。具体表现为能力素质。高等院校应当在注重

---

① 覃佐媛、曾言:《法学本科教育的性质定位再探》,载《湖南医科大学学报(社会科学版)》2002年第4期。

培养学生专业知识的同时,更注重能力的培养,即培养学生有较强的适应能力和操作能力。这种能力包括:分析和解决问题能力、社会组织能力、语文和文字能力、掌握和运用现代办公设备的能力等。从本质上来讲,法律教育的主要任务是培养应用性法律人才,所以,培养学生的适应能力和操作能力至为关键。能力素质还表现为对新知识的吸纳能力。综观世界各国,其法学教育无不是以培养法律职业人员为主,因为法学教育本身是一门应用性学科,具有较强的政治性、社会性和实践性特点,主要任务是培养应用类法律人才。

基于此,该论者认为,我国的法学教育培养目标应当定位于培养法律职业人员,即毕业之后能够从事司法工作的人才。①

有论者认为,职业化是当下中国法学教育的培养方向和目标。过去,我们曾讨论中国法学教育到底是走一条学术型道路还是职业型道路的问题,现在大家的共识终于形成了,那就是向职业化方向发展。当然,这个大趋势并不排除保留或者说由其自己形成以学术为主并以思想创新为追求的学术型法学院的存在,也不排除以培养司法实务人才为主导目标的职业型法学院。事实上,以学术为主的法学院培养出来的学生,并不一定全部从事学术活动,更多的还是以从事法律实务为选择。在这里,不能将理论和实践对立起来,深厚的理论修养能够提高人对具体问题的洞察力和理解力,这对于法科学生的职业前景而言也是十分必要的。同样,不经受实际情况挑战和磨炼的理论,也是苍白无力的。总体来说,职业化是当下我们的法学教育面向未来的一大趋势。②

有论者认为,传统的法学本科教育大多是以培养法学研究型人才为主,这与新中国成立以来高等法学教育的规模小以及法治建设的需求有着密切的联系。随着 21 世纪国际国内形势的变化,法学本科教育的培养目标必然会发生新的变化,21 世纪的本科法学教

---

① 田国兴、张荣华:《我国高等法学教育培养目标的创新与确立》,载《现代教育科学》2003 年第 4 期。

② 徐显明:《职业化是未来趋势》,载《光明日报》2010 年 10 月 5 日,第 4 版。

育应当以法律职业需求为导向，为社会培养运用法律的各种专业人才，即应用型法律人才，主要包括两类：实践型法律人才和复合型法律人才。①

有论者认为，本科阶段的法学教育，目标在于让学生获得从事多种法律职业都必须具备的能力，因此，大学本科法学教育的定位只能是职业教育，认为通过本科法学教育就能培养出法学大师的建议，只能是一个从来没有实现的梦想。②

类似的观点还有很多，比如有论者认为，我国传统的法学研究生教育侧重学术训练，而非职业教育，所以法学研究生无法满足社会对大量高层次实用型法律人才的需要，学生在实践能力上存在欠缺之处。因此，在人才培养目标定位上，应以培养应用型人才为主。这主要是因为实践中大部分学生从事的是实践工作，只有少数人从事研究工作，同时也是因为在经济社会快速发展时期，社会大量需要的是应用型人才。③

（二）通识教育论

当然，也有部分论者主张我国的法律教育应当是通识教育，认为我国一般院校应以培养具备现代法律意识、创新精神、专业基础厚实、专业技能突出、适应市场经济需要的法学应用型人才为目标，即定位于一种高素质的“通识教育”。④

有论者认为，我国的法学教育和法律培训部门应该明确本科法学教育是一种通识教育。只有将法学本科教育明确定位为通识教育，才能在教学环节中真正贯彻德、智、体、美全面发展的教育方针，才能培养出宽口径、厚基础、强能力和具有创造性、创新性和创业性的法学人才，才能为后本科法学教育和法律职业教育或培训提供优

---

① 王凤珍：《21 世纪法学本科教育培养目标的重新定位》，载《高等教育研究学报》2004 年第 4 期。

② 方流芳：《中国法学教育观察》，中国政法大学出版社 1997 年版，第 33 页。王晨光：《法学教育目标设定、课程设计与教学安排刍议》，载《教育部高校法学学科教学指导委员会中国法学教育研究会 2012 年年会暨“卓越法律人才教育培养计划”与法律人才培养模式改革论坛论文集（第一卷）》，第 83—86 页。

③ 蔡镇顺：《法学教育的定位与改革》，载《太平洋学报》2008 年第 2 期。

④ 杨志民、祝红想：《法学专业教学改革刍议》，载《职业时空》2008 年第 1 期。

质的生源。①

有论者通过比较分析认为,世界著名大学即使在教育模式、课程设置、地域文化等方面千差万别,其法学教育的宗旨和基础却一定不易,目的是培养高水平的法律人,都离不开高水平的通识教育,特别是哈佛大学的毕业生教育更是在通识教育完成后才进行。我国法学本科教育基本上仍属于通识教育。其对象主要是高中毕业生,课程主要是核心课程,辅之各种选修课,条件允许者还可以选择双学位课程,其教育宗旨为培养现代法律人才,即以人的全面发展为基础,目的是培养“适应社会职业需要的、德智体美技全面发展的、具有个性和创造性的法律人才”。至于法律职业资格考试,一般大学并未以此为目标,也未开设针对性的应试课程,未进行专门的应试训练;就职业技能培训而言,虽然一些学校有实训课程,但影响有限,在课程设置中分量很轻。

该论者认为,在目前我国现实条件下,大学法学教育放弃通识教育转而进行职业培训或应试教育,是不妥当的。对于刚刚高中毕业的大学生来说,世界观和人生观尚未定型,应该接受法治精神的感染、全方位的知识传授和能力训练,他们应该接受基本能力的训练,增进比较、鉴别、反思能力,在法律文化的熏陶中建立自我的法律信仰坐标,将法律精神内化而构建真正的法律信仰。仅仅只有法律实践技能的人,充其量只是博登海默所谓的“法律工匠”,不能成为第一流的法律工作者,无论技艺多么娴熟,都很容易成为“社会公敌”。综合的法律人素质之所需,如系统讲授、深入研讨、独立思考和全方位法律文化熏陶,都恰好是高等法学教育之优势所在。至于轻视理论研习而沉迷于社会实践、舍弃学术教育而进行职业训练、淡化文化传递而倚重应试补习,则既非高等教育之所长,又有舍本逐末之嫌,根本难以达到理想的功效。如果硬要让高等法学教育转向职业训练,还不如秦朝所谓“若欲有学法令者,以吏为师”更直

---

① 曾令良:《统一司法考试与我国法学教育发展的定位——我国多层次兴办法学教育的反思》,载《法学评论》2002 年第 1 期。

接、更有效,但这对现代法学教育而言毋宁是一个讽刺。[1]

有论者认为,我国法律教育改革应当走向通识教育。但实际上,世界上任何一个国家的现代法学教育都是很难简单地用职业教育和通识教育予以界定的。无论是英美法系还是大陆法系的法学教育,均有一个共性:大学本科阶段贯穿的是一种通识教育,而法律职业教育或培训设置于本科后阶段。中国的法学教育与大陆法系国家接近,使得我国的法学教育与法律职业培训近似于大陆法系国家的体制。因此,只有将法学本科教育明确定位为通识教育,才能真正培养出宽口径、厚基础、强能力和具有创造性的法学人才,才能为后本科法学教育和法律职业教育提供优质的生源。当然,明确大学本科法学教育的通识教育性质,并不是说本科法学教育中不含法律职业教育的内容。法学是一门应用性学科,在教学内容和教学方法上注重同法律职业的结合实质上是通识教育中理论与实际相结合的具体体现。因此,在法学教育中开展案例教学、模拟法庭、模拟仲裁庭、法律诊所等活动与通识教育并不矛盾。不过,这些实践性的教学内容在课程数量和教学时数上所占的比重要恰当。[2]

有论者认为,我国应当以法律职业资格考试(原司法考试)为契机,统一法学教育的模式,借鉴德日等国的法学教育模式,即以本科通识教育为法学教育的基本形式(同时也是最低标准),法科学生在本科毕业后依个人志向自然分流。[3]

(三)结合教育论

将职业教育与通识教育二者进行结合也是一种观点。有论者认为法学教育是以通识教育为基础的职业教育,我们强调法学教育的特殊性,说法学教育是一种职业教育,包括法律技能的训练,但决不能把法学教育仅仅理解为是一种法律职业技能教育,而忽视法学教育的学术培养和训练,更不是以削弱学术教育为前提的。如果从

---

① 王安异:《法学教育模式及其选择》,载中国法学教育网,最后访问时间:2012 年 8 月 31 日。

② 万春梅:《比较两大法系的法律教育制度——对中国法律教育制度的启示》,载《合肥工业大学学报(社会科学版)》2006 年第 5 期。

③ 谭世贵:《法学教育与司法考试的改革与协调》,载《法治论坛》2008 年 2 期。

法学教授的法理角度看,法学教育是大学学术型教育基础上的专业教育。当我们了解法学教育的特殊性时,一定不能忘记法学教育的一般性。法学专科和技能教育必须使未来的法律职业者掌握关于世界的一般知识,特别是尽可能地使之掌握世界的理念和体现在法律中的精神的教育为基础,因而,应在进行法学专科和技能的教育与培养之前进行通识教育。①

有论者认为,中国的法学教育应坚持通识教育和专业教育并重。该论者认为,通识教育和法律职业教育二者间的关系是一个长期以来就反复讨论的重大课题,早在德国建立现代大学体系时这两种人才培养模式的分野即已出现,其后随着各国法律教育发展与改革的实践而不断发生变化。中国在借鉴大陆法系和英美法系法学教育经验教训的基础上,依据中国国情,提出通识教育和法律职业教育并重,在实现法律职业教育目标的同时提升素质教育水平的基本理念。

中国传统的法科教育理念借鉴苏俄经验,以通识教育为主;但自 1992 年确立市场经济取向的改革战略之后,不断增加法学教育的职业化因素。与此同时,中国绝大多数法学院校也相继对传统的课程体系进行改革,大大增加了法律职业教育的内容,如案例教学、法律谈判课、法律方法课、法律文书写作、模拟法庭和诊所式法律教育等,再加上毕业实习和聘任资深法律实务专家任教等,取得了积极成果。这种立足于职业教育的法学教育,是指法学院校以培养适应社会经济、政治、文化等各方面发展要求的职业法律人才为目标,对有志于从事法律实务的人进行科学且严格的职业训练,使之掌握法律的实践技能及操作技巧,能够娴熟地处理社会当中各种错综复杂的矛盾。

有论者认为,未来的法学教育应当是职业教育与素质教育并重。立足于职业教育的法学教育,是指法学院以培养适应社会经济、政治、文化等各方面发展要求的职业法律人才为目标,对有志于

---

①　曹义孙:《从法治视野看我国法学教育》,载《北京政法职业学院学报》2008 年第 1 期。

从事法律实务的人进行科学且严格的职业训练，使他们掌握法律的实践技能及操作技巧，能够娴熟地处理社会当中各种错综复杂的矛盾。以1996年建立以培养应用型法律人才为目的的法律硕士专业学位教育和2002年统一国家司法考试为标志，中国法学教育的职业化因素日益增强，成为法学教育的显著趋势。然而，在目前的国情之下，从教育的一般逻辑来说，法学教育也不能走片面法律职业化的单行道，其基本依据是：(1)目前的法学院不仅承担着培养法律专业精英和法律职业人才的任务，同时还肩负普及和提高国民的知识水平、文化素质，改变国民教育的一般文化素质状况，提高全民普遍的文化水平的基本任务；(2)法官、检察官和律师、公证员、企业法律顾问等法律服务者不能只具有法律职业知识，还必须具备相应的文化素质、社会责任感、道德修养等，单一具备法律职业知识和技能，并不意味着就能达到法律从业的应有效果；(3)实践证明，一名优秀的法学职业者往往具备相当的人文社科乃至于自然科学的综合素质，法律知识的习得与应用需要以综合素质为基础。因此，面向未来的法学教育改革，必然是职业教育与素质教育相互结合，同时并举。①

有论者认为，本科教育应当走基础教育与职业教育相结合的道路。在该论者看来，尽管法学教育的精英化是法治国家的必然要求，是比大众化教育更高层次的要求，但在现阶段要求实现本科法学精英教育是不现实的期望。实际上这样的希望也不符合我国现阶段的国情，尤其是在我国法律职业相关制度尚未健全的情况下，实施精英教育，必然影响我国的法治进程。国家的法治之路是一种自然的历史进程，经过长时期的发展，形成适应国情的法律人才培养模式。我国目前的法治环境和实践证明了照搬外国的精英教育模式是行不通的。面对社会经济发展与民主法治进程，我国现阶段法学教育不仅要为立法、司法、法律监督等部门服务，而且要向全社会灌输法律观念，培养建设社会主义法治国家所需要的全民法律意

---

① 韩大元：《全球化背景下中国法学教育面临的挑战》，载《法学杂志》2011年第3期。

识,因此,培养人才应该是多方面、多层次的。法学本科教育只能是法学教育体系的一个起点,主要要求学生掌握法学基础理论知识和基本技能,奠定学生学习能力和创新能力的基础,因此,本科教育应当走基础教育与职业教育相结合的道路。①

有论者在指出我国法学教育目标不够明确的基础上,认为应当将法学本科的教育目标定位为以素质教育(通识教育)为基础,与职业教育相结合。该论者认为目前世界范围内形成以下四种教育模式:以美国为代表的法律博士(J. D.)教育模式(3 年或 4 年非法律本科 +3 年法学院法律职业教育);以英国和我国香港特别行政区为代表的法律深造文凭(the postgraduate certification in law)教育模式(3 年法律本科 +1 年法律职业深造 +1 年或 2 年学徒实习);以德国和日本为代表的法律训练(legal training)教育模式(4 年法律本科 + 淘汰式司法考试 +2 年司法训练所教育);以澳大利亚为代表的双学位符合法学课程(the combined law program)教育模式(5 年双学士学位 +6个月至 2 年不等的法律实践培训)。以上教育模式虽有不同,但共同的特征是将法律通识教育或素质教育和职业教育相结合,同时在实行素质教育和职业教育二元制的国家,可以实现法学本科毕业生的合理分流,即欲从事法律职业法科学生可以进入司法训练过程成为法律职业者,而不打算从事法律职业的学生可以直接进入其他领域。

在借鉴上述国家法学教育目标的基础上,该论者认为,我国应当实行以素质教育为基础和与职业教育相结合的教育模式,并以此作为法学教育的目标。完全的素质教育不可能很好反应法律学科的实践性和操作性,不利于直接从事法律职业的人员培养;而完全的职业教育有可能忽略良好的综合素质培养,不符合中国法学本科毕业生的就业现实。所以,借鉴其他国家法学教育目标,以素质教育为基础和与职业教育相结合的教育模式,就成为我国目前法律本科教育通用目标。该论者还进一步对我国法律本科教育目标进行了说明。认为我国法学本科教育需要职业教育,但并不要求实行单

① 蔡镇顺:《法学教育的定位与改革》,载《太平洋学报》2008 年第 2 期。

纯的职业教育;我国法学本科职业教育并不等于职业培训;从一定意义上讲,法学本科教育应是一种大众化教育,即不属于西方法学教育定位中的精英教育;我国法学本科素质教育应与法律职业资格考试(原司法考试)相协调;我国法学本科教育应在贯彻素质教育和职业教育前提下,实现与国际法律教育的接轨。[①]

有论者认为,法律职业对法学教育总是发挥着决定性的影响和作用,它决定了法律教育的培养目标、主要任务和发展重心。但法学教育到底是一种通识教育还是职业教育,在法学教育界一直是一个有争议的问题。在该论者看来,职业教育与通识教育并非势同水火,任何一个国家的现代法学教育也很难简单地用职业教育与通识教育予以界定。无论是美国还是大陆法系的法学教育,都是通识教育和职业教育的融会贯通而非截然分开。[②]

有论者认为,我国本科法学教育,除了应有其特殊的法学专业目标以外,还应包含普通本科教育的一般培养目标。"通才"与"专才"的结合是当前我国本科教育的培养目标。通才与专才是高等教育人才培养目标的两个基本模式。相对而言,通才具有跨学科(专业)的学术基础、学术视野和综合能力,因而适应性强,能察专才之不能察,创专才之所难创,尤其是对学科、专业之间的内在联系亦即学科的整体性有更强的洞察、把握能力。我国古代的"博学鸿儒"思想,古希腊、罗马的"博雅教育"思想,都是典型的通才教育观。专才,是指掌握的知识和能力比较专精的人,即专业方向较为集中,只在某一个领域或某一领域的某个方向具有专门知识和技能技巧的人才,其知识面和职业适用面相对有限,但其掌握的知识有较高的深度。西汉武帝的"独尊儒术"政策,欧洲中世纪神职人员的培养等都是典型的专才教育。被称为近代三大教育哲学家之一的英国人怀海特,追求通才教育和专才教育的有机结合,他认为普通教育与专门教育既有联系又有区别,偏于一隅或执于一端都是片面

---

① 张艳丽:《法学本科教育目标与教学方法》,载《北京理工大学学报(社会科学版)》2007年第1期。

② 刘耀彬:《高等法学教育的方向与教学方法的选择》,载《南京航空航天大学学报(社会科学版)》2003年第1期。

的。“没有人文教育的技术教育是不完备的,而没有技术教育就没有人文教育……教育应该培养学生成为博学多才和术精艺巧的人。”也就是说,教育是为了培养这样的人,“他们既有文化修养,又有特定的专门知识。专门知识给他们以发展的基础,文化修养使他们如哲学般的深邃,艺术般的高雅”。[①] 由于社会的发展必然产生并依赖于社会分工,又由于知识体系的分化既是世界教育发展的必然又是人类认识世界必须采取的认知方式,因此高等教育中的专业教育无疑具有其存在的合理性依据。

有论者认为,由于我国政法部门和法学教育在“文化大革命”期间受到了严重的打击,人们法治观念和法律知识都极度匮乏,因而当我们重新开始进行法治化建设并恢复法学教育的时候,自然把重点放在培养法学教师和专家学者上,强调法学教育的科学性与系统性。在这种背景下,法学教育的培养目标是通识教育。经过了40多年的努力,法学教育事业取得了辉煌的成就,培养出一大批优秀的法界学人。然而,这种通识教育比较注重理论方面的教学,注重灌输理论知识,具有重理论、轻实践,重深度、轻广度,重传统、轻创新的特点。通过这种通识教育培养出的毕业生进入法律实务界后,就很难适应和胜任具体的法律实务。学生的能力同社会实际要求具有一定的差距。随着改革开放的不断深入,随着社会主义市场经济的确立和发展,这种差距越来越大,许多学者也都意识到应当对我国的法学教育进行反省,在新形势下应当对我国法学教育培养目标进行重新定位。该论者认为,本科阶段的法学教育应当是通识教育与职业教育相结合,以职业教育为主。一方面,本科阶段的法学教育应当保证学生在4年时间内获得最基本的通识教育,保证学生系统地掌握法律知识、理论、制度,如果欠缺基本的理论知识,没有扎实的法律知识功底,培养应用型法律人才的职业教育就成了无水之源、无本之木。另一方面,就法学教育而言,法律学科的性质属于应用型学科,具有突出的实践性和现实性,而目前我国大多数的法学本科毕业生的主要流向是法律实务部门,如律师事务所、法院、

---

① 赵祥麟主编:《外国现代教育史》,华东师范大学出版社1987年版,第302页。

检察院、公司企业、政府部门等，但法律职业人员统一职前培训制度才确立不久，还处于起步阶段，相关的培训内容、考核方式等亟待完善和细化，此前的法律职业人员大多是离开学校后直接从事法律职业的，在上岗前没有严格的培训，这就要求法学本科教学在完成基本的通识教育之后，应把培养应用型法律人才作为中心任务，使学生具备综合运用知识的能力，掌握法律实务的操作。尤其是当下"一带一路"建设使涉外的经济贸易越来越多，需要更多高质量的法律服务，而这需要的法律人才类型主要是应用型人才。综上所述，我国的法学本科教育应当在通识教育与职业教育相结合的基础上，主要培养应用型法律人才。

二、精英教育论、大众教育论与二者结合教育论

（一）精英教育论与大众教育论

除存在职业教育论、通识教育论与二者结合教育论的争论之外，在法学教育的目标设定上，还有精英教育论、大众教育论与二者结合教育论之辩。

主张法学教育应当是精英教育的学者主要是围绕以下几点来展开论述的。

首先，法学自身的特点决定了法学教育必须要走精英化的教育路线。一方面法典浩繁，要精熟掌握并且灵活运用须得非常专业化的人才方可做到；另一方面，法律在国家治理中的极端重要地位决定了法律人才必须要有极高的素质，否则将会对国家的稳定和民众的幸福造成威胁。因此，法律人应当是既有精深的专业知识，又有良好的职业素养的社会精英。

其次，随着全面依法治国的深入推进，法学作为公平、正义和权利之学，同时也是经世致用、安邦治国之学，被赋予了崇高的使命，法律裁决与救济成为社会正义的最后一道防线，最具争议的问题都交由法律解决是依法治国的应有之义。而法学培养的就是专司法律之人，无疑是一国当中要求最高、综合素质最好的一类人才。

鉴于上述原因，有论者认为，只有走精英化道路，才能切实吸收高素质人才进来。走精英化道路一方面能过滤掉一批不适合法学

学习的学生,减少教学资源的无效益使用,使学生能获取更好的法学知识传授;另一方面,通过限制一批不合格的法科生毕业,挽留其继续学习以达到要求,确保实现精英人才培养的要求。①

有论者认为,面对法学普法教育的现状,应当借鉴西方法学教育之经验,实行精英教育。所谓法学精英教育,是指为适应现代法治的要求,以专业化和职业化为背景,以培养具有高度卓越的法律素养、实践能力和人文精神的法律职业群体为使命和目标。精英化教育是法学教育的发展趋势,这是由法治社会发展的要求和法律职业本身的特点决定的。法律职业承担着维护社会公正正义、捍卫公民权利和防止权力腐败的法治任务。在现代社会,他们不仅实际操作着法律机器,而且保障着社会机制的运作,整个社会的法治状态在很大程度上要依赖于他们的工作和努力,这必然要求法学教育的精英化。法律人才肩负的重大历史使命和神圣的职责在客观上要求他们必须具备高度专业化、职业化和同质化的高素质。所以,关乎国家法治前途的法学教育必定是精英教育。②

有论者认为,我国法学教育改革的目标定位应为法学精英教育,其理由如下:

一是法律职业特点的内在要求。法学是实践性、应用性很强的学科,其本身就需要兼具较强的专业素养和实践操作能力的高水平法律人才。同时法律因集中反映了各种社会关系和社会问题而具有复杂性,司法又是各种纠纷最后的解决办法而具有终结性,司法审判决定人的生杀予夺和财产、利益归属而具有重要性、权威性,又因法律自身性质特点,使其具有普适性、程序性、规范性和强制性。这一切,使从事这一职业的人员有着比社会一般职业更为严格、更为规范和更高层次的要求。法律职业的这一特点要求法学教育精英化。

二是我国现行法学教育改革的必然要求。我国当前法学教育

---

① 董邦俊、高小青:《WTO 背景下我国法学教育改革论纲》,载《江西科技师范学院学报》2008 年第 2 期。

② 左家盛:《法学教育定位的误区及其矫正》,载《教育学术月刊》2009 年第 3 期。

存在很多问题,最大的弊端在于我们培养出来的法律人才无法满足社会的有效需求,即法学教育与社会需求严重脱节,法学教育与法律职业间缺乏有效衔接,亟须改革和调整。因此,中国法学教育应在注重法律原理的基础上强调专业的法律技能的培养,使法学毕业生具备综合全面的学术能力、独立思考能力以及较强的法律职业能力。

三是经济社会发展与民主法治建设发展的必然趋势,需要法学教育应是为社会发展需要服务的,法学教育的目标定位应根据社会发展的需要进行调整,以适应经济社会发展与民主法治建设发展的需要。在法学教育的恢复发展阶段(主要指 1977—1991 年),法学教育的主要目标是解决政法部门法律人才紧缺的突出问题;在法学教育的全面发展阶段(主要指 1992—2012 年),法学人才培养的目标定位主要是普通法学人才,即从事简单或辅助性法律事务工作的法律人才。新时代以来,法学类专业人才培养要坚持立德树人、德法兼修,适应建设中国特色社会主义法治体系,建设社会主义法治国家的实际需要。培养德才兼备,具有扎实的专业理论基础和熟练的职业技能、合理的知识结构,具备依法执政、科学立法、依法行政、公正司法、高效高质量法律服务能力与创新创业能力,坚持中国特色社会主义法治体系和熟悉国际规则的复合型、应用型、创新型法治人才及后备力量。该论者认为,中国法学教育应从普法性教育转向精英化教育。在我国社会法治化进程逐步推进的今天,全面推进依法治国急需高层次、高水平、高素质的法律人才,急需既具有较高的专业素质又具有熟练的实践技能的法律精英人才,这是经济社会发展与民主法治建设发展的必然需要。

四是法律国际化趋势的必然要求。全球化是当今世界的发展潮流与客观趋势,全球化时代的社会生活和法律实践已对中国传统法学教育提出了挑战。当今法治健全的国家大都实行法学精英教育,即为法律职业培养高水平法律人才。随着经济全球化的发展及“一带一路”倡议的提出,中国的法学教育必须实现与世界全面接轨,必须借鉴学习法治发达国家法学教育的成熟经验,培养具有较强竞争力的国际化的高水平法学精英人才。①

有论者通过分析一些世界著名大学的法律教育目标后认为，尽管世界各著名大学的法学教育路径不同，但是最终都归结于培养法律英才。招生对象为高中毕业生的，一般开始采取通识教育，培养学生基本素质，经过层层筛选以后，才进行特殊法学实用、研究技能的训练；招生对象为本科毕业生的，学生教育起点较高，但也需经过严格训练，以区别其他专业的人才。横亘在法律教育中间一个重要的问题，就是法律人才的选拔，大众教育关心的是如何在教育结束后进行选拔，而英才教育关心的则是须选拔什么样的人才进行法学教育，总之最后从事法律工作的人员必须是经过严格选拔的社会精英。回避人才选拔而谈高水平的法学教育，是不切实际的。②

（二）精英、大众结合教育论

有论者倡导精英教育与大众教育相结合，认为21世纪中国法学教育应该坚持的方向之一就是精英教育，即为适应现代法治的要求，以专业化和职业化为背景，以培养具有高度专业化的法律素养、实践能力和人文精神的法律职业群体为使命和目标。其原因不仅在于现代法治是一门复杂的调整社会关系的技术乃至艺术，其专业性、专门性、综合性及追求正义公正的崇高性，必然要求有法律精英才能胜任。但在虑及尖端法律人才造就和培养的同时，要求现阶段中国的法学院系（以及各类成人高等法律职业教育、中等法律职业教育等）不顾不同类型教育的巨大差别而全面实现法学精英教育和学术教育，则又是极不现实的想法。实际上，这样的期望也不符合中国的现状，尤其是在法律职业相关制度尚未健全的情况下，仓促推行精英教育、拔高教育目标和学习要求，必然会引发法学教育机构之间的恶性竞争以及其他一系列连锁问题，以致影响国家法治进程。显然，忽略中国尚处于发展阶段、非城市居民数量众多、社会转

① 孟祥秀：《我国法学教育改革的目标定位：法学精英教育》，载《湖北经济学院学报（人文社会科学版）》2010年第2期。

② 王安昇：《法学教育模式及其选择》，载中国法学教育网，最后访问时间：2012年8月31日。

型任务繁重的基本国情,完全照搬外国的精英教育模式是行不通的。国家的法治之路是一种自然的历史进程,要经过长时期的发展,才能逐步形成适应国情的法律人才培养模式。因此,秉持精英教育与大众教育相结合的理念,是未来中国法学教育改革的基本原则之一。①

有论者认为,中国的法学教育应当以大众教育为主,兼顾精英教育。该论者认为不顾当前各类学位学历教育的巨大差别,强求在现阶段我国所有法学院系(含各类成人高等法律职业教育、中等法律职业教育等)都以精英教育为战略目标是极不现实的。盲目推行精英教育,拔高教育目标和相关教育和学习要求,必然会引发法学教育机构之间的恶性竞争,进而影响中国的法治进程。忽略中国尚处于发展阶段、非城市居民数量众多、社会转型任务繁重、法律职业相关制度尚未健全的基本国情,完全照搬一些西方国家的精英教育模式是行不通的。国家的法治之路是一种自然的历史进程,要经过长时期的发展,以逐步形成适应国情的法律人才培养模式。适度的精英化法科教育理应开展,大众化特别是立足于各级政法部门职业人才需求的法科教育也非常重要。因此,以大众教育为主,兼顾精英教育,是中国法学教育的基本理念和体制改革的主方向。

三、区别教育论

一些论者认为,是走精英路线还是走大众路线不能一概而论,而是应当根据法学教育层次的不同或者具体法学院校的不同情况有所区别。有论者主张,一般来说,研究教学型大学,定位于精英法学教育,培养法律拔尖创新人才,即具有宽厚的科学文化和法学理论素养、扎实的法学专业知识,高强的创新意识和研究能力的人,主要从事法学研究、国家和社会发展中重大理论问题的研究并提出立法建议,从事法学教育工作等;教学研究型大学定位于专业教育,主

---

① 韩大元:《全球化背景下中国法学教育面临的挑战》,载《法学杂志》2011 年第 3 期。

要培养适合社会多方面需要的专门法律人才，即具有宽厚的普通理论基础、全面的法律专业知识，基本法律技能和创新能力的人，主要从事法官、检察官、律师等职业法律工作；教学型大学定位于大众化法学教育，主要培养面向法学专业职业群，具有法学基本理论、一般法学专业知识、基本技能和创新能力的人，主要从事法律服务工作、职业法律辅助工作及相关职业工作等。①

有论者认为，中国法学教育应当在不同层次上有不同定位。首先，第一层次即初级层次是大众化的法学教育，这一层次的法学教育是要培养具有法学基本理论和一般法学专业知识、从事社会生活中的一般法律服务工作人才，如法院中的书记员、街道办事处的法律服务工作等，专门承担此项法律普及教育任务的应当是设有法学专业的高职高专院校。第二层次即中等层次是专业化的法学教育，这一层次的法学教育是要培养适合社会多方面需要的专门法律人才。这一层次的人才，要有较高的理论素养，较为全面的法律知识，只要从事具体办案法官、检察官、律师等职业工作，这项工作主要由本科法律院校来完成。第三层次即最高层次，应是精英法学教育，这一层次要有极高的法学理论素养，能洞察国家和社会生活发展各个方面与法律发展的相互关系，主要在法院、检察院、高等院校、科研院所和国家机关从事法学研究、国家和社会发展中重大理论问题的研究并提出立法建议等工作，此项任务主要应当由法学硕士教育和法学博士教育完成。②

有论者针对法学教育层次的不同，明确区分了本科法学教育、硕士法学教育与博士法学教育的目标。该论者认为，就现实情况来讲，我国的本科法学教育应当定位为通识教育，即素质教育和职业教育的结合。因为我国的法学教育传统、课程设置、师资、生源等各方面的因素说明，我国的大学法学教育更接近大陆法系国家的大学法学教育，法律职业教育所要求的极端专业化和超强的社会实践

---

①　薛志芬：《试论高等教育大众化进程中法学本科教育定位——兼论法学本科素质教育与专业教育》，载《华北水利水电学院学报（社科版）》2008 年第 1 期。

②　杨春华：《论我国现行本科法学教育的目标定位》，载《高教探索》2008 年第 3 期。

性,与大学法学教育所固有的基础性教育和重视理论教育的特性不尽相容。法学研究生培养目标的定位应该不存在争议,应定位于研究型教育。法学硕士学位教育是一种承上启下的法学教育,作为法学本科教育的继续,法学硕士学位教育的首要特点是以法学二级学科为基础来培养专门型的法学和法律人才。法学博士研究生的教育应重在学术教育,培养目标应该是职业与研究型人才,人才的主要去向是高等法学教育师资、立法机关和高层次公检法等机关的高级法律人才。法律专业硕士学位教育是中国法学教育的闪光点,设置这一新型学位有助于培养复合型、专门型、应用型的高级法律人才。

有论者从法律职业资格考试(原司法考试)的角度论述了法学教育的方向和目标问题,认为虽然法学教育应是通识教育和职业教育的结合,但在不同的层次其侧重点应该是不同的。我国的普通高等法学教育主要包括专科、本科、第二学士学位、法学硕士、法律硕士、博士及博士后的全日制教育。专科无资格参加法律职业资格考试(原司法考试),逐渐被淘汰将是大势所趋。本科阶段的法学教育,该论者认为应是通识教育和职业教育相结合,以职业教育为主。这主要是因为:第一,中国的学生在本科阶段就可以学习法律,所以必须在有限的4年学习中保证最基本的通识教育。第二,大学生本科毕业后就可以参加法律职业资格考试(原司法考试),通过后就有成为法官、检察官和律师的资格,可以成为法律职业共同体中的一员。目前没有一个完善的岗前培训机制,因此法律的能力培养和技术训练只能放在本科阶段加以完成。所以在中国,本科段的法学教育在完成基本的素质教育和通识教育之后,应把能力培养作为中心任务、把技术训练作为基本环节以适应法律职业对从业人员的特殊要求。对于法学硕士和博士以及博士后的教育则要坚持研究型的定位。法学博士学位教育的研究型地位不存在任何争议,但法学硕士是否坚持研究型的定位则产生了分歧。随着博士学位教育的迅速发展和用人单位追求高学历和高学位现象的趋向,法学硕士获得者越来越多地从事法律实务工作,因此有人建议应将法学硕士学位教育定位于应用型教育。但法学硕士学位教育的特点是以法学二级学科的基础来培养能专门从事特定法学领域的教学与科研工作的学者。另外,法学硕士是法学博士最直接的源泉,法学硕士学位教育质量的高低直接影响法学博士学位教育的水平。因此,法学硕士学位教育一定要注重学生研究能力的培养。对于法律硕士学位教育和第二学士学位教育则应坚持复合型、专门型和应用型的定位,这一新型学位制度类似于英美的法律教育,他们将是我国律师队伍的主体和后备军,其目的就是要培养复合型、专门型和应用型的高级法律人才,因此应注重培养解决司法实务问题的能力和一定的技术训练。①

有论者通过分析我国法学高等教育结构和我国法律职业的结构,认为法学本科教育人才培养目标应该重新进行调整,这种调整的一个基本方向就是将法学本科教育人才培养目标分解为三种基本类型:法学研究型,法律应用型,法律辅助型。要在国家法学教育标准的基础上创造性地建构法学本科专业新的培养方案,在密切关注社会对法律人才的需求机制和法律共同体结构性质及其演化方向的基础上,针对学生的能力专长、兴趣所好和事业追求确定差异性培养目标,制定分类培养方案。该论者最后认为,由于人才市场和社会实践的客观需要,法学本科教育人才培养目标不能局限于传统定位,应该针对社会和经济发展的客观环境,对法学人才的需求状况和我国法学高等教育的结构状况进行重新调整和建构。既要有素质(通识)教育,培养法律精英人才;又要有职业教育,培养法律实务工作者;还要有大众化教育,培养具有法律素养的通才型职业者。只有这样,才能真正促进我国法学本科专业教育的发展,才能真正满足我国社会对法律人才的需求。

四、素质教育论

有论者认为,法学教育的目标应当是素质教育。该论者首先梳理了理论界对法学教育培养目标的几种观点。近年来,我国法学教

---

① 参见刘耀彬:《高等法学教育的方向与教学方法的选择》,载《南京航空航天大学学报(社会科学版)》2003 年第 1 期。

育界通过交流、研讨,对法学本科教育的培养目标形成了三种鲜明的观点:第一,精英说。即将我国的法学教育目标定位为法律精英教育,认为法学教育在于培养具有高度经验理性、职业道德和职业品格的法律人才。第二,职业教育说。即我国的法学教育目标应当定位在培养适应社会经济、政治、文化等各方面发展要求的职业法律人才。法学教育的最终目的在于,对有志于从事法律实务的人进行科学且严格的职业训练,使他们掌握法律的实践技能及操作技巧,能够娴熟地处理社会当中各种错综复杂的矛盾。第三,通识说。有论者指出,具有高尚的职业道德是培养法律人才的首要价值标准。平等、公正、正义的民主思想应当是法律人才职业道德品质的应有内容。法学教育作为现代普通大学教育的一部分,其所提供的应当是一种通识教育。

该论者认为,高等教育的根本任务是培养人才,这就必然涉及培养什么人才如何培养人才的问题。我国法学教育以前一直是按职业需要进行的"对口教育",为公检法机关培养工作人员,这种方式培养出来的法学人才局限性大,无法适应新时代全面依法治国的需要,更不能应对全球性的严峻挑战。因此,更新法学教育观念,科学地确立法学教育的培养目标和培养模式,业已超出法学教育的范围,成为全国人民的共同要求,成为社会正义的呼唤。更新教育思想与观念落实到具体行动上,就是变以往的"对口教育"为法学素质教育,这种法学素质教育既是一种相对于应试教育的教育思想,也是一种不同于职业教育的法学教育模式。①

有论者提出,我国的法学教育应当走素质教育的道路。该论者认为,所谓的素质教育是以人文教育为基础、包容职业教育和通识教育在内的教育模式,即具有通识基础和职业定向的教育模式。在目前阶段,素质教育逐渐取代应试教育已经成为教育发展的必由之路。因此,在法学领域应当同样采取这样的发展思路。当然,法学之所以要走素质教育之路,从其专业的特征来说,也具有正当性基

---

① 苑敏:《论法学教育的目标定位及其实现途径》,载中国法学教育网,最后访问时间:2012 年 8 月 31 日。

础。正如有论者所概括的那样，法学教育是培养法律人的重要基础："从法学院走向社会的毕业生，无论是做法官、检察官、公务员，还是当律师和从事其他法律工作，他所面对的都是社会，要处理的问题无不涉及经济、政治和文化，职业的特点要求法科学生比其他学科的学生具有更扎实的文化素质，更宽厚的人文学科知识和社会科学理论，更强的思维能力和表达能力，更高尚的社会公德和职业道德，更健康的心理和精神状态。"①

有论者认为，较之专业教育和职业教育而言，将法学教育定位为素质教育似乎更为确切。专业教育实质上是一种教育分工，是伴随社会分工出现的知识特定化、体系化的结果。从知识结构的角度看，中小学教育是一种浅层次的全面性教育，大学教育则是深层次的特殊知识领域的教育。在这一意义上，大学教育应当是专业教育，大学法学教育也就应当是法学专业教育。在此，专业教育表达了大学法学教育的知识目标。在本科学习期间，如果不强化专业教育培养学生的法律素养，那无疑是浪费资源，误导学生。当然，专业教育的本能取向是学科知识的单一化、瓶颈化，其极端表现就是形成专业壁垒，不同专业知识之间缺乏沟通与合作。要克服专业教育的弊端，就需要贯彻素质教育的理念，在体现专业特点的同时，扩大知识范围，使不同专业的边缘交叉重合，形成专业间有对话能力的相互支撑格局。职业教育有十分明确的职业定位，诸如石油化工、汽车制造、导弹设计、地质勘探等，法学教育则没有这样的明确定位。正如法律调整涉及社会生活的方方面面一样，从法学院毕业的学生可能进入社会政治、经济、文化、外交等各个领域，因此，法学教育不能归结为严格意义的、定向型的职业教育。因此，大学法学教育必须包含素质教育的内容，使"人"真正成为人才，以人文主义精神和先进的世界观、人生观、价值观作为能力的基础和指导。所谓素质教育，就是要在面向现代化、面向世界、面向未来战略方针的指引下，发挥每个学生的主体性，促进学生在德、智、体、美、劳等方面生动活泼地、主动全面地发展。可见，素质教育追求的是学生的全

① 李海龙：《我国法学教育特征与性质之认识》，载《现代物业》2012年第3期。

面发展，以提高学生的理解力、洞察力和加强学生的道德修养，使其形成科学的世界观，为今后从事社会劳动和继续学习奠定坚实的基础。在法学这种特殊的、宽泛的专业教育中，素质教育也应处于基础与核心的地位。

该论者把法学教育定位为素质教育，是基于下列因素。一是素质教育是学习型社会的必然要求。面对知识进步和创新的加速，面对社会变迁的加快，我们不得不彻底转变以知识传授为本质的教学观念，而是要注重培养和开发学生自主获取知识的能力，主动接受新知识的能力，开拓创新能力，作为法学教育更应该如此。改革开放以来，尤其是进入新时代后，我国立法步伐大大加快，逐步建立了完备的中国特色社会主义法律体系，有关法律的知识总量日益增加。这种情况使得学习成为每个法律人的终身活动，也使得我们更要注重培养学生的创新能力，自学能力，重视素质教育。二是法律职业所肩负的崇高社会使命要求必须对法学专业大学生进行素质教育。即要求法律工作者不仅要有丰富的法律专业知识，而且必须有极强的社会关怀和职业责任感。要求法学本科教育必须以培养学生形成职业使命感、责任心和奉献精神为目标。把法律职业的崇高使命感、责任心和奉献精神内化为被教育者稳定的心理和坚定的信念，为法学专业大学生肩负起崇高社会使命奠定坚实的基础。三是法津人才的社会通用性决定必须对法学专业大学生进行素质教育。在我国，法律本科毕业生除从事法律实务工作外，还有相当一部分人走上了其他部门。这就要求法律人才必须是“多面手型”人才。这也客观地要求法律工作者不但必须具有多学科、多领域的知识修养，而且要有高超的法律知识运用能力，这就要求法学本科教育必须以体现多维知识和能力教育的素质教育为本。①

有论者认为，要适应经济和社会的最新要求，法学教育就应以培养高质量的法学人才作为自己的使命，应树立素质教育的培养理念，把传授知识、培养能力和提高素质融合在一起，构建培养中国高

---

① 李和平、刘向林：《法学教育的目标定位》，载《湖北广播电视大学学报》2005 年第 3 期。

素质法律人才的模式。可以说,高校教育尤其是法学教育中重视并大力提倡素质教育:一是源于对原有教育体制弊端的反思,二是为了主动适应现代化建设对高素质人才的全面需要,三是来自教育理念和指导思想的更新和转变。

该论者认为,从教育属性看,法学教育的目的应当是价值引导与自主建构的统一,其根本目的是为了人的不断完善和全面发展,是人文精神和科学素养的有机结合。从法律属性看,基于法学专业的应用性学科性质,法学教育应当致力于培养服务于民主法治建设和经济社会发展的法律专门人才。将以上两个方面的要求结合在一起就成为法学教育的历史使命和基本目标,即培养具有比较完整的法学专业知识和理论体系、法律专业思维、法律职业伦理和法律应用能力的专门人才。大学的法学院应当为学生建立一个比较完整的专业知识和理论体系,努力在每个学生身上培养出独特的专业思维、职业伦理修养和理论联系实际的法律实践能力。素质教育对于高等教育内在规律与发展趋势的准确把握,理应成为法律教育的理想模式,以真正做到素质教育与法学教学过程的融合。因此,法学教育不仅仅是职业教育,同时还是一种素质教育,即法学教育不仅教授法律的知识、理论、制度,而且还要教授相关的人文科学知识,培养深厚的人文精神,还要教授必备的技能、素质,特别是法律职业者独有的批判性和创造性的法律思维和法律人格。

法学素质教育既是一种培养目标与模式,更是一种教育思想与观念。现代法学教育不再以培养法官、检察官或律师作为单一目标,而是旨在培养在任何一个法律职业领域都有能力开展工作的专业人才。法学教育培养的人才应当是具备扎实的法律知识功底,完善的人文知识背景,严密的逻辑分析能力,突出的语言表达能力,具备崇尚法律、恪守法律职业道德的精神品质,具有创新意识和创新能力,身心健康的应用型法律人才和治国人才。归根到底,法学素质教育的终极目标就是培养高素质、高品质的法学人才。①

---

① 苑敏:《论法学教育的目标定位及其实现途径》,载中国法学教育网,最后访问时间:2012 年 8 月 31 日。

有论者认为,当前中国本科法学教育的培养目标,应当定位为培养建设社会主义法治国家的高素质法律通才。所谓的“高素质的法律通才”,不是一般意义上的一切从事法律职业的人,它具有完整的内涵:高尚的法治信仰是其首要价值标准,严谨的法律思维是其必备技术,扎实的专业知识和实践技能是其生存之本,良好的人文素养和综合素质是其基础条件。高素质有三个基本要求:一是提高一般的文化修养水平、道德水平;二是提高专业基础素质,如基本知识、专业理论、专业技能、专业能力;三是提高非智力素质,如竞争力、意志力、敬业精神等。需要指出的是,高素质不等于精英,本科法学教育不是培养现成的法学家、法律家,它是大众教育中的个体素质教育,而不是培养少数英才的精英教育。法律通才,是指在法学学科上既有一定专长,又具有广博的科学文化知识和扎实的专业基础的人才。通才教育的目的是提高学习者的心智水平、性格修养和文化修养,以增强其对社会生活的广泛适应性。通才教育有助于改变专才教育对学生整体精神及人格尊严造成的损害,它使法律专业人才在掌握了基本的知识、技能和方法后,就能运用自如地在学科之间进行“嫁接”,迅速地熟悉相关的学科领域。

该论者还认为,中国目前的法学教育,包括号称要培养实用性法律人才的法律硕士教育,由于种种限制,实际并没有培养出优秀的法律实用人才。“要满足社会对法学人才的需求,不能只重视法学人才个体素质的培养,而必须从中国社会对法学教育人才的总体需要来考查,必须有一种宏观调控的眼光和计划。”[①]当然,一个国家的法学教育不可能一天之内成熟,需要经历一个人才积累、学术积累和方法积累以及经验积累的过程,我们要不惜代价深造人才、鼓励研究、开发方法、珍惜经验、整理资料。[②] 所以,我国要实现法学本科教育的培养目标,还任重而道远。[③]

---

① 苏力:《法治及其本土资源》,中国政法大学出版社 1996 年版,第 327 页。

② 龙卫球:《美国实用法律教育的基础》,载《北大法学评论》2001 年第 1 期。

③ 王海波:《法学本科教育培养目标的比较》,载《内蒙古农业大学学报(社会科学版)》2010 年第 1 期。

五、关于法学教育目标的其他论述

有论者认为我国的法学教育要均衡职业培训性和学术研究性两大目标。将理论素质培育与实践技能养成有效均衡为一种高境界法律人品，是全球法学教育改革共同的主题。高境界法律人才是高素质法学人才和高素质法务人才的整合性法科英才。我国法学教育培养出来的学生不仅应该具备律师的职业素质，而且还要具备广泛的人文社科知识和深厚的人文精神。仅仅具备前者未免难脱手艺人的匠气，只有同时具备后者才能成为大家和职业家。只有具备这种素质和品德的职业家，才能不局限于具体个案的界限和不拘泥于机械适用法律条文，才能够更上一层楼望尽天涯路，在处理具体案件时极大地发挥主观能动性，创造性地运用法律，推动法律的发展和社会的进化。从培养目标上看，我国的法学教育要均衡职业培训性和学术研究性，这就决定了我国法学教育的教学方法应当是理论讲授与案例教学的结合。①

有论者认为，我国高等法学教育，既不能简单定位于职业教育，也不能定位仅是学习法学知识、法学理论的"法学家"，而应定位于素质教育和职业教育的结合。即培养大批既有崇高品质、职业道德，又有实际工作能力的法律专门人才。著名法律教育家孙晓楼对法律人才提出了三个方面的要求："一是要有法律学问，二是要有人文社会科学知识，三是要有法律的道德。"一方面，法学教育是"一种真实的职业教育"，学生从迈进法学院的第一天起就要求像职业工作者那样做；另一方面，它"不仅仅是职业教育，从最深层的意义上讲，它同时也是一种人文教育"。单纯的职业教育和单纯的素质教育在法学教育中都难以行得通。一方面，法律本身是一门理论性极强的社会科学，要求学生必须具备良好的人文素质；另一方面，法律又不同于一般的社会科学，它具有可操作性且直接服务于社会，要求法律专业的学生既要有运用法律的技巧，又要具备良好的道德

---

① 武俊山：《案例教学法在我国法学教育中的地位》，载《湖北经济学院学报（人文社会科学版）》2009 年第 5 期。

素养。①

有论者从法学教育的特性出发,认为法学教育作为一种职业教育具有实践性、社会性和应用性等特性,这些特性决定了法学教育必然走上多元化的道路,这也意味着法学教育的目标也必将具有多元化的特征。法学教育的多元化走向既是顺应学科教育发展规律的必然要求,也是由法学教育自身的职业教育属性所决定。一方面,法学教育的多元化是当代学科发展的规律使然;另一方面,法学教育的多元化是由其自身的职业教育属性决定。

首先,实践性决定了法学教育应以法律实践为导向,而法律实践呈现出的日益细化、多元化的特征决定了法学教育的多元化走向。相对化的特征决定了法学教育的多元化走向。相对于普通教育,职业教育具有明确的职业导向。这要求法学教育以法律职业及其实践作为确定教育目标的依据。不止如此,法学本身"是一门具有高度实践性的学科,它并不只是一些普遍正确的命题所构成,而且需要大量的'实践理性',需要许多难以言说难以交流的知识"。作为一门实践性知识,纯粹抽象的思辨不能独立完成法学知识的传承与更新。只有面向实践本身,法学教育才能存续。

其次,社会性决定了法学教育必须与社会高度融合,而社会的多元化特征决定了法学教育的多元化走向。职业教育的社会性意味着,职业教育是社会经济发展中的重要一环;它的发展规模、结构和速度乃至人才的知识结构,都必须符合全社会经济发展的需求。社会需求是职业教育发展的根本原因和动力。

最后,应用性决定了法学教育应着重培养学生的实务能力,而不同的法律实务领域对法律人提出的各不相同的要求,决定了法学教育的多元化走向。职业教育的应用性特征意味着,它着重培养学生运用理论及具体方法准则的能力,而不是仅仅培养其发现社会规律、创制法学理论的能力。在应用法律的过程中,社会分工的不断细化在法律实务领域也有着明显的印证:同一法律职业工作者从事

① 任丹红、王国梁:《我国高等法学教育的培养目标及法学教育改革》,载《江南大学学报(教育科学版)》2007 年第 2 期。

的工作可能出现不同的侧重，或是集中于诉讼，或是集中于谈判，或是集中于文书写作，或是集中于信息搜集。不同的工作重点需要不同的技能，而不同技能的养成需要运用不同的教学方式。①

六、笔者关于法学教育目标的观点

笔者认为，中国的法学教育应立足传统和现实，分层次针对法学专业的本科、硕士以及博士设定不同的目标，即层次教育论。

（一）法学本科教育的目标定位

笔者认为，在对法学本科教育进行目标定位之前，需要首先对以下几个问题予以明晰。第一，法学教育发展的历史和各国法学教育的实践经验告诉我们，法学教育不可能在短时间内、在某一个阶段就能实现其本应发挥的功能。同样，我国法学本科教育阶段也不可能独自承担起法学教育的所有功能。因此，必须从法学教育的整体布局上对法学本科教育进行定位。第二，法学本科教育同时肩负着高等教育和法学教育的任务，在对其定位时必须兼顾这两者。第三，对法学本科教育进行定位不能脱离社会对法学教育的需求，更不能超越法学本科教育当前所拥有的以及将来可能获取的资源，这意味着，在对法学本科教育进行定位时，不能不瞻前顾后，立足于法学教育所处的资源和制度环境。第四，也是最重要的一点，必须尊重法学教育的基本规律。

在对上述四个问题进行明晰后，可以对当前我国法学教育定位上的几种主要观点作一简要评析。

1. 通才教育

持这种观点的人认为，法学教育本科阶段的基本目标是为培养高级法律提供毛坯，法学本科教育是一种素质教育，而非专才教育；法学本科教育阶段应着重培养学生对基本法律理论的掌握和理解能力，对学生运用法律专业知识的技能不做强调。这种定位与我国目前法学本科教育的现状比较接近。

---

① 王军、杨贝：《论我国法学教育的多元化走向》，载《暨南学报（哲学社会科学版）》2012 年第 2 期。

笔者认为，作为高等教育其中一个领域的法学本科教育强调通才教育是符合高等教育的要求和目标的，但是，法学教育毕竟又有诸多不同于其他专业教育的特点，其中，最明显的一个特点是，它与法律职业之间具有直接的联系。在笔者看来，如果把法学本科教育定位为通才教育，必须建立与之相配套的一系列制度，其中最为重要的是建立与法学本科教育有机衔接的法律职业培训体系和制度。这样就能较好地保证学生能够具备法律职业所需的专业知识和技能，同时也保证了法律职业共同体成为一个具有高度统一性的精英群体。相反，如果不解决法学教育与法律职业之间的衔接问题，法学教育将永远无法摆脱当前面临的困境，而只会越陷越深。

2. 职业教育

应当说，持这种观点的人比较强调法学教育和法律职业之间的紧密联系，即法学教育是为法律职业服务的，法学教育应以培养能够适应法律职业需要的人才为主要目标，自然，这种认识非常符合法学教育和法律职业的规律，也是我们近年来在法学教育过程中一再予以强调的一个观点。但是，据此将法学本科教育定位成职业教育是否就是科学的和切合实际的？

在回答这个问题之前，笔者想先对以下几个问题予以说明：

第一，法学本科教育是高等教育的一部分，必然要体现高等教育的特点，完成高等教育的基本任务，从高等教育的特点来看，高等教育担负着对学生进行素质教育和人文教育，培养学生良好的道德修养和科学的思维方式的任务，正所谓“大学教育除传授专门学科外，对于通才之训练及品德之熏陶，均所兼顾”。[①] 所以法学本科教育必然要完成上述高等教育的任务，否则就不能将其划入高等教育的行列。

第二，从法律专业人才需要具备的素质看，法律职业技能是从事法律职业必备的也是最重要的要素，但是，作为一名合格的法律职业人员，除了具备法律职业所需的各项技能和素养外，尚需有广博的知识和文化修养。“攻读法律之学生如果对其本国历史都很陌

---

① 蒋耀祖：《中美司法制度比较》，台北，商务印书馆 1976 年版，第 159 页。

生，则其不可能理解该国法律制度之演变以及该国法律制度机构对其周围之历史条件之依赖关系……如果其不太精通一般政治理论、不能洞察政府结构与作用，则其在领悟和处理宪法与公法等问题时就会遇到障碍，如果其没有受过哲学方面的基础的训练，则其在解决法理学与法学理论之一般问题时就会感觉到棘手，而这些问题往往对司法和其他法律程序产生决定性影响。"①著名法学教育家孙晓楼先生也持同样观点，认为具有社会常识是法律人才培养应当具备的三个要件之一，因为，有社会常识才能适宜地运用法律。

第三，从法学教育的功能来看，其承担着为社会培养综合性管理和服务人才的功能。从多数国家法学教育的实践看，法学本科毕业的学生中有相当一部分人所从事的并非是法律职业，随着社会的发展，社会需要各种宽口径、知识面广的法律人才。

第四，从我国法学本科教育所拥有以及可能获得的资源来看，我国大多数高等院校法学院在短时间内，尚不能提供一支能够担当起法律职业教育重任的师资队伍。

从以上几个问题的分析中不难看出，在我国法学本科教育阶段实行职业教育，既不符合法学教育的客观规律，又不具备实现的条件。所以，笔者并不赞成将本科教育定位成职业教育。但是，也不能否认法学教育与法律职业的紧密联系。

3. 折中观点

也有论者折中以上两种观点认为，"现阶段内地法律教育模式构建中，应考虑学生全方位的发展，单纯强调法律通才教育或法律职业教育都可能会使法律教育失之偏颇，无论从何种渠道接受法律教育的学生，都应该既全面系统地学习法律基本原理，又要经过法律操作或运用的职业培训"。② 也有论者认为，"法学院的教育是一个难以定位的问题，素质教育还是职业教育，普法式教育还是精英式教育。法学教育的改革势在必行，但是争论很大，一个可以妥善

---

① ［美］博登海默：《法理学：法哲学与法学方法》，范建得、吴博文译，台北，汉兴书局有限公司1997年版，第596—597页。

② 陈建萍：《法律教育理想模式构筑——中国内地与中国香港法律教育制度之比较》，载《中国法学教育研究》总第63期，第136页。

解决的问题,就是妥协。妥协并不是退步,而是前进。这种妥协就是用素质教育的观点指导法学职业化教育,在现有的基本理论、基本知识、基本技能教育的基础上加大对基本技能的培养,即存量不变,调整增量,‘摸着石头过河,先干起来再说’”。①

笔者认为,暂且不论目前我国高等院校是否具备开展职业教育的条件,单从时间上来讲,大学本科短短4年的时间无法圆满完成对学生进行素质教育和职业教育的双重任务,纵观世界上各国的法学教育,从来没有哪个国家的教育机构能够在4年的时间内对学生完成素质教育和职业教育的两项任务。尽管在一些国家也存在兼顾通才教育与职业教育的法学本科教育模式,但是,都有所侧重,以其中某一方面为重点,兼顾另一面。

因此,将通才教育和职业教育都放在法学本科教育阶段,同时实现这两项任务,笔者认为可能需要延长我国法学本科专业的学时,从目前的4年延长到5—6年。当然,除延长学时外,尚需要进行其他制度方面的改革,如招生制度、教学方法与模式、课程设置、教学管理等,但最为关键的恐怕还是要建立起完善的法律职业培训制度,使法学教育与法律职业之间实现有效衔接,如果这项制度不能建立,其他一切改革都是徒劳的,有可能导致的结果是,通才教育和职业教育的两个目标都达不到,都不沾边。

基于对上述三种方案的分析,笔者认为,在相关配套制度改革和建立的前提下,将法学本科教育定位成通才教育或者通才教育和职业教育并重这两种方案似乎更符合法学教育的规律和我国的现实国情。但是,在此笔者想提出一种更为彻底、更有利于我国法学教育发展的方案,那就是取消法学本科教育。笔者的设想是,取消法学本科专业,将法学教育的层次提高到硕士研究生阶段。整合全国法学教育的资源,在经过有关机构考评合格的大学或科研院所设立法学院,进入法学院学习的学生必须已经获得大学某一学位,法学院的学位分为两种,一种是法律硕士,另一种是法学硕士。前者

---

① 参见张国林2007年10月在贵州贵阳“花溪之畔·法学教育改革论坛”上的发言。

主要实行法律职业教育，着力培养学生的法律职业技能和素养；后者则以培养学术型、研究型人才为主要目标。与前者相比，后者规模要小得多。将全国高校中最为优秀的教师和法律实务界人士汇聚到法学院，针对不同学位的特点和培养目标，对学生进行高质量的教学和训练。这种设置体系不但会使我国法学教育的体系更清晰，而且也使法学教育的层次得到明显简化和提高，有利于彻底改变我国法学教育多年来形成的层次多而杂、多而乱，质量参差不齐，总体水平较低的状况。

（二）法科研究生教育的目标定位

1. 法律硕士

中国的法律硕士专业设置的目标是培养高层次复合型的高级法律人才。这种人才具有复合型高层次的特点，不仅可能成为法律专业人才，而且也是治理国家和管理社会的主干人才。但在实践中，法律硕士无法获取符合法律硕士培养目标的教育，付出的教育成本与获得的收益不对等，在就业以及工作的岗位上经常面临被别人歧视的尴尬局面等。

面对法律硕士专业的这些困境，许多人认为，这个专业已经没有存在的必要了，在该专业中深受其害的法律硕士学生对此呼声更高。笔者认为，不但不能取消法律硕士专业，还要将其作为今后我国法学教育的主体。原因有二：

首先，当前将法律硕士专业定位为培养应用型、复合型、专门型法律人才是比较科学的，在制度设计上，法律硕士专业学位教育最集中体现了法律职业与法学教育之间的内在联系，最大限度地反映了法律职业的基本要求。这种学位教育将法学教育的层次提高到硕士教育阶段，在学生接受了大学基本素质教育并具备了某一专业的背景知识的基础上，对其进行以职业教育和训练为主的法学教育，能够有效解决通才教育和职业教育难以两全的难题。

其次，从长远发展的观点，在未来可以取消本科法学专业的设想的基础上，将法律硕士专业教育作为法学教育的主体，不仅能够统一受教育者的起点，提高法学教育的层次，而且有利于法律职业共同体内部的同一性，有利于实现法律职业群体的精英化。由此，我国法学教育当前面临的诸多难题也就迎刃而解了。可以说,科学发展法律硕士专业是改革我国法学教育的重要突破口。

因此,笔者认为,应当坚持当前对法律硕士专业的定位,并以此为目标将法律硕士专业的改革作为一个重要课题加以研究。笔者坚信,该课题的研究会为中国法学教育的改革和发展带来新的思路和契机。

2. 法学硕士

在我国,对法学硕士的定位是培养学术型、研究型人才,法学硕士在入学考试、课程设置以及论文写作等方面都是以此作为指引的。但是在实践中,越来越多的法学硕士毕业后从事的不是研究型的工作,而是实务工作。国家投入大量的精力和资源培养的研究型人才,最后却不从事研究工作,不能不说是对资源的一种严重浪费。之所以出现这种现象,一个很重要的原因是法学硕士的招生规模太大了,大大超出了社会对法学研究人才的需求,于是剩余的一部分人便步入法律实务行业。由于学生就业方向从某种程度上说影响着学校的培养目标和教学,于是,法学硕士的教育中也就出现了培养目标摇摆不定的局面,结果导致学生既没有掌握应掌握的理论知识,也没有接受到合格的法律职业教育。此外,法学硕士大规模涌入法律实务部门也造成了法学硕士排挤法律硕士的局面,于是,就出现了以培养实践型人才为目标的法律硕士专业毕业生在实务部门中的优势却明显弱于以培养研究型人才为目标的法学硕士专业毕业生的奇怪现象。

其实,造成上述现象的根本原因在于,整个法学教育体系内部没有得到有效整合,每个层次、每个模块各自为政,长期以来,我们没有站在法学教育这个体系的高度上,从整体上认识和解决法学本科教育、法律硕士教育以及法学硕士教育的改革和发展问题,目光过于狭窄,于是造成了法学教育各层次内部以及各层次之间的诸多矛盾,从而也使法学教育的整体力量受到削弱。如果能够站在一个更高的角度上来看待这些看似很难的问题,就会豁然开朗。从目前看,笔者认为,应该继续将法学硕士的培养目标定位于培养学术型、研究型人才上,大规模压缩法学硕士的规模,使法学硕士的供应量与社会对法学研究型人才的需求基本平衡。

3. 法学博士

法学博士教育的定位是研究型、学术型人才，自不待言。笔者认为，法学博士的主要来源应当是法学硕士，这样有利于人才培养上的连续性，也能够保证人才培养的质量。但是，也不排除少数法律硕士毕业生因对法学研究感兴趣而考取法学博士的情形，事实上，这部分学生加入法学博士的行列会给法学博士的教育和法学研究增添新鲜血液，特别是那些已经具有一定法律实践经验的人士考取法学博士后，往往能够凭借其丰富的法律实践经历优势而在法学研究领域取得不俗的成绩。

虽然在体例上，笔者对法学教育的各个层次的目标定位是分开来讨论的，但实际上，在对每个层次、每种形式的法学教育的目标定位进行思考时，从来没有离开过法学教育这个整体。笔者认为，要理顺法学教育体系内部各类教育形式之间的关系，可以考虑将本科法学专业取消，建立起以法律硕士专业教育为主体的法学教育体系，严格限定法学硕士的规模。其中，法律硕士专业应以法律职业教育为主导，以培养法律实践型人才为目标；法学硕士以法学理论教育和法学研究能力培养为主导，以培养学术型、研究型人才为目标；法学博士以吸取法学硕士为主，同时吸收对法学研究具有浓厚兴趣的少数法律硕士和具有法律实践经验的人才，以培养法学研究人才为主要目标。

4. 法律博士

2022 年 9 月 13 日，国务院学位委员会、教育部印发《研究生教育学科专业目录（2022 年）》，在目录中增加了法律博士学位。推进全面依法治国迫切需要大批高层次应用型法治人才。设置法律博士是在学位类型二元制结构框架下满足法治实际需要的一种现实选择。经过长期的探索和发展，目前我国已经基本形成了法学学术学位和法律专业学位二元化的学位管理体系和人才培养体系。设置法律博士是健全专业学位层次和类型体系以应实际需要的一个重要途径。

法律博士专业学位是针对政法实务部门需要培养具有良好思

想政治素质、职业道德水平、扎实宽广的法律专业知识，能够创造性从事法治领域高层次实际工作的法治人才而设置的一种学位类型。法律博士专业学位面向立法、行政执法、司法和法律服务等部门高级法律工作岗位，培养具有合格的政治素质、良好职业道德、系统扎实的法学基础理论和法学专业知识，能够创造性运用科学方法分析、研究和解决法治实践中复杂问题的高素质法治人才。招生对象是已具有法学或法律专业硕士研究生学历教育背景，或者受过法学或法律专业以外专业的研究生教育，在法律实务部门从事一定年限以上法律职业工作，取得法律实务工作显著业绩并且今后继续从事法律实务工作的人。

第五章 法学教育的内容

第一节 域外法学教育的内容

综观域外一些国家和大学的法学教育内容，有的注重层次性内容体系构建，有的注重理论性（学术性）和实践性（操作性）的结合，有的注重法律人品格的塑造和技能的掌握，有的则注重法律人素质能力的培养。

一、大陆法系国家的法学教育内容

作为大陆法系的典型代表，德国的法学教育教学注重学术性和系统性，强调法学思维方式的培养，理论联系实际的学习方法在德国的法学教育中得到了比较充分的诠释，对实际技能的注重更加凸显其特色。① 依照德国《法官法》的规定，大学学习的内容分为选修课和必修课两个部分，必修课不仅包括民法、刑法、公法和诉讼法的核心内容，还包括欧洲法、法学方法论、哲学、历史和社会基础知识；而选修课程则是那些有助于学习和补充必修课程并

---

① 王保莳、仇德胜：《德国大学法律教育的特点及其借鉴意义——以民法教学为例》，载《保险职业学院学报》2012 年第 1 期。

能够加深必修课程理解的课程。[①] 虽然大学教育分为基础教育阶段和见习阶段两个部分，但是在基础教育阶段，德国法学教育就已经比较侧重于职业技能的培训，除了讲授课（Vorlesung）之外，还开设有练习课（Uebungen）和研习班（Seminar）课程，以提高学生解决问题的能力和学术研究能力。课程设置丰富详细，例如对于民法一般会开设民法总论、债法总论、债法分论、物权法、合同法、婚姻法等课程，对于民法分论还区分基础班和提高班，例如婚姻法分为婚姻法第一节和婚姻法第二节。每一种课程又配套了练习课和研讨课，因此每个学期开设的课目可谓丰富多彩。[②] 德国现行法学教育体系的法律基础，根据《联邦基本法》所确立的联邦制和法治国两项基本原则，体现在联邦法，如《高等学校框架法》和德国《法官法》，和各州的法学教育法及其实施条例中。另外，各设有法律专业的大学根据州法制定有相应的法律专业学习规则。[③] 德国《法官法》第5条规定，出任法官的资格是，在大学学习法律专业，通过第一次国家考试，修完职业预备期，最后通过第二次国家考试。充任检察官、律师以及高级公务员也需要具有相同的受教育条件。与英美法系国家不同，德国的法律专业学生不要求事先取得另一个专业的学士学位，而是直接来源于高中毕业生，并且不需要通过考试，而是通过申请入学。按照德国《法官法》的规定，法律专业学生在大学基础阶段的学习时间应为4年。这一阶段教育的目的在于引导学生进入法学领域，使其具备从事法学研究和法律实践的基本知识。德国《法官法》第5条a第2款把大学学习的内容，区分为必修课程和选修课程，并对二者的范围作出了原则性的规定。依照该条款的规定，必修课程不仅包括民法、刑法、公法和诉讼法的核心内容，还包括欧洲法、法学方法论、哲学、历史和社会基础的知识；而选修课程

---

① 刘佳主编：《法律教育学》，社会科学文献出版社2012年版，第310页。

② 王保莳、仇德胜：《德国大学法律教育的特点及其借鉴意义——以民法教学为例》，载《保险职业学院学报》2012年第1期。

③ 郑永流：《学术自由 教授治校 职业忠诚——德国法学教育述要》，载《比较法研究》1997年第4期。

则是那些有助于学习和补充必修课程并能加深必修课程理解的课程。[①] 在德国《法官法》规定的框架下，各州法律和各大学规章则对学习的内容作出了更加具体的规定。[②]

法国法学教育的课程设置一方面针对博士的培养，另一方面是直接面向就业的职业硕士。法国的法学教育以培养法官和律师为主要目标，分别由专门的国家法官学院和律师培训中心来承担。律师培训中心的培训大致分为三个阶段：第一阶段，必修课的课时总共为4—5个月，考试方式为统考，分别为职业道德、司法电脑操作与查询、司法外语（英语、德语）、律师事务所管理、司法实践、模拟司法诉讼。第二阶段，在律师事务所实习，时间为3—4个月或5—6个月，要求严格，并按律师要求宣誓，内容包括保证保守职业秘密、不向其他人泄露客户机密等。第三阶段，写实习报告，准备统一考试。国家法官学院的教学分为两个阶段进行。第一阶段为期25个月，包括三个步骤。首先，在企业、行政机关等司法机构以外的单位学习3个月，目的在于使学院站在社会角度重新审视司法官的职业并理解其职业要求，同时增进对社会的认识。其次，在司法官学院内部学习7个月，主要就有关司法技能和业务知识进行培训。最后，在法院学习并帮助办案14个月。在法院学习期间，学员还有2个月左右的时间到监狱、警察局、律师事务所实习。第二个阶段为5个月，是为即将担任司法官职务做准备的最后教育阶段，这一阶段学员继续在法院系统学习，从事预审法官、少年法官、一审法官、二审法官等法官岗位中，一个岗位的实习并辅助办案工作。这个阶段的培训努力实现理论与实践的结合。法国的大学本科法律教育注重学生的总体素质的培养。在法国大学中，历史学、经济学和社会学被设定为必修课，世界主要法律体系论和法律史学，尤其是法国现代法制史等方面的教育备受重视；另外，其法学的教育不是为了教授个别的法律知识，而是教授学生一种思考的逻辑与学习的方

---

① 韩赤风：《当代德国法学教育及其启示》，载《比较法研究》2004年第1期。

② 冀祥德等：《中国法学教育现状与发展趋势》，中国社会科学出版社2008年版，第124—125页。

法，注重培养学生的逻辑思维能力。因此，法国课程中带有明显的素质教育的痕迹。[1]

日本在《法科大学院的设立标准》中对法科大学院的课程设置分为四大部分，即法律主干课程、法律实务基础课程、基础性法律课程和法律尖端课程。法科大学的课程设置采取学科群模式，主要包括：一是基本法律科目群课程，包括宪法、行政法、民法、商法、民事诉讼法、刑法、刑事诉讼法等基本法律学科；二是实务基础学科群课程，包括与法律实务有直接关系的实践性课程，如模拟裁判、法律诊所等；三是基础法学、邻接科目群课程，包括法律交叉学科、比较法学等内容；四是尖端、扩展科目群课程，包括新型法律学科等科目。[2]一、二年级主要开设人文基础课程、法学理论基础课程、外国语课程和体育课程；二、三、四年级学习和选修专业课程，即专业教育阶段。在专业教学阶段，需要学习的必修课包括：宪法、民法、刑法、商法、保险法、海商法等；选修课主要包括家族法、民事诉讼法、民事执行法、民事保全法、刑事诉讼法、行政法、行政诉讼法、行政组织法、破产法、国际公法、国际私法、经济法等。[3]

二、英美法系国家的法学教育内容

从英国的历史来看，法学教育的出现纯粹是法律实践的需要，并且，在相当一段时期里，法学教育与实际技能培训可以画上等号，大学提供法学教育只是晚近以来的现象。传统英国法学教育对实际技能的重视，包括职业自治、职业道德等，对许多国家的法学教育制度都产生了很大的影响。[4] 英国法律职业教育课程设置为：基础知识的学习为三年，职业培训为一年。课程上的时间分配明显地体现了实践的重要性，在我国实习时间通常为短短的几个月，实习课

---

① 刘佳主编：《法律教育学》，社会科学文献出版社 2012 年版，第 320—321 页。

② 于敏：《日本法学教育的历史分析》，中国人民大学 2004 年法学院博士学位论文，第 116 页。

③ 刘佳主编：《法律教育学》，社会科学文献出版社 2012 年版，第 297—298 页。

④ 周汉华：《法律教育的双重性与中国法律教育改革》，载《比较法研究》2000 年第 4 期。

程的设置更是形同虚设，培养出的法科毕业生质量很难满足社会上对实践操作能力的要求。英国所有法学院开设以下7门必修课程：合同法、侵权法、刑罚、衡平法和信托法、欧盟法、财产法以及公法。另外，英国大学的学习分为第一阶段——学术学习，第二阶段——职业训练，各阶段设置不同的课程，如职业训练阶段，开设辩护方法、证据、谈判技巧等。[①]

美国法学院联合会课程委员会1944年的报告指出，随着法律的复杂化，一般的案例课程已不再足以传授基本法律技能。该份报告发表后，采取了各种改革措施，其中，法律实际课（clinical legal education）是最为重要的改革。20世纪60年代以后，法学院已经普遍地采用法律实际课，1992年的一份报告发现155所法学院中的130所开设了校外法律实际课（exterships）。[②] 美国的做法是，大学法律教育为研究生教育，而非本科教育。法学院开设的课程全部为法律专业课程，而不开设其他人文学科、社会科学或自然科学的课程。这种法律教育模式，确保法学院的毕业生既精通法律的知识和技能，又至少通晓一门其他学科，成为具有开阔知识背景的法律专业人才。[③] 首先，当今美国法学院通常由不同专业背景的教授所构成，除了具有传统法学背景的教授以外，越来越多的并未受过专门法学教育的政治学家、经济学家、心理学家、社会学家等都到法学院执教。其次，与法学院组成的多样性相应，美国的法学也显现出多元化与多样性的特点，除传统的以规则为研究对象的法学研究以外，越来越多的跨学科研究大量出现，如从经济学角度的法与经济学，从政治学角度的批判法学运动，从社会学角度的法律社会学，从文学角度的法与文学，从心理学角度的司法行为研究等都在法学界确立了其地位。再次，多样性与多元化的法学研究对实际社会生活的影响越来越大，成本效益分析在行政立法中大量采用，利益平衡与政策考虑在法院判决中起着重要的作用。最后，除传统的法律教

---

① 刘佳主编：《法律教育学》，社会科学文献出版社2012年版，第290页。

② 周汉华：《法律教育的双重性与中国法律教育改革》，载《比较法研究》2000年第4期。

③ 黄文艺：《法律教育四题》，载《法律科学（西北政法学院学报）》2002年第5期。

育课程以外,越来越多的跨学科课程、讲座、讨论课(workshops)在法学院出现,即使对传统的课程,除了原有的判例以外,增加了许多新的材料,包括提要、法律规定、评注与社会科学统计等。①

关于美国各法学院 J. D. 的课程设置,学制一般为 3 年,学生入学前必须已经接受了大学本科教育,该专业的目的是要培养专门的法律应用人才。美国法学院的教育核心计划包括 3 年的法律课程,如果是部分时间学习的学生,则要学习 4 年。虽然各个学校的课程不尽相同,但基本上大同小异。以新英格兰地区的 13 所法学院 1985—1986 年的课表为例,统一都开的基础课程有 11 门,即民事诉讼法、宪法、合同法、刑法、刑事诉讼法、证据学、法律研究、法律写作、职业责任、财产法、侵权法。另外,还有 16 门实体法是普遍开设的。这些课加起来总共 27 门,占课程总数的 30%。以下是这些法学院普遍开设的 27 门课程:行政法、反垄断法、破产法、商法、民事诉讼法、宪法、合同法、刑法、刑事诉讼法、环境法地产计划(estate planning)、证据学、家庭法、联邦法院、知识产权、国际法、劳动法与雇佣关系、法律、社会科学与人性法律研究、法律写作、职业责任、财产法、安全规则(securities regulation)、税法、侵权法、审判辩护与实践(trial advocacy and practice)、委托、财产与遗嘱。该地区的法学院还提供了广泛的选修课程,包括了 56 个不同的领域,占课程总数的 11%。开选修课最多的领域是:宪法、国际法和税法。这些学校开设的选修课是:法律历史、立法程序、卫生/医院法与精神健康法、贸易公司(business-corporations)、冲突法、土地使用与房屋、儿童与法律、欧共体、争端解决选择、法律与公共政策、规则(regulation)、技术与法律、贸易组织、会计、海事法、经济与法律、移民、保险、银行、消费、犯人的权利、赔偿、财富与财产(wealth & poverty)、法律职业、体育、通讯、比较法、教育法、能源、美洲印第安人、娱乐(entertainment)、农业、航空、军事法、运输。开选修课的多少和学生人数各校都不太一样。一般来讲,大的学校开的多些,小学校开的

① 周汉华:《法律教育的双重性与中国法律教育改革》,载《比较法研究》2000 年第 4 期。

少些。小学校一般提出一个基础性更强的课程表,但更适合他们的学生。教师当然是开设选修课的主要因素。另外,各个学校也有自己的侧重,避免重复。例如,一个学校开军事法,另一个开运输法,第三个开航空法。[①]

澳大利亚的做法是,大学法律教育实行双学位制教育。在澳大利亚,高中毕业生可以直接进入法学院学习。但大部分澳大利亚法学院都规定,没有取得其他本科学位的学生必须在学习法律的同时,学习另外一门可得本科学位的学科。这种双学位制法律教育一般为时 5 年,其中全时制法律课程学习通常占 3 年。常见的法学双学位组合有商学/法学、人文学/法学、科学/法学、经济学/法学等。[②]澳大利亚大学的必修课程,也称核心课,共计 160 个学分,一般包括:法律程序、合同法、侵权法、财产法、宪法与行政法、刑法、证据与法院程序法、法律史与法哲学等。选修课共分为两个部分:法律类的选修课包括:法理学、国际法、比较法、比较贸易法、知识产权法等。学生必须修满 140 分。非法律类选修课,在第一种教育模式下(3 年制)的学生,可以不用选修;在第二种教育模式(4 年制)下的根据自己的需要进行选修,学生必须修满 100 分;第三种双学士模式的学生通常要求至少修满 100 学分。由于会计、职业行为守则是律师的必备课程,因此各法学院也把它们作为选修课。[③]

三、世界知名大学的法学教育内容

(一)哈佛大学

为了满足各种专业细化的要求和适应社会的发展,哈佛大学法学院准备了丰富的课程,且不断更新。以其 2008—2009 年度 J. D 课程为例:除了一年级课程必修一些入门课之外,如民事诉讼、合同法、刑法、律师业入门、财产法、侵权法、统计、宪法理论、公司法、税

---

① 李红云:《谈谈美国的法律教育》,载北京大学法学院编:《价值共识与法律合意》,法律出版社 2002 年版。

② 黄文艺:《法律教育四题》,载《法律科学(西北政法学院学校)》2002 年第 5 期。

③ 刘佳主编:《法律教育学》,社会科学文献出版社 2012 年版,第 291 页。

收法等,学校还为学生准备了大量的选修课。选修课程大致可分为20余类,包括研讨课在内多达260门,具体分为:反托拉斯法、商法或贸易法、刑事诉讼法、网络法(cyber law)和技术、雇佣法和劳动法、家庭法和儿童法、环境法、联邦法与联邦主义、金融制度、性与法律、健康法、知识产权法、动物法、艺术法、水法、孩子·家庭与国家、宗教与国家、国际法系列(包括国际法、比较法与外国法、人权法)、法理学、法制史、法与经济学、法律职业·法律伦理·职业责任、地方政府法、诉讼·非诉讼解决(包括协商、调解与选择性争端解决)、公共利益法与律师业(包括公民权利和自由、政府律师业、法律与律师业、社会不平等)、种族与种族关系法、管理法(如证券管理、食品与药品法等)、不动产法等不同类别。其中每一类又包括多门不同课程,如税法方面就包括非营利组织的税收与管理、比较所得税、比较税收管理法、公司交易税法、地产与赠与法、合伙人与合伙税收的公共财政经济学、增值税等课程及关于增值税、公司税收政策、国际税收问题的研讨课等。从课程设置的内容看,哈佛大学的法学教育应属专才教育。其缺点就是因过度的专业细分而使美国法律体系在教学中失去其完整性,“不能整个地展陈出来,而只能将各部门分裂地讲述,同时在本科的合理年限内,始终无法将所有重要的法律部门都教完,这是美国法律教育真正的瑕疵,结果许多学术上的基本问题,只能在从事实务时学到”。①

(二)剑桥大学

相对哈佛大学而言,欧洲大学的课程设置更注重基础知识和体系性架构,以通才教育为主,后期才考虑专业选择和训练,因而显得更简洁、明了。剑桥大学的法科课程以基础知识为主,基本包含了本国法律的概况、法律原则、规则、判例及历史渊源等,避免了因过早的专业分工而出现的零碎和杂乱。剑桥大学2008—2009年法科(学制3年)的课程设置为:第一学年(Part Ⅰ A),刑法、宪法、民法、侵权法,均为必修课;第二学年(Part Ⅰ B),合同法、土地法、国

---

① 王安异:《法学教育模式及其选择》,载中国法学教育网,最后访问时间:2012年8月31日。

际法、民法Ⅱ、行政法、家庭法、法制史、裁判与刑罚体系、刑事诉讼与犯罪证据，学生须从中选择5门课程；第三学年（Part Ⅱ），指定选修的课程为衡平法和欧盟法，此外还可任意选修不同专题，包括商法专题、公法专题、理论法学专题等。也有一些交叉学科课程可供选择，包括税收、地产、租赁、银行法、医药法、媒体法和英国法制史。除此之外，学生还必须参加一次研讨课，提交一篇发言稿，其选题每年都有变动，如2006—2007年度的选题为妇女和法律、医药法和伦理、人权三个。剑桥的法学课程体系中对法律实务、争端解决等涉及甚少，实务训练须在大学毕业以后进行。①

（三）悉尼大学

悉尼大学的法学教育兼顾了高中毕业生和本科毕业生两类生源，通才与专才并重。对一般本科生的法学教育必须辅修其他专业，为双学位教育，以弥补其结构性知识欠缺和能力不足，有7大类双学位科目可供选择，包括法学士/人文科学学士、法学士/商学学士、法学士/经济学士、法学士/经济与社会科学学士、法学士/工科学士、法学士/理科学士、法学士/国际研究学士等，学制一般为5年。而对本科毕业生的法学教育，一般为3年制。对双学位学生而言，着重考查其法科课程内容：第一学年开设的必修法律课程有：法律基础、法律调查Ⅰ和侵权法；第二学年的必修课有合同法、刑法、法律程序；第三学年必修联邦宪法、法·律师与司法；第四学年的必修法律课有行政法、国际法、不动产权、公司法、衡平法、诉讼；第五学年只有选修课程。而对已取得其他学位再就读法学院的学生而言，其课程安排更紧凑：第一学年必修刑法、联邦宪法、法律基础、法·律师与司法、法律调查Ⅰ、侵权法；第二学年的必修课程与双学位第四年开设的课程一致；第三学年也只有选修课程。这些选修课程包括：合同法高阶、公司法高阶、国际公法高阶、不动产权高阶、反歧视法、企业税收、中国法和中国法律制度、竞争法、公司和证券管理（讨论课）、犯罪学、死亡及继承法、雇佣和工业法、环境法、太空

---

①　王安异：《法学教育模式及其选择》，载中国法学教育网，最后访问时间：2012年8月31日。

工程、家庭法、性别与宪法(gender and constitution-making)、独立调查项目、知识产权、国际法和比较法、国际商业贸易法、国际人权法、日本法、国际法模拟法庭、法律和经济、法律·通讯·文化和全球经济、法律的国际选修课程、媒体法、移民法、个人税收法、法哲学(讨论课)、国际私法、罗马法、社会保险法、法社会学、悉尼法律评论、审判理论、法律推理理论。在最后一个学年内,无论是哪一类学生,修满了学分,就可获得法学学士学位。从上述课程设置看,学生前几年重点学习基础课程,基本属于通才教育,到最后一年才可以选择具体的专业方向,转向专才教育,而其专业化程度也很高。①

(四)东京大学

东京大学法学课程设置以通才教育为主,一方面强调课程的体系性和逻辑性,针对司法考试开设了必修专业课和基础理论课,另一方面也注意到专业选择的需要,提供了大量的选修课,专门开设了一些实训课,以消化所学的基本知识、锻炼学生实践能力,鼓励学生自行选择、积累实务经验。一年级开设的基本科目有:法学入门、民法、刑法、宪法、商法、民事诉讼法、刑事诉讼法、行政法。第二年开设的课程有:调查·写作或起草、民法高阶、刑法高阶、宪法高阶、商法高阶Ⅰ、民事诉讼法高阶、刑事诉讼法高阶、行政法高阶、法学理论、民事实务基础、刑事实务基础、国际法、英美法总论、破产民事执行法、国际私法、租税法。第三年的课程为:商法高阶Ⅱ、民事法综合(包括国际民事诉讼法、消费者法、环境法、现代契约法论、信托法、社会保障法、裁判外纠纷处理法、债权回收法)、公法综合(包括公法诉讼制度、财政法、地方自治法、情报法、立法学)、司法伦理、模拟裁判、法律诊所、民事辩护研究、民事证据收集和认定、国际契约谈判、破产处理研究、法律与谈判、知识产权法、劳动法、经济法、现代法的基本问题、证券交易法、商务计划、金融法、国际经济法、国际租税法、国际人权法、社团劳资关系法、土地税和其他资源税法、国际贸易法、金融交易税收法、网络法、刑事政策、少年违法法、经济刑

---

① 王安异:《法学教育模式及其选择》,载中国法学教育网,最后访问时间:2012年8月31日。

法、企业年金法、国际法判例法、现代美国法、美国法实习、现代德国法、现代法国法、欧洲法、现代中国法、法制史、法制史演习、法医学、法与经济学、法社会学、研究报告、研究论文。其中一年级的全部课程和二年级的大部分课程为必修课；二年级小部分为选择必修课，包括英美法总论、破产民事执行法、国际私法、租税法；三年级的大部分课程为选修，只有少部分为选择必修，如民事证据收集和认定、破产处理研究等。东京大学法学教育是比较成功的通才教育，"传道"处于其中心位置，向学生传递法律职业精神是其首要任务，包括培养学生的远大志向、强烈责任感和职业伦理观等。法学专业课程偏重于基础，多以讲授为主，"强调的是主流学说和重要判例，知识具有较强的划一性与国家意识"，这些知识也是司法考试的主要内容。当然，其教育也存在缺陷，如课堂学习与实务工作之间仍然存在着断裂，课堂学习中理论灌输过多，实训课程经常被忽视等。虽然司法研修可增加大学毕业生的一些实务操作技能，但大学教育实践性还很差，仍大有作为。①

（五）慕尼黑大学

按照慕尼黑大学《法学学习规则》第5条第2款的规定，必修课程包括：(1)基础学科：法制史、法哲学、法社会学。(2)民法：民法总则、债法、物权法、亲属法、继承法。(3)商法和公司法：商法、合伙企业法、有限责任公司法。(4)劳动法。(5)刑法：刑法总则、刑法分则。(6)公法：国家法、宪法、国际法和国家学原理；行政法总则、行政诉讼法和抗诉程序；地方法、安全法总则、警察法、建筑秩序法和建筑计划法。(7)欧洲法。(8)诉讼法：诉讼法总则、刑事侦查程序、民事和行政诉讼中的临时法律保护。此外，如何对必修课程的学习进行阶段划分以及如何安排各个阶段的学习内容，同样由各大学自己决定。以慕尼黑大学为例，其《法学学习规则》第6条第1款将全部必修课程的学习划分为三个阶段，即初级阶段、中级阶段、复习和加深阶段，并规定了各阶段应达到的要求。(1)初级阶段：

---

① 王安昇：《法学教育模式及其选择》，载中国法学教育网，最后访问时间：2012年8月31日。

其计4个学期(第一至第四学期),学习要达到的目的是把学生引入一个紧张独立的法律学习中,并使学生学会批判式的思考。该阶段的学习内容主要有民法(包括民法总则、债法、动产物权法)、刑法(包括刑法总则和分则)和公法(包括国家法、行政法导论),各学习一年。此外,学生还必须学习法制史、法哲学和法社会学等专业基础课程。该阶段学习完成的标志是学生必须通过民法、刑法和公法三个基础课程的考核和一个中间考试。中间考试的通过,也是参加下一阶段高级练习课的必要条件。中间考试是德国法学教育对学生的第一次筛选,不能通过中间考试,就意味着大学法学学习的终止。(2)中级阶段:共计5个学期(第三至第七学期),中级阶段与初级阶段并不是按时间先后划分的,而是在时间上相互交叉的。它是一个承上启下的重要阶段,一方面要对初级阶段学到的知识进行深化和扩展,另一方面还要为国家考试的准备奠定基础。(3)复习和加深阶段:共计3个学期,是必修课程学习中的最后一个阶段。该阶段的中心任务是,通过参加各类准备国家考试的复习课程的学习,使学生对第一次国家考试的知识掌握得更加完善。此外,该阶段还将继续促进学生在选修课程方面的专业知识发展,巩固已有的知识。掌握国家考试技巧和做好国家考试前的准备,是该阶段所要达到的目的。①

慕尼黑大学《法学学习规则》第5条第3款还对选修课程规定了13个方向:法制史和宪法史;法哲学、国家哲学和法社会学;国际私法、国际民事诉讼法和比较法;自愿管辖(非诉讼管辖);犯罪学、少年刑法、刑罚的执行;土地规划法、公路与道路法、建筑法和公务员法;经济管理法和环境法;欧洲法和国际法;商法、公司法和证券法;竞争法、卡特尔法、工业产权保护和作者权法;集体劳动法和劳动诉讼;社会法、社会保险法、社会援助法、促进就业法、社会诉讼法和社会法院审判程序;税法、所得税法和营业税法。每个选修方向的选修课程分为指定、补充和任意选修课程,前两项课程为选修者必选课程。选修课程从必修课程学习的中级阶段开始,直到第一次

---

① 韩赤风:《当代德国法学教育及其启示》,载《比较法研究》2004年第1期。

国家考试前结束。选修课程设置的意义在于：第一，使学生的知识向专业化方向发展，这也是适应社会对专业化法律从业人员需求日益增长的要求；第二，选修课程的学习也是为了与国家考试内容相适应。除了对法学必修课程和选修课程作出规定外，该规则第 8 条第 2 款还规定，学生必须在其学习期间至少用 12 个学时参加经济学、专业外语或其他非法律专业课程的学习。[①] 2002 年德国联邦议会通过的《法学教育改革法》对《法官法》和《联邦律师条例》进行了修订，在教学内容方面，大幅度提高选修课的比重，强化法律专业素质和其他相关技能的训练。此外，修订后的《法官法》第 5a 条第 3 款第 1 句规定："学习的内容考虑到司法、行政以及法律咨询实践，包括为这些实践所必需的关键性技能，特别是谈判管理、进行会谈、辩论、调解纠纷、和解、听证理论和交往能力。"[②]

从上述慕尼黑大学《法学学习规则》中，可以发现德国的法学本科课程设置有着以下几个特点：第一，课程设置与国家司法考试紧密结合在一起，但是不局限于考试所涉及的科目，防止了单纯应试教育出现。第二，不论必修课，还是选修课，都按部就班、由浅入深、循序渐进地进行。第三，选修课能够适应时代的不断发展。第四，理论课程与实践课程密切结合。[③]

（六）罗马大学

罗马大学法学院 1998 年的法学课程设置如下：[④]一年级：基础课为政治经济学、法哲学、私法、罗马法、罗马法史；补充课为公共法。二年级：基础课为商法、宪法、教会法、金融法；补充课为人口学、农业法、教会法典、海商法、工业法、税法、经济政治货币学、意大利法资料注释、罗马法资料注释、政治经济学、统计学、国际条约与

---

① 韩赤风：《当代德国法学教育及其启示》，载《比较法研究》2004 年第 1 期。

② 邵建东：《德国法学教育最新改革的核心：强化素质和技能》，载《比较法研究》2004 年第 1 期。

③ 冀祥德等：《中国法学教育现状与发展趋势》，中国社会科学出版社 2008 年版，第 125—127 页。

④ 姜作利：《意大利法律教育制度及其对我们的启示》，载《法学论坛》2002 年第 1 期。

政治史、教会法典史、政治学史。三年级:基础课为民法(2年制)、刑法(2年制)、民事诉讼法、罗马法(2年制)、意大利法史(2年制);补充课为犯罪学、银行法、共同法、比较宪法、破产法、比较私法、地区法、注释法。四年级:基础课为行政学(2年制)、劳动法、国际法、刑事诉讼法;补充课为欧盟法、国际私法及程序法、宪法法院、医药与保险法。上述课程是在罗马大学法学院内开设的,学生还可到别的法学院选修下列补充课程:普通法及现代共同法、比较行政法、拜占庭法、欧洲商法、东欧国家法、非自治地区法、地中海东古代法、国内与国际仲裁法、希腊法、矿产法、伊斯兰法、刑事商法、程序法、比较公共法、经济公共法、劳动经济法、经济联盟经济与金融法、行政法、法院制度、国际组织法、古代法律文献、法理学等。

与我国法学院的课程设置相比,上述课程设置有下列特点:(1)基础课(相当于我国的必修课)远少于补充课(相当于我国的选修课)。上述70门课程中,基础课只有18门,其他均为补充课。这为学生根据社会需求和自己的兴趣选修相应的课程提供了条件。(2)实务课远多于理论课。上述课程中,纯理论课不到10门,这明显是继承了罗马法重实务而不专理论的传统。法律是对经济关系的反映,法律必须注重实务才有生命力,这是罗马法长久不衰的主要原因之一。①

第二节　中国法学教育的内容

不论是全日制的法学教育,还是非全日制法学教育,法学课程设置是否科学必然影响法学教育的效果、法学人才的素质。课程是指所有学科(教学科目)的总和,或学生在教师的指导下各种活动的总和。课程既具有教学科目(学科)的含义,也有对教学目标的引向与控制以及体现学生主动学习的含义。课程体系是若干相互

① 冀祥德等:《中国法学教育现状与发展趋势》,中国社会科学出版社2008年版,第127—128页。

关联的课程组织或结构。高等学校的课程体系集中反映了人才培养目标的具体要求，也构成学生达到培养目标所应学习的基本内容，决定了学生的智能结构。课程体系历来被视为人才培养的核心内容，它本质上是一系列课程科目的排列组合，这个组合首先必须根据专业知识结构，起到传授专业知识的作用，又必须符合知识系统的科学性，还必须符合学生学习知识的教育心理。[①] 因此，对法学课程进行研究，审视我国法学本科生、研究生课程设置是否科学十分重要。

一、法学本科生课程设置

我国法学本科生专业课程体系包括主干学科、主要课程、专业实验、社会实践教学等内容。主干学科是指国家教育主管部门明确规定的专业主干学科。主要课程是指根据专业需要，学习某个专业必须学习的主要的科目，这些科目是对该专业学生学习的最基本的要求。专业实验是指各专业根据自身特点所规定的本专业学生必须参加完成的实验课，这也是对本专业学生的最基本要求。社会实践教学是指各个专业的主要实践性教学环节，包括见习、实习、社会实践、社会调查、义务咨询和毕业论文或设计等。[②]

根据《法学类专业教学质量国家标准（2021 年版）》，法学专业核心课程采取“1 + 10 + X”分类设置模式。“1”指“习近平法治思想概论”课程。“10”指法学专业学生必须完成的 10 门专业必修课，包括：法理学、宪法学、中国法律史、刑法、民法、刑事诉讼法、民事诉讼法、行政法与行政诉讼法、国际法和法律职业伦理。“X”指各院校根据办学特色开设的其他专业必修课，包括：经济法、知识产权法、商法、国际私法、国际经济法、环境资源法、劳动与社会保障法、证据法和财税法，“X”选择设置门数原则上不低于 5 门。此外，教育部对法学专业本科教学工作的评估指标中通常对培养方案、专业

① 蒋慧：《一般院校法学专业本科课程体系设置初探》，载《广西教育学院学报》2005 年第 3 期。

② 蒋慧：《一般院校法学专业本科课程体系设置初探》，载《广西教育学院学报》2005 年第 3 期。

核心课程开设情况、非专业核心课程开设情况、实践教学、实习等都有相应的要求和规定,因此这些要求也就成了各院校在课程设置中必须加以考虑的因素。此外,从宏观上说,刚性因素还包括由国家教育主管部门统一规定的“政治理论”“外语”“计算机原理与运用”等课程的教学要求,以及教学总课时数限制、理论课与实践课的比例等。

二、法科硕士研究生课程设置

(一)法学硕士研究生课程设置

各个学校一般将法学硕士研究生的课程分为学位课程、非学位课程、必修环节、补修课程几个部分。其中学位课程又大致分为公共学位课、专业基础课、专业方向课。公共学位课主要包括政治理论课和外语课,专业基础课主要包括一些法学基础理论课程,专业方向课则是根据专业及研究方向的不同而相应设置的一些课程。非学位课程包括专业选修课和公共选修课两个部分,各个学校根据自身专业情况设置。必修环节主要包括教学实践、学术活动、社会实践等内容。补修课则是各个学校根据不同专业情况要求本科非法律专业学生进行补修的课程,这部分课程不单独设置,基本上都是根据专业方向从法学本科主干核心课程中选择,并且需要补修的学生必须和本科生一同听课。在学分安排上,大多数学校要求的学分为30—40学分,并且对学位课、非学位课、必修环节都作了明确的规定。对于补修课,各个学校一般没有规定学分。

(二)法律硕士研究生课程设置

课程结构是职业资质养成的前提条件,是职业素养中的知识结构的原初形态。法律硕士的课程结构为塑造职业素养提供了基本框架,有什么样的课程结构就会有什么样的职业资质与职业素养。过去的法学教育很少注意到课程结构对职业资质与素养的决定性作用,即法学课程结构与法律职业资质之间的统一。多数人认为虽然法学教育不应当绝对地以司法现状与职业实践为坐标,但是法学教育不得不以培养合格的职业法律人的资质和素养为目标。因此,法律硕士教育应当参照职业实践的要求,科学地设置课程结构。

我国各法学院按法学一级学科对法律硕士进行课程设置,一般不划分专业方向,内容与法学本科相同,以课堂讲授为主。① 法律硕士的培养采用学分制,课程结构包括必修课、选修课(推荐选修课和自选课),体现高层次、宽基础、实务性的特点和培养目标的要求。2017 年新修订的《法律硕士专业学位研究生指导性培养方案》分别对法律硕士(法学)和法律硕士(非法学)的必修课、选修课设置及其学分安排作了规定。

1. 法律硕士(法学)

(1)课程设置(不低于 34 学分)

课程结构分为必修课和选修课(含推荐选修课和特色方向选修课)。课程设置与课程内容均有别于法学硕士的课程,课程安排有所侧重,体现专门型、应用型的特点和培养目标的要求。

必修课,不低于 18 学分。包括:中国特色社会主义理论与实践研究(2 学分)、外语(3 学分)、法律职业伦理(2 学分)、民法与民事诉讼原理与实务(4 学分)、刑法与刑事诉讼原理与实务(4 学分)、行政法与行政诉讼原理与实务(3 学分)。

选修课,不低于 16 学分,各培养单位可以从推荐选修课中选定,也可以根据培养目标及本单位特色,自行设置特色方向板块并开设相应的选修课程。推荐选修课有以下 10 种:法理学专题(2 学分)、宪法专题(2 学分)、中国法制史专题(2 学分)、商法专题(2 学分)、经济法专题(2 学分)、国际法专题(2 学分)、知识产权法专题(2 学分)、环境资源法专题(2 学分)、劳动与社会保障法专题(2 学分)、证据法专题(2 学分)。

(2)实践教学与训练(不低于 15 学分)

考虑法律硕士专业学位研究生培养的是应用型人才,所以需要

---

① 据说,法律硕士教育体系意在仿效美国法学教育,因而其英文名称也相应地叫作 J. M. ,以为 J. D. 之中国版也。但是,问题在于,其课程设置与一般的法学本科教育并无不同,甚至有所弱化,因此如何保证质量,实现此种体系的初衷,其实是一个并未解决的问题。

设置相应的实务课程。

第一,法律写作(2 学分);第二,法律检索(2 学分);第三,模拟法庭、模拟仲裁、模拟调解等(由培养单位老师负责组织,法律实务专家辅助指导)(3 学分);第四,法律谈判(2 学分)。以上 4 种实践训练可采取案例研习、法律诊所等方式进行。

此外,还要求专业实习(6 学分)。由培养单位统一组织学生在第二学年(含第一学年暑假)完成,专业实习时间不少于 6 个月,可以在律师事务所、企事业单位法务部门或司法机关、政府法制部门等分阶段进行。

(3)学位论文(不低于 5 学分)

学位论文选题应贯彻理论联系实际的原则,论文内容应着眼实际问题、面向法律事务,反映学生综合运用所学理论与知识解决法律实务中的理论和实践问题的能力。学位论文应以法律实务研究为主要内容,提倡采用案例分析、研究报告、专项调查等形式。

2. 法律硕士(非法学)

(1)课程设置(不低于 53 学分)

课程结构分为必修课和选修课(含推荐选修课和特色方向选修课)。

必修课,不低于 32 学分。包括:中国特色社会主义理论与实践研究(2 学分)、外语(3 学分)、法律职业伦理(2 学分)、法理学(2 学分)、中国法制史(2 学分)、宪法(2 学分)、民法学(4 学分)、刑法学(4 学分)、民事诉讼法(2 学分)、刑事诉讼法(2 学分)、行政法与行政诉讼法(2 学分)、经济法(3 学分)、国际法(2 学分)。

推荐选修课,不低于 13 学分。外国法律史(2 学分)、商法学(2 学分)、国际经济法学(2 学分)、国际私法学(2 学分)、知识产权法学(2 学分)、环境资源法学(2 学分)、劳动与社会保障法学(2 学分)、法律方法(2 学分)、证据法学(2 学分)。

特色方向选修课,不低于 8 学分。由各培养单位根据培养目标及本单位特色,自行设置特色专业方向板块并开设相应的自选课程。

(2)实践教学与训练(不低于 15 学分)

第一,法律写作(2 学分);第二,法律检索(2 学分);第三,模拟法庭、模拟仲裁、模拟调解等(由教师组织,法律实务专家辅助指导)(3学分);第四,法律谈判(2学分)。以上4种实践训练可采取案例研习、法律诊所等方式进行。

此外,还要求专业实习(6学分)。由培养单位统一组织学生在第二学年(含第一学年暑假)完成,专业实习时间不少于6个月,可以在律师事务所、企事业单位法务部门或司法机关等单位分阶段进行。

(3)学位论文(5学分)

学位论文选题应贯彻理论联系实际的原则,论文内容应着眼实际问题、面向法律事务,反映学生运用所学理论与知识综合解决法律实务中的理论和实践问题的能力。学位论文应以法律实务研究为主要内容,提倡采用案例分析、研究报告、专项调查等形式。

法律硕士专业学位设置的课程中,无论是应用类法学课程,还是理论类法学课程,均应以法律职业的实务应用为基本指导思想。因此,即使是法律硕士与法学硕士共同的课程,在其具体教学内容与教学方法及要求上,也应当有着明显的区别。例如,法理学课程,教学内容与方法的重点应在于培养法律硕士的法律方法论与法律价值观,等等,使学生能够将实务中的社会问题转化为法律问题。对于法律职业人必须掌握的法律知识,教学内容上应定期调整充实,及时反映法律实务的重大变革和发展,同时各门课程还需按照教学规律予以排序和确定。

根据法律硕士专业学位的培养目标,法律硕士专业学位教育的课程设置与普通的法学硕士课程设置相比更有特色,其课程按法学一级学科为主设置,课程设置有所侧重,体现了高层次、宽基础、实务性的特点和培养目标的要求。

三、法学博士研究生课程设置

法学博士研究生课程设置包括三个方面:公共必修课、专业必修课、选修课。公共必修课主要包括政治课和外语课。绝大多数学校要求,博士生应较好地掌握马克思主义的基本理论。对于外语课程,有些学校只要求掌握一门外国语,有些学校则要求掌握两门外国语。第一外语要求熟练地阅读本专业的外文资料,并具有一定的写作能力,第二外国语要求有阅读本专业外文资料的初步能力。专业必修课主要结合博士生所在专业的特点而开设。通过专业必修课的学校,促使博士生掌握坚实宽广的基础理论和系统深入的专门知识,为深入研究打好基础。专业必修课的开设方式多种多样,可以是专题性的授课,也可以是不定期的讲座,甚至可以是提交读书报告的形式。选修课与必修课一样,也必须是与博士生所在专业密切相关。但是各个学校开设选修课的目的不大一样,有些学校纯粹是为了让博士生凑足毕业学分,有些学校则是为了弥补一些博士生知识结构的不足,还有些学校开设选修课是为了扩展博士生的知识面。

四、法律博士研究生课程设置

2022 年 9 月 13 日,国务院学位委员会、教育部印发《研究生教育学科专业目录(2022 年)》,在目录中增加了法律博士学位。推进全面依法治国迫切需要大批高层次应用型法治人才。设置法律博士是在学位类型二元制结构框架下满足法治实际需要的一种现实选择。经过长期的探索和发展,目前我国已经基本形成了法学学术学位和法律专业学位二元化的学位管理体系和人才培养体系。设置法律博士是健全专业学位层次和类型体系以应实际需要的一个重要途径。

2012 年以来,中国政法大学与最高人民法院、最高人民检察院合作实施“应用型法学博士研究生”试点,目前已招收九届共 90 多名学生,在招生选拔、课程设置、指导方式、论文标准等方面探索出一整套重要经验,得到“两高”大力支持和高度肯定。2013 年,西北政法大学获批实施由中央政法委主持论证设计的“西北地区稳定发展与国家安全高级法律人才培养”项目,按照专业博士教育的思路借助法学一级学科平台面向实际部门培养博士层次的法律人才,2018 年获教育部组织的专家验收并批准转入实施第二期。

法律博士专业学位是针对政法实务部门需要培养具有良好思想政治素质、职业道德水平、扎实宽广的法律专业知识,能够创造性从事法治领域高层次实际工作的法治人才而设置的一种学位类型。法律博士专业学位面向立法、行政执法、司法和法律服务等部门高级法律工作岗位，培养具有合格的政治素质、良好职业道德、系统扎实的法学基础理论和法学专业知识，能够创造性运用科学方法分析、研究和解决法治实践中复杂问题的高素质法治人才。招生对象是已具有法学或法律专业硕士研究生学历教育背景，或者受过法学或法律专业以外专业的研究生教育，在法律实务部门从事一定年限以上法律职业工作，取得法律实务工作显著业绩并且今后继续从事法律实务工作。

有学者建议，法律博士专业不设置专业学位领域，以与国家统一法律职业资格考试的制度设计相一致，并相应采取基本统一的培养模式、课程体系和毕业标准。培养方式可以根据生源特点采取非全日制方式。课程体系由公共必修课（主要是马克思主义法治思想、中国特色社会主义法治理论、习近平法治思想、法律职业伦理等）、专业理论课（主要是法治理论与实务前沿）、法治实践课（主要是法治体系各主要分支领域实务专题）、研究方法和跨学科课（主要是选修政治学、社会学、经济学等相关课程和社会科学研究方法论、文献检索和写作规范）等部分组成，采取专题研讨形式，内容聚焦法治建设中的重大理论前沿和法治实践的热点难点问题，注重应用研究能力和科学方法的训练。注重应用研究能力训练，在读期间，通过参加导师科研项目、结合课程学习和实践调研等方式，在攻读期间完成一定的课程论文；作公开学术报告或讲座；参加一定规格的业内学术会议；结合本职工作岗位和研究方向开展社会调研并撰写一定数量的调研报告。采取专兼结合的“双导师”指导模式，由学校专职指导教师和高级实务部门专家联合指导，并通过不断完善选派专职教师挂职和设置岗位聘请实务专家参加人才培养全过程等措施，持续推进导师队伍建设。以顺利完成培养方案规定的各项要求为主设定授予学位的基本标准。学位论文选题必须是法治建设实践中有重要现实意义和应用价值的问题，强调法学和相关专业知识、理论和方法的综合运用和创新，注重研究成果实际应用效果和价值,具有良好的学术写作规范。①

五、法学教育的主要内容

法学教育内容不仅影响甚至决定着法律教育目标的实现及实现程度。因此,清晰地界定法学教育内容,并围绕这一内容改革现行法律教育十分必要。

法学教育的内容包括法律技能的培育和法律人格的塑造。为此,必须从法学教师队伍建设、课程设置、教学方法等方面改革法学教育。该论者以为,设置或者界定法学教育的内容至少要把握两点:一是应将法学教育与其他教育明显区别开来,突出法学教育的特殊性;二是法学教育内容的设置应具有内在的逻辑性,不应出现交叉重复以及划分标准不一。据此,该论者认为将法学教育的内容设置为两大方面,即法律技能的培育和法律人格的塑造。关于法律技能的培养,该论者认为,作为一个合格的职业法律人应具备广博的知识、娴熟的资料查询技能、独立思考的创新精神、稳定的心理素质、独特缜密的思维方式、法律研究能力等基本的内在技能。法律职业的内在技能要通过外在技能来体现。也就是说,没有外在技能作载体,内在技能就难以表现出来。作为一个合格的职业法律人,应具备准确简洁的文字表达、精炼流畅的口头表达、超常的记忆力等基本的外在技能。关于法律人格的塑造,该论者认为,从一定意义上讲,只有良好的法律技能加完善的法律人格,才能真正成就卓越的法律人。当代中国法学教育在法律人格的塑造上主要应侧重社会责任感和诚实敬业。②

必须从法律信仰、法律思维、专业知识、实践技能四个方面来论述法学教育的内容。一是法律信仰。法律信仰,简单地讲就是尊崇法治,就是信奉法律至上,权利本位,法律和权利具有至尊性,人们只能在法律面前完全遵从,而不屈服于任何权力与官位。这种理念

---

① 参见王健:《设置法律博士专业学位为培养高素质法治人才提供保障》,载《民主与法制》2022 年第 7 期。

② 胡吕银:《法学教育内容的界定与法学教育改革》,载《扬州大学学报(高教研究版)》2004 年第 5 期。

要求法学教育能够培养学生独立的人格和法律理性，要求学生从进入法学院的第一天起，就确立自己作为一种法律职业工作者所应有的行为操守和法律信仰，并从心底发出对以公平和正义为内核的法律精神和法律职业的崇尚。二是法律思维。大学之法学教育的首要任务，并不是只为了培养律师或法官，而是要培养能够认识、理解“法”在社会应有之机能为何，使其在面对具体问题时，有予以分析、判断之能力，这就是培养法律专家所共通的基础素养——法律思维能力。当我们碰到颇为鲜见的或者新的法律问题时，只有运用法律的思辨性，利用自身的法律思维能力，进行综合分析和推理，才能帮助我们发现问题和解决问题。三是专业知识。本科法学教育既为法学硕士教育打基础，又为法律实践打基础。这种教育的地位和性质决定了要建立系统而完整的法学基础知识体系，体现基础性、理论性和应用性的特点。无论是法学基础理论知识，还是法学专业知识，关键是要体现学科发展的最新成果。通过学习，使学生把握法律产生、变化与发展的规律，树立现代法律观念，以适应法律改革的需要。四是实践技能。法学是一门实践性较强的科学。无论是英美法学模式的把实践技能训练贯穿于 3 年法学教育全过程，还是大陆法学模式在法学本科毕业后，集中进行 2 年以专业训练为目的的司法研修，它们都十分重视实践技能训练环节在整个法律人才培养程中的重要作用。本科法学教育作为一种通才教育，它所培养的实践技能也应体现这一特点。①

法学教育的内容包括四个方面，即培养法律职业道德和人文素养、传授法学基础知识、培养法律意识和法律思维方式和训练基本法律实务技能。一是培养法律职业道德和人文素养。法律工作者应有刚正不阿的精神，有孟子所谓的“富贵不能淫，威武不能屈，贫贱不能移”的情操，有不徇情面、不屈不挠的大无畏精神。所谓人文素养，指的是法律专业学生的知识结构体系，法律专业的学生不仅应当具备全面的法学课程知识，还应当具有其他社会科学、自然科

---

① 王海波：《法学本科教育培养目标的比较》，载《内蒙古农业大学学报（社会科学版）》2010 年第 1 期。

学知识，在处理人和法的关系、人与人的关系、人与社会的关系中，有正确的态度和能力，有娴熟的技巧和方法。二是传授法学基础知识。学生主要通过教材，学习法学基本理论，了解基本法律知识。教师通过教材帮助学生了解本学科的特点、立法背景、基本原则与宗旨。学生通过各个章节系统学习各个法律的内容。三是培养法律意识和法律思维方式。法律思维就是应用法律理论知识来分析现实问题并提出解决方案所需要的能力。首先，要对法律有深刻的理解，探究法律背后的原则、精神；其次，能够准确地把握事实，从纷繁复杂的具体事件中抽象出具有法律意义的内容和要件；最后，把法律和事实结合起来，提出解决问题的方案。法律意识是人们关于法律现象的思想和观点、知识和心理的总和，分为法律心理和法律思想体系。法律心理是人们对法律现象的表面直观的感性认识和情绪，是法律意识的低级形态；法律思想体系是人们关于法律现象的系统化、理论化的思想、学说，是法律意识的高级形态。法律专业的学生应该有较高的法律意识，用法律的眼光和视角看待社会，具有对法律的信仰和无条件的服从。四是训练基本法律实务技能。法律是实践性很强的学科，是一门应用型学科，培养应用型法律专业人才是法学教育的最重要的任务。在从事法律职业中，准确清晰的表达思想和通过流畅的文字表达主张是非常重要的，具备雄辩的口才是成功律师的必要条件。另外，法律的实践性需要法律职业工作者善于和形形色色的人打交道，这种社会交往的技巧是顺利解决实际问题的客观需要，所以培养学生的交际能力，学习健康的沟通交流技巧，也是非常重要的。①

还要从法学专业学生应具备的基本素质的角度确立法学教育的内容。一是思想素质。应当包括维护正义的崇高理想，树立崇尚法律、法律至上的坚定信念，恪守法律职业道德的品质。二是文化素质。法学教育中对学生文化素质的培养应当包括扎实的专业知识、广泛的知识背景、工具性知识等。三是能力素质，应当包括、法

---

① 任丹红、王国梁：《我国高等法学教育的培养目标及法学教育改革》，载《江南大学学报（教育科学版）》2007年第2期。

律思维能力、法律表达能力、法律事实的探索能力、人际沟通和群体合作能力、社会适应能力等。四是心理素质。法律人才除了具有普通人面临的择业、岗位更换等竞争的威胁外，因其职业特点可能遇到的挫折和困难更大，有时甚至会付出生命的代价。因而，坚强的意志和心理承受能力，良好的自我调节能力和积极健康的情绪是法律人才极为重要的心理素质。①

应当及时改革当前的法学教育模式，将伦理教育作为核心课程，改进教学方法，培育具有正义和善良品格的法律人。该论者从法律伦理教育的现实困惑谈起，认为我国目前的法律伦理教育被边缘化了。该论者还论及国外法律伦理教育之实践。古罗马时期就已经开始了5年制的大学法律教育，其中，伦理教育已是法律课程的主要内容。美国的法律伦理教育则肇始于1972年的美国“水门事件”。在对“水门事件”的整个追溯调查过程中，发现很多律师主动参与了尼克松当政时期的各种不道德事件。相关部门遂进行了一系列法律教育改革，最重要的是重订类似律师伦理的律师专业行为规范。20世纪70年代以来，美国法律教育中职业伦理教育得到了极大地提升。其一，把职业伦理作为法律专业的必修课程，学生必须完成对在执业时可能面临的各种职业道德等问题和30课时或更多课时的学习，若完不成学习，就不能毕业。其二，推行律师执业前的专门考试。至今绝大多数州规定法学院有关律师职业道德的专门考试中未通过的不能执业。另据我国台湾地区著名法学家、东吴大学校长潘维大所讲，现在有关美国律师伦理责任的规范已近1000条。在英国，法学院教学计划中，重点培养学生的综合素质，如职业素质、道德、律己意识、法律伦理等。此外，英国的著名法学院每年都要开展一项重要的活动，即出一本叫作《律师职业行为指引》的书，这是法学院的重头戏。无须多言，越是法治高度发达，对法律人的伦理品格之要求就越完备。基于以上论述，该论者认为，应用性知识的训练和

① 李和平、刘向林：《法学教育的目标定位》，载《湖北广播电视大学学报》2005年第3期。

培养不应是法学教育的全部，更不是其核心。法学专业教育是一种高端教育，成功的法律人才应具备孟子的“仁”和哲学的求道精神。法学院要着力培养学生的法律理性，并使之转化为内心的职业心性，此为重中之重；其次，还要注重知识的传授。此二者犹如车之双轮，鸟之双翼，并行不悖，相得益彰。①

德育也是法学教育内容的基本构成部分。法学教育中的德育不仅支撑了整个法律教育体系，而且是凝聚法律职业共同体的情感纽带。法学教育应当培育德才兼备的法律人才。就法学教育的现状而言，似乎对“才”的方面，即对法律知识和法律技能的掌握方面一般强调较多，而对“德”之教育，显然不够关注与重视。有论者指出：“在不久之前，职业道德教育（包括更广泛的与法律职业相关的道德原则）不仅是法学教育中的薄弱环节，而且更像是一场闹剧”，“在学生眼中，职业道德课就是一则笑话。对很多人来说，它充其量是可有可无的，即使逃课也不会产生负罪感”。② 法学教育中的德育，在教会法律人如何为“人”的同时，必须教会法律人如何为“法律人”。③

第三节　法学教育内容存在的问题及其改革

我国法学教育内容存在的问题主要反映在课程设置方面，包括法学本科课程设置、法科硕士研究生课程设置、法科博士研究生课程设置。但是，法学教育内容还存在其他方面的问题，都需要认真探讨研究。

一、法学本科课程设置存在的问题及其改革

（一）法学本科教育课程设置存在的问题

笔者认为，现阶段我国的法学本科生教育课程设置存在以下几

① 刘用军：《法律专业法律伦理教育思考》，载《教育与职业》2010年第23期。

② 杨欣欣主编：《法学教育与诊所式教学方法》，法律出版社2002年版，第168页。

③ 戴激涛：《法律教育中的德育与法律信仰》，载《江西社会科学》2008年第4期。

个问题：

首先，无论是必修课还是选修课，多数法律课程的开设主要以法学中各部门法学科的划分或国家颁布的主要法律为依据，也就是说，以法律部门或颁布的法律为标准来设置课程现象仍非常突出。

其次，课程结构中注重法学专业课，交叉学科课程较少。大多数法科学生仍主要依靠单科培养。在知识经济时代，科学研究的信息化和社会关系日益复杂化推动着社会科学在高度分化的基础上走向高度综合。这种高度综合性也迫切需要课程的综合，以培养学生综合的知识结构。① 由于知识分割过细，造成学生知识和能力不必要的重复和产生某些漏洞，形成单向、刻板、片面的知识结构，不利于学生多维、灵活、创造性的思维能力的培养。

再次，法学教育重视本国法律条文的阐释，忽视国外类似法律制度的理论比较。比较分析的方法本来就是法学教学常用的有效方法，何况法律不仅有民族性的一面外，还有共同性的一面，特别是随着改革开放的发展和世界经济一体化趋势的加强，法律融合大势所趋。只知道本国法条是什么，而不懂国外法律的法学教育，难以适应社会经济发展的需要。

复次，重复性内容偏多。法理学教师已经反复讲授的一些基本概念如法律主体、法律客体、法律关系等也会在其他部门法课程中出现，但应体现其特色，尽量避免简单重复。一些不必要的重复内容不应多次重复，如民法学与经济法学都把合同法学作为重要的内容，合同法学本身却又作为一门专业选修课程而独立存在，三大诉讼法学课程也存在着同样的问题。不必要的内容重复，不仅影响了本学科新内容的增加，降低了学生探索新知识的热情，而且也浪费了教育资源。②

最后，实践性法律课程受到忽视。目前，主要的实践性法律课程有法律诊所、模拟法庭和司法实习等。实践教学课程在具体操作

---

① 李龙、李炳安：《我国综合性大学法学本科专业课程体系的调查与思考》，载《政法论坛》2003 年第 5 期。

② 李龙、李炳安：《我国综合性大学法学本科专业课程体系的调查与思考》，载《政法论坛》2003 年第 5 期。

中出现了诸多问题：第一，大部分实践活动没有学分，学生可自主选择是否参加，学生的参与程度较低；第二，学校往往基于学生就业的考虑，允许学生自己联系实习单位，实习地点和机构相当分散，学校难以给众多的学生提供个别指导；第三，就实习阶段来说，学生接触的主要是与法律实务有关的事务性工作，一般不真正承担办案工作，实际操作技能难以得到培养；第四，活动的阶段性和独立性较强，在活动结束后，师生之间没有正式、系统的交流与经验总结。[①]

本科法学教育本来是为了让学生获得将来从事多种法律职业都应当具备的知识和能力，因此，引导学生形成宽泛的法学知识结构，训练学生把法律问题放到开阔的社会环境和多元知识背景中去思考，才是法学教育的正途。有些学校将法学划分为民商法、国际法、刑事法等专业进行法学教育。过早地将学生推入一个狭窄的知识领域，既封闭了学生的视野，又妨碍学生对"专业"本身进行融会贯通的理解。另外，学生的就业选择范围必定随着专业的细分而不断缩小，他们终身从事的工作可能和在校学习的专业毫不相干，这对法学教育事业和学生个人都是一种无法弥补的损失。[②] 此外，由于学生往往在大四学年就能参加法律职业资格考试，因此多数法律院校将命题范围内的课程尽量安排在大一、大二修完，并且要求教师在教学过程中结合考试进行大量的题库训练，法学教师在讲授考试范围内的专业课时，如果未能结合考试进行教学和训练，就很难得到学生的欢迎；大三、大四两年开设的多是些无关紧要的选修课，多数学生对这些选修课基本上是采取应付态度，上课时间往往是在公务员考试和法律职业资格考试备考中度过，准备考研的学生则全身心放在英语学习上，根本无暇顾及法律理论及法律素质的提升——这是国民正规教育下新蜕变出的应试教育。

（二）我国法学本科生课程设置之改革

针对我国法学本科生课程设置中存在的诸多问题，笔者认为，我国法学本科生课程设置改革应当遵循以下原则：

---

① 刘立霞、路海霞：《法学本科教育的困境与出路》，载《教学研究》2007 年第 6 期。

② 方流芳：《中国法学教育观察》，载《比较法研究》1996 年第 2 期。

第一,课程设置的多样化。

课程设置的多样化是指教育机构根据地方区域经济发展、办学特色、培养个性化人才的需要,而自主决定的课程的设置。多样化必须建立在统一化的基础之上,也就是说,多样化必须建立在中央或地方政府以指令性文件规定的统一性课程和课程标准之上。我国教育部对法学核心课程有明确的规定,这是统一化的体现。在核心课程之外,其他的必修课和选修课都由各高等院校自己决定,这就为课程设置的多样化留出了足够的空间,当然,课程设置的多样化主要体现在选修课程上。纵观世界各国大学的各院系的课程设置,可以发现,他们都在积极压缩必修课程的比重,普遍开设了灵活、广泛的选修课程。

第二,课程设置的有序化。

课程设置只是法学专业的一个链条,同其他环节一起构成了法学专业的整个培养体系。因此,在具体课程设置的过程中,不能够单纯地“就事论事”,而应该用系统思维的方式,对进入培养体系的链条通盘考虑,使课程设置与培养目标、专业特点、社会需要等相协调,从而构成一个有机联系的整体。课程的进度和顺序,是与知识延伸的进程相一致的,每一阶段都有其特定的任务和内容,把握好课程之间的前后关系对于整个的专业学习至关重要。在法学类课程的设置顺序上,可以概括为以下几条:先理论法学、后应用法学;先公法、后私法;先国内法、后国际法(广义);先普通法、后特别法;先实体法、后程序法。①

第三,课程设置的综合化。

高等学校课程结构的综合化主要包括两方面的内容:一方面,基础科学与技术、工程科学相结合;另一方面,人文科学、社会科学与自然科学相互渗透。这是因为社会各方面对高等教育培养多种人才的要求日益加强,高等教育内部各方面相互联系日益密切,而现代社会要解决的一系列问题,诸如环境、人口、能源等都不是单一

① 李裕琢:《法学本科专业课程设置探析》,载《黑龙江省政法管理干部学院学报》2005年第4期。

学科所能解决的，它需要其他学科的专业知识作为补充。美国、英国、法国等国家的现代高等学校在这方面取得了显著的进展，文理结合、理工结合、多科综合的现象很多，交叉学科、综合性学科层出不穷。[①] 法学课程涉及的相关领域多种多样，所以，应当注重开设相应的交叉学科，如法律经济学、法律社会学、法律文学，等等，尤其是必须增强法学课程内容的综合性程度，将哲学、经济学、政治学、社会学等专业领域的知识融入法学课程之中。

第四，课程设置的实践性。

20 世纪 80 年代以来，各国的高等教育都普遍注重对学生能力的培养，许多大学均制定了各自的能力培养目标。在课程安排、教学方法上都对学生创造性的培养进行了充分考虑，注重学生参加实践活动。因此，一方面根据社会的发展需要设置相关的课程，另一方面增加实践性强的课程以提高教学过程的实践性，培养出具有较强动手能力的人才，就显得越来越重要了。[②] 法学作为一门实践性的学问，更应当注重课程设置的实践性。

第五，课程设置的前瞻性。

法律尽管要保持一定的稳定性，但是，随着世界政治、经济、社会的全球化，法律也应随之变化，以适应政治、社会、经济发展的需要。由此带来的法学教育的相对滞后性在所难免。因此，预测性、前瞻性的课程设置成为法学教育教学质量的重要影响因素。为了提高法学教育的质量以及法学人才的素养，必须注重法学课程在一定程度上的超前性。

在我国法学本科生的课程设置的具体改革方面，应当从以下几个角度着手：

第一，压缩专业必修课程的数量，增加选修课程的数量。

为了适应政治、经济、社会的不断发展，必须尽快改变多数学校法学专业必修课过多，选修课偏少的局面，积极地扩大选修课的开

---

① 孟雅杰：《中外高校本科课程设置的比较研究》，载《西北工业大学学报（社会科学版）》2006 年第 1 期。

② 孟雅杰：《中外高校本科课程设置的比较研究》，载《西北工业大学学报（社会科学版）》2006 年第 1 期。

课规模,增加选修课程的总量和自由度。同时在选修课程的设置上,要注意学科结构的合理化问题。尤其是,就法学相关的人文学科知识以及其他学科知识开设相应的选修课,拓展法学本科生的知识面,为提高法学本科生的法律素养奠定坚实的基础。

第二,优化法学理论课程和法学实践课程的比例。

多年的高等教育改革实践表明,理论课程和实践课程在整个课程体系中均占有极其重要的地位,偏废任何一方都会带来许多不良的影响。我国高校在今后的课程体系中应改善旧有的课程结构,在调整与优化理论课程的同时逐步增加实践性课程,切实加强教学实践活动。既培养学生动脑能力,更要培养学生动手的能力,特别是要加强学生科研能力的培养。只有这样培养出来的人才才能适应知识经济时代的需求。① 法学教育的实践环节应当包括以下四种基本形式:(1)实践性法律课程体系,包括法律诊所、模拟法庭、疑案抗辩等。(2)实习课程体系,主要是指司法实习课程。(3)社会实践课程体系,主要包括社会调查、法律咨询服务等。(4)劳动课程体系。②

第三,增加比较法和外国法知识的课程。

法学课程设置中既要反映国内立法、司法实践,又要包括该学科在世界范围内的最新发展动态或本课程所需的前沿理论。因此,我国的法学课程改革要紧密联系各个科目的新发展、新理论、新信息,而且,应当开设一些比较法和外国法知识的课程,让法学本科生不仅熟悉本国法律的历史与现实,而且要对各国的法律条文、法律传统、法律文化的差异有所了解。

二、法科硕士研究生课程设置存在的问题及其改革

(一)法学硕士研究生的课程设置存在的问题及其改革

笔者认为,我国法学硕士研究生的课程存在如下问题:

---

① 孟雅杰:《中外高校本科课程设置的比较研究》,载《西北工业大学学报(社会科学版)》2006 年第 1 期。

② 李龙、李炳安:《我国综合性大学法学本科专业课程体系的调查与思考》,载《政法论坛》2003 年第 5 期。

第一,课程设置的随意性。我国法学硕士研究生的课程并不是根据专业本身的特点进行设置的,而是根据该专业所在院校的师资而确定的,也就是说,因人设课,有什么样的师资,才有什么样的课程。造成的结果是,同一个专业在不同的学校设置的课程大相径庭。

第二,专业必修课的数量过少。许多高校的法学硕士专业必修课只有四五门。

第三,在课程的内容上,为了追求课程内容的完整,与本科课程严重重复。我国的法学研究生的公共基础课程、部分专业基础课程,甚至专业课程,都一定程度地存在着与本科生课程在内容上的重复,导致研究生教育的部分课程的高深层级性只是体现在对本科生课程内容在横向层面上作平面式的扩展上,而没有凸显研究生教育在课程内容上的要求和特色。我国研究生教育课程体系中,部分课程内容较为陈旧,研究性、前沿性不够。①

第四,选修课程、学术讲座和学术讨论性质的课程设置存在弊端。一般而言,开设选修课的目的是帮助研究生进一步拓宽专业基础理论、扩大知识面及培养相应的能力,但是,现实中选修课基本上只是为了获得相应的学分。学术讲座和学术讨论性质的课程,大多数组织管理不规范、质量差、数量少,致使研究生思维视野不够宽广,直接影响了研究生研究方向的确立及论文的选题。一直以来,科研方法的传授不受到重视,缺少培养研究生治学能力和获取知识能力的课程和环节。②

针对上述问题,笔者认为,应当从以下几个方面对我国法学研究生课程进行改革:

第一,由相关教育主管部门对各个专业制定统一的课程设置标准,并且在一定程度上对部门必修课制定指导性的方案,防止课程设置上的随意性。

---

① 洪浩:《法治理想与精英教育——中外法学教育制度比较研究》,北京大学出版社2005年版,第91页。

② 李红英:《我国硕士研究生课程设置的现状、问题及改进》,载《煤炭高等教育》2006年第2期。

第二,深化高校内部管理体制改革,建立真正的教师聘任机制。变“因人设课”为“以课聘人”,[①]以保证各个学科研究生培养目标的实现。

第三,在确定硕士研究生课程时,应当处理好法学本科生与法学硕士研究生课程内容的衔接问题。必须明确,硕士研究生教育不是单纯的本科后继续教育。硕士研究生阶段的学习是在不断拓宽基础课理论和专业知识的同时,掌握相关学科的专业基础理论和专业理论知识,培养科研工作、综合能力。研究生课程的内容不能面面俱到,更不能是对本科阶段知识的重复,而应具有一定的前沿性、理论性。

第四,加强科研方法的传授。开设“法学论文写作”等类似课程,培养法学研究生的科研能力。积极吸收研究生参加科研课题的材料收集、整理以及调研等活动,让其在参与科研的过程中学习法学研究方法,为其今后独立从事研究活动奠定基础。

(二)法律硕士研究生的课程设置存在的问题及其改革

笔者认为,现阶段我国法律硕士研究生课程设置存在以下几个问题:

第一,学分过少。相比较其他发达国家的类似法律教育的课程设置,我国的法律硕士存在课程设置太少,学分要求低。美国法学院的学生必须修满90个学分左右才可毕业,其他国家和地区甚至更多,比如我国台湾地区一些法学教育机构要求修满近100个学分,日本的法科大学院则要求在200个学分以上,而我国法律硕士(非法学)专业只要求不低于73学分,法律硕士(法学)则更少,只要求不低于54学分。

第二,实践性课程过少。美国的J. D.教育注重实践性,因此其课程设置注重理论与实践的有机联系,而我国的课程设置中,这方面非常欠缺。而在美国,律师基本技能的训练课程是贯穿于J. D.教育整个过程的。而我国各个法律硕士培养单位所设置的课程大多理论性较强,操作性较差,这与我国法律硕士的培养目标相背离。

① 李海生:《当前研究生课程设置问题简析》,载《中国研究生》2005年第2期。

第三,职业道德和能力素质的培养课程薄弱。在美国,各个法学院要求学生在3年的学习期间每年都要学习法律写作和职业道德课,而且也是唯一贯穿于3年教学全过程的课程。可见他们对学生的职业素质教育重视的程度。在哈佛大学法学院、耶鲁大学法学院的学位要求里明确规定每个学生在3年的学习中,必须完成律师职业道德方面的所有课程,主要有以下课程:法律实践道德规范、律师形成说、律师职业道德、法律职业与职业责任、法律规则、美国法律职业、公共利益、职业道德与媒体等。这些课程从各个方面培养学生作为律师的职责要求和职业道德,为学生以后成为法律职业人员打下坚实的基础。而我国法律硕士的教育中法律职业道德方面的课程较少。

第四,选修课与必修课的比重失调。国外著名法学院在总学分中,必修课的比重仅占不到1/4,更多的是种类繁多的选修课,每个学院的选修课都多达上百门,学生除了第一年的必修课之外,可以根据自己的爱好和特点以及将来的职业选择的需要选择20—30门的选修课。而在我国法律硕士教育中侧重于法律基础理论知识的必修课就占60%左右,剩余的选修课由于数量过少,实际上对法律硕士研究生而言是没有选择余地的。我国有学者针对一些法律硕士研究生所作的调查显示,68%的被调查者反映"设置课程太少,选择余地不大"。被调查者认为,应当增设一些实务性、专业性较强的课程,如信托法、劳动法、非诉讼纠纷解决机制、证据法、律师实务、法官实务、检察官实务、法律文书写作、辩护技巧、司法会计、票据法等。①

第五,无法与法学专业本科生的课程设置区分开,体现法律硕士教育的特色。目前我院法律硕士专业课程设置只是简单复制法律本科或法学硕士课程设置,不能体现法律硕士的培养特色。

笔者认为,针对上述问题,我国各法律硕士教育机构应当进行如下改革:首先,各法律硕士教育机构应当增加学分要求,至少不低

① 刘永光:《我国法学研究生教育现状之检讨——以中日课程设置及教学方式为中心》,载廖益新主编:《厦门大学法律评论》(第11辑),厦门大学出版社2006年版。

于 90 学分。其次,增加一些实践性的课程。再次,开设法律职业道德和能力素质的培养课程。复次,扩大选修课程的比例,尤其是一些交叉学科的课程。最后,对法律硕士研究生进行专业方向的划分,课程设置应更具有针对性,适应司法实践对法律人才的需求。

三、法科博士研究生课程设置存在的问题及其改革

笔者认为,现阶段我国法科博士生课程设置普遍存在的一个问题就是缺少法学研究方法的专门教育。由于博士学位论文的撰写对于每一位法科博士研究生而言都是必须的,因而,法学研究方法课程的开设对于以学术为目标的法科博士生而言尤其重要。此外,部分法科博士教育机构兼顾对社会实践的要求,笔者认为,这种社会实践课程设置的初衷并不是为了理论研究的提升,而是为了就业的需要或者是其他目的。实际上,对于许多在职的法科博士而言,这种社会实践根本上是多余的。在未来的法学课程改革中,可以将法科博士研究生的社会实践课程改为选修课或者是补修课(主要针对未从事过社会实践的博士生开设)。

论文的写作尽管不是一门课程的设置,但对法科博士教育机构而言都是必须的。由于大多数法科博士研究生将进入高等院校或者科研机构工作,主持和参与科研项目将成为他们工作的重要组成部分。因此,笔者认为,这种培养方式应当成为法科博士培养的必经环节,唯有如此,才能提高法科博士研究生全方位的素养。

四、法学教育其他内容存在的问题及其改革

(一)法学教育其他内容存在的问题

对于法学教育的主要内容存在的问题,有论者从宏观的角度加以论述,认为由于缺少更深层次历史与社会根基的支持以及与之相适应的定位徘徊,我们一直没有建立起一种相对稳定和连贯的知识传统。没有稳定的知识传统,能够获得大体共识的评价标准也就难以出现,于是,办学体制、形式结构教师选任、基本课程设置、教学以及学习方法等方面的新招迭出争奇斗艳也就不足为怪了。法学教育是需要理念指引的。办教育的人需要在培养什么人以及通过怎

样的方式实现教育理念方面有着明确而坚定的合理指向。虽然全国范围内的法律院校水准容许有参差不齐,但是,某个得到普遍认可和遵循的最低标准却是必要的。否则,“说你行你就行,不行也行”的心态和做法蔓延开来,不久后的将来,我们势必要背负过于沉重的甄别合格品与劣质品乃至防伪打假的包袱。更可怕的是,法律职业者中良芬杂处的结果往往是“劣币驱逐良币”;残次品充斥的市场上,合格品会悄然退出。①

有论者认为,我国传统的法律文化导致我国法学教育的内容偏重于成文法,而忽视判例法。由于中国古代历来所推崇的“无讼”观念的影响,人们对“诉诸公堂”往往持一种厌恶和畏惧的态度,将民间讼师称之为“讼棍”之流。这造成了中国法学界对案例的回避与漠视,法学教育的主要目的不是诉讼,而是宣扬一种道义,达到息讼的效果。②

笔者认为,我国法学教育内容的问题主要集中在以下方面:第一,总体上缺乏内容创新的人员和环境;第二,法学教育的目的、理念和评价指标引导我国的法学教育走向考试教育和纯理论教学,而不顾法学教育的未来;第三,课程设置上,偏重理论和考试科目,以研究实体法律为主要内容;第四,缺乏法律教材编写的创新,统一编写教材的传统导致了法律教育下的学生三段论式的简单思维。总体来说,我国目前的法学教育是理论不精、实务不通、判例不兴。

(二)法学教育其他内容的改革

在全球化时代背景下中国法学教育的内容转型可具体分为:由功利短浅的专业化转向广博长远的专业化;由单一的技术性转向多元丰富的人文性、技术性与价值性;由课程设置上过细的学科划分转向综合的学科交叉。具体表现在:

一是由功利短浅的专业化转向广博长远的专业化。目前中国法学教育的内容基本上是以中国的立法为导向的;而对一些从人类

---

① 慕槐:《认真地对待法律教育》,载《法学研究》1996 年第 1 期。

② 顾海波、张春雨:《英美法与中国的法律教育——内容及方法层面之考察》,载《东北大学学报(社会科学版)》2003 年第 1 期。

社会长远发展而言非常重要的以及国际上新兴的极具发展潜力的法学知识领域,但立法上还未体现出来的内容却在中国的法学教育中空缺了。可以说,中国目前的法学教育在专业化上过于功利短浅,而缺乏广博长远的眼光,对法学知识的专业化理解得过于褊狭,缺乏未来的知识关切,阻抑了中国法学教育内容上的延伸性与拓展性。因此,中国法学教育内容应当由功利短浅的专业化转向广博长远的专业化。

二是由单一的技术性转向多元丰富的人文性、技术性与价值性。从法学教育内容的属性上看,中国目前的法学教育呈现出单一的技术性。这种单一的技术性体现在中国的法学本科教科书和法学教学的过程中。很多法学教科书按照着概念、特征、原则、制度的逻辑撰写出来,教师很多也是按照这般模式教授给学生,这似乎就是法学知识的全部。法学知识本身不仅具有技术性,更有丰富的人文性和价值性。中国法学教育由单一的技术性转向多元丰富的人文性、技术性与价值性,意味着我们必须充分认识法学和法学教育的属性之复杂与丰富,意味着我们必须深度审视法学教育的人才培养目标问题。对此,苏力指出:“中国近现代以来,直到今天,最重要、最核心的社会问题从来不是纯法条、法律、法理甚或法治问题,真正对社会有重大贡献的法律人固然必须坚持法律,同时也要超越法律。因此,中国法学院要教育培养合格法律人,那么在侧重法律和职业技能训练的同时,还必须把法律教育同中国社会发展的需要结合起来,应当引导学生更多了解和真切感受我们面对的这个具体社会,更多了解中国和世界,更多了解经济、政治和社会,不仅要在法律层面、技能层面、微观层面和知识层面,而且要在中国和世界层面、经济政治层面、宏观层面和判断层面。不仅要理解、能说,而且要能做事、会做事,能做成事,无论是大事还是小事。法学教育还一定要注重学生的人格培养,包括对于中国社会、中华民族的责任感和使命感。”①

---

① 苏力:《当下中国法学教育的两项根本任务》,载《中国大学教学》2008 年第 2 期。

三是由过细的学科划分转向综合的学科交叉。从课程设置上看,目前中国的法学教育学科划分过窄过细,呈现出各个学科之间的人为阻隔状态。这一方面表现为,狭义上的法学学科自身内部的诸多法学知识领域之间分得过细、彼此间缺乏沟通。另一方面表现为,法学与其他相关学科的关系上处于一种更为疏离与割裂的状态。在目前中国很多法学院系的课程设置上,几乎是清一色的法学课程,而少有与法学相关的政治学、社会学、经济学等课程。因此,中国法学教育必须由过细的学科划分转向综合的学科交叉。这意味着不仅要注重狭义上的法学学科自身内部的诸多法学知识领域之间的有效联系,更要适当地在法学与其他相关学科之间建立起有机的联系与沟通。这就要求我们的法科教师自身首先具备这种学科综合的意识与能力,进而有效地引导学生们逐步养成学科之间交叉沟通的意识和能力,进而培养出既具有宽厚知识面又具有扎实法学基础知识和技能、既有强烈现实关怀又有广阔全球视野的新时代法律人才。①

英美法自传入中国以来,就潜移默化地对中国法学教育的传统内容产生了影响,使中国法学教育的内容发生了实质性的变化,这一变化主要体现在以下三个方面:

一是由偏重成文法转向成文法与判例法相结合。传统上中国法学教育所教授的主要内容是成文法或制定法,而非那些在历史上有深远意义的判决和案例。加之中国立法过程中更多接受的是大陆法系成文法传统的影响,因此成文法就成为中国近代立法的主要特征,成文法也成为法律院校主要的教学内容。在英美法系国家中,判例占有举足轻重的地位,英美国家的法学院甚至将判例汇编成册,写进教材,作为法学院教育的主要内容。有论者认为,对判例的研究,一可引起学生兴趣,二可使学生明了办案的方式,三可使学生明了分析案件的方法,四可使学生明了法官的心理,在法学教育中有重要意义。虽然中国不承认判例法,但在国际交往日益增多以

---

① 任瑞兴:《全球化时代的中国法学教育转型》,载《河北经贸大学学报(综合版)》2010 年第 2 期。

及复杂多变的社会条件下,一些案例也越来越具有典型性和普遍意义。在这种情况下,最高人民法院和一些高级人民法院陆续选编了一批典型的案例。从 1985 年开始,最高人民法院又创办公报选登若干份典型案例和每年发表案例选及审判参考,对各类案件的审判起了事实上的指导作用。与此同时,这些案例也逐渐进入了大学课堂,成为法学教育内容中一个不可或缺的组成部分。这些做法主要依据中国法治建设的实际需要,但不能不说也受到西方法律制度,尤其是英美法的某些影响。

二是由注重实体法到实体法与程序法并重。中国历来是一个"重实体、轻程序"的国家。这种状况给中国法治建设的进程造成过巨大的损失,使新中国在成立之初的几十年当中几乎没有什么程序方面的立法,更不用说程序法进入法学教育领域之中。西方早在 18 世纪就已产生了简单的程序方面的思想,英国的自然公正原则是西方听证程序得以依存的法理基础,以后美国的"正当法律程序"又深化了这一法理。将法律分为实体法和程序法是法学进步的一个标志,也是当今法学界普遍认同的一种分类。正如美国法学家博登海默在其著名的《法理学——法哲学及其方法》一书中所说的:"历史表明,几乎是有人类建立了政治或社会组织的地方,他们都曾努力防止不可控制的混乱现象,也曾试图建立某种适于生存的秩序形式。"用社会学家马克斯・韦伯的话来说:"形式主义"是一切近代法律的重要特征,而法律的"形式主义"主要是指法律活动的程序性。英美法的这种重程序的思想逐渐传播到世界各地,也影响到中国的法治改革和法学教育。程序法也成为中国法学教育中的一项重要内容。

三是由单一的国内法转向国内法与国外法兼学。就一个国家在一定时期的法学而论,它总是以讲授和研究本国现行法律为重点的。但法学教育仅仅立足于本国法已远远不能适应时代发展的需要,这就促使法学院必须开设国外法课程。历史上,东吴大学(现为苏州大学)法学院就曾积极地从事过英美法教学。至今,我国台湾地区东吴大学法学院依然坚持 20 世纪上半叶东吴大学借鉴英美法的宗旨,采用英美大学法学院最新英文版教材,开设英美法课程。

国外法学有助于本国法律教育和法学研究的发展。英美是法学教育发达的国家,改革开放后,我国派许多留学生到英国和美国学习其法律。这些人回国后多成为法学教育战线的骨干,并将其带回的英美法学教育思想和内容应用于实际教学之中。尤其是中美法学教育合作的"富布莱特"项目,更使获得资助的法学院受到美国法学教育风格和案例教学内容的熏陶和影响。虽然这些学校可能过分偏重于英美法教育,甚至受到"忽视对大陆法经验之吸收"的批评,但其中一些有益的经验,对当前我国法律院校开展法学教育有积极的借鉴意义。①

此外,法学教育在教学内容上,要重视法律教育科学内在的逻辑性、科学性,重视法律教学的连续性和循序渐进性。在课程设置上,应着重考虑基础教育阶段不同年级学生的特点,循序渐进地连续不断地设置法律课程,使法律语境贯穿于整个基础教育过程。② 首先,实际能力培养应该在课程设置中占据重要的地位,课程设置和教材内容不应限于法律条文的收集,法律制度的实际运行、法律制度的障碍、法律规定与现实的距离、法院、行政机关、检察机关及其他法律主体的行为及其制约因素等都应该得到反映。其次,为加强法律教育的实践性和开放性,课程设置不应局限于正式的法律制度本身,应充分反映普通常识教育的内容,增加政治学、经济学、社会学、心理学、历史学、人类学、信息技术等方面的知识,鼓励学生学习跨学科知识,逐步实现法学院的多样化与多元化。③

我国法律教育的改革方向应当以教育内容的专业化为指导,在原有的法学核心课程基础上,搭配内容多样化的相关课程,基本涵盖法律职业所需要的知识技能领域。同时应当迎合当今法律教育

---

① 顾海波、张春雨:《英美法与中国的法学教育——内容及方法层面之考察》,载《东北大学学报(社会科学版)》2003年第1期。

② 梁如霞:《关于法律教育与国民素质培养的几点思考》,载《山东教育学院学报》2005年第3期。

③ 周汉华:《法律教育的双重属性与中国法律教育改革》,载《比较法研究》2000年第4期。

的国际化背景，增加新兴的涉外贸易、金融、商务、环境、人权等方面的法律知识，增加计算机、外语等实用性技能，增加国外法的教育内容，并建立以法学为核心的学科群体系。[1]

---

① 刘佳主编：《法律教育学》，社会科学文献出版社 2012 年版，第 267 页。

第六章 法学教育的方法

第一节 法学教育方法的比较研究

从世界范围来看，因所属依据的法律体系不同，法学教育方法也可分为两大类，即以讲授式为主要形式的大陆法教学方法和以案例分析为主要形式的英美式教学方法。

一、两大法系法学教育方法的比较

大陆法系的法学教育是一种学科教育，其教学方法与其规范性、系统性的制定法法律传统紧密相连，是大陆法原理的自然派生物。教学方法强调教学的系统讲授，旨在向学生传授知识，法学教育不在于提供解决问题的技术，而在于对基本要领和原理的教导。“法律教育所要求的内容并不是对实际情况的分析而是对法律组成部分的分析”，比较注重对抽象的概念和原理进行阐释和分类，法律注释成为法律教学的主要特色。英美法系教学方法的最大特色是案例教学。英国的法学院不为学生提供完整的法律教育课程，主要采取自主性学习方式，学生在自主性学习方式享有极大自由的同时，必须遵守严格的纪律，履行自己的义务。①

将案例教学法与英美法系的判例教学法进行对比，两者的主要区别是：首先，案例教学法有多种个体表现形式，而判例教学法的形式比较单纯。在采取判例教学法的国家，教师在课堂讲授时大量地分析先前的判例，以教会学员正确地分析判例。案例教学法则是在法学教育活动的各个阶段，适时地运用现有案例释解和研究成文法，其具体形式有在课堂讲授理论中评析案例、专门组织的案例分析、案例模似教学（如模拟法庭）、旁听案件处理、实习以及现场教学等。其次，案例教学法在法治建设中有多重作用，判例教学法亦相对单纯。如前所述，判例教学法主要用来归纳判例所创设的法律规则。案例教学法则一方面是用来释解成文法，另一方面发掘成文法中有待改进之处，以推动成文法的发展和完善。因此，通过案例教学法，学员既能够把握成文法精髓，也能够增强实际工作能力。再次，案例教学法主要是运用成文法分析案例，而判例教学法则是广泛地借助先前的判例分析新案件。正由于分析案例的依据不同，依照案例教学法所得到的结论往往比较明确，而在采用案例教学法中，结论因其所依据的先前判例不同而有所差别，同一案例可以有两个甚至多个结论，有时还可以附上法官在作出判决过程中的不同意见，供学员讨论。最后，案例教学法和判例教学法在法学教育的方法体系中所处地位不同。在大陆法系国家，案例教学法通常只是讲授法学基本原理的辅助方法，即使有的教师主张采用从案例引伸出理论的归纳方法，有的教师则偏爱从理论发展到案例的演绎方法，但课堂上讲授理论仍然是法学教学的主要方法，分析案例则处于次要地位。而在英美法国家，虽然近年来有人主张强调教师多讲授理论，甚至有的教师故意地将理论问题放到课堂作重点讲授，但广泛且大量地分析判例仍是法学教育的主要方法，教师讲授理论则居从属地位。②

---

① 王媛媛、苏芳芳：《比较视域下的我国高等法律教育之弊端与改革》，载《法制与社会》2008 年第 10 期。

② 王利明、叶林：《试论法学教育中的案例教育学法》，载《法学家》1993 年第 3 期。

二、英美法对中国法学教育方法的影响

英美法不仅改变和丰富了中国传统法学教育的内容，而且在教育方法上也促使中国的法学教育呈现出新的特点，主要表现在以下三个方面。

一是由单纯讲授转向讲授与判例教学相结合。中国由于受大陆法系国家的影响较深，在教学方法上大多采用传统的讲授教学方法。这一方法能够系统清楚地说明一般的法律原理和原则，使学生对抽象的法律概念有完整的了解。但随着实践的发展，讲授教学法也逐渐暴露出其固有的一些缺点，如教学方法单一死板、教学内容抽象枯燥、对学生的实践技能训练不够等。为了改变上述状况，人们开始关注英美法系中的判例教学法，并进行法学教学方法的实践。判例教学法的优点在于活跃课堂气氛，培养学生独立思考、分析问题的能力以及增强学生解决实践问题的能力等，这些优点正是讲授教学法所欠缺的。在借鉴英美法系法学教育方法的基础上，中国的法学教育工作者们为此创设了一种既适应传统教学模式，又兼顾案例教学方法之特点的法学教学方法模拟审判（或称模拟法庭）教学法。这一教学方法对理论教学与实务训练都有兼顾，着重于培养学生的创新思维能力和独立研究能力，在一定程度上能起到改良传统教学方法的积极作用。

二是由理论教学转向理论与实践相结合的教学。法学是一门实践性很强的科学，法学教育的目的不只是培养一批优秀的法学家，同时也要培养大批的立法、执法、司法以及法律中介服务人才。中国传统的法学教育模式注重的是纯理论的学习，而忽视了实践技能的培养，这就造成了许多法律院校的毕业生在法律实务方面知之甚少，成为平庸的知识型人才。作为一种方法，实践教育具有理论教育无法比拟的优越性，它侧重于经验性的学习，培养学生根据自己的知识进行活动的能力。近 20 年来，美国一些著名法学院风靡一种“诊所教学”，强调学生自己办案，在实践中找答案，从而使学生尽快适应社会。通过这种方法，学生不仅掌握了法律技术，而且增强了社会责任感。目前，包括中国、澳大利亚在内的许多国家都

在法学教育中采用了实践教学法,学生们对这一教学方法的反馈情况也证明了其有效性。

三是由封闭的教学转向交流与比较的教学。学术交流对法学院来说无疑是重要的,有交流才能有发展,才能有学术上的创新。20 世纪 80 年代,国内有些法律院校已开始开展院际间的交流,在信息共享和人才流动方面取得了很好的效果。在国际化背景下,学术交流已不再限于国内,而是跨出国门,开展世界范围内的交流与合作。法学比较教学方法,是将具有某种联系与区别的教学内容放在一起进行分析对比,在比较中指示其本质特征,让学生准确而科学地把握其要点,以达到预期的教学目的。法学比较不仅包括对一国历史上各种法律制度的比较,更重要的是要进行不同国家、不同法系以及不同法律文化之间的比较。在经济全球化的趋势下,作为法学教育一部分的比较法研究正发挥着越来越重要的作用,而比较教学法也成为世界各国法学院普遍采用的一种行之有效的方法。我们在进行比较法教学的时候,应当以改善中国法为最终目的,而不是简单地为外国法而研究外国法。①

三、美国的法学教育方法

美国法学教育的职业化目标,决定了其法学院在教学方法上必然注重学生法律职业素质和能力的培养,以实践教学作为其主要教学法。同时由于美国系判例法国家,又决定了法学院以案例教学法为其主要教学模式,此外也不断探索新的教学方法作为补充,其中最突出的是,发展并运用诊所法律教育和模拟口头辩论练习,使法学教学方法在变革中不断发展。这些服务于其法学职业化目标的教学方法对我国法学教育改革具有重要的参考价值。

首先是案例教学法。案例教学法的具体做法是:教师课前把将要讨论的内容布置给学生,由学生对讨论所涉及的判例和参考书进行研读。课堂上,教师向学生提出问题,引导学生对判例进行分析、

---

① 顾海波、张春雨:《英美法与中国的法学教育——内容及方法层面之考察》,载《东北大学学报(社会科学版)》2003 年第 1 期。

讨论,并在与学生的讨论中引导学生总结出判例所蕴含的法律原则、规则及其相互之间的关系。案例教学主要通过剖析具体的案件使学生理解法律理论,锻炼学生的逻辑思维和语言表达,提高其独立分析问题的能力。案例教学主要在课堂上进行,基本采用的是问答式的方法,因此也称之为苏格拉底教学法。尽管此种教学方法不断遭到批评和质疑,认为该方法让学生产生被胁迫感,也没有具体可见的学生作为未来职业律师所需要的技巧训练,但是它可以帮助学生学习对问题和挑战作出反映,因此仍然是目前大多数法学院采用的主要教学方法。

其次是诊所法律教育。诊所法律教育强调通过教师指导学生参与实际的法律运用,来培养和提高学生的法律实践能力,加深其对法学理论和制度的理解。其核心理念是,在职业角色中教育学生是职业教育的组成部分。在法律诊所教育中,学生跟随办案教师参加处理案件的全过程,甚至直接以代理人身份处理真实案件,从而学习律师的各种职业技能和职业道德。

最后是模拟口头辩论练习。模拟口头辩论近年来被作为一种与法律写作一样的思考方法成为法学院广泛采用的教学法,同时它也是一门实践课程和重要的法律分析工具。在模拟口头辩论中,要求学生不但要熟悉案情,回答法官的问题,对对方的论点有所预见,而且要将法律运用于假定的新的情形中。因此,学生是通过积极参与其中而学习法律问题,并在学习实质内容的同时学习方法,反过来又使所学课程内容得以巩固和加强。通过模拟口头辩论训练,让学生将理论知识应用于与现实有关的环境中,并以自己的立场分析辩论,可以更好地训练学生进行法律分析,同时,能够为学生提供一种过渡性的经验,帮助他们将自己带进开业律师的角色中,不断增强表达的有效性,增加信心和能力。①

---

① 胡利玲:《美国的法学教育及其启示——兼论我国商法教学的改革》,载《中国大学教学》2009 年第 9 期。

第二节　我国法学教育的方法、问题及改革

我国法学教育的方法基本上是在实践探索中逐步确定的,这尤其表现在1977年恢复高考制度以来。法学恢复招生之始,法学教育工作者多是一边备课,一边编写教材,一边摸索法学教育的方法。经过若干年的发展,法学教育的方法基本成熟,大致成体系化。但是,存在的问题也不少,需要进一步改革完善。

一、我国法学教育的教学方法

我国在法学教育恢复以来相当长的一段时间里,法学界一直忙于知识体系的构建和教科书的编写等工作,法学教育教学方法问题一开始并未受到广泛关注。全国各法学院校采行的基本上还是传统的讲授方法,由教师主讲,学生记笔记,其间间或会有教师的一些提问以启迪学生思考。但是,随着法学知识积累的逐渐丰富,法学界已经越来越不满足于这种陈旧、单一的教学方式,转而进一步思考如何将已经生产出来的知识更好地传授给学生,于是,教学方法成为目前一个越来越引起关注的问题。[①] 法学教育具有明显的职业教育特征。能否培养出合格的法律人才,教学方法的选择非常重要。法学专业课程教学方法根据社会变化不断进行革新与调适,逐步形成了一些行之有效并被普遍认同、具有一定代表性的教学方法。

(一)讲座式教学法

当法学教育在我国重新跻身大学教育行列之后,各法律院系所采行的教学方法与其他社会科学之间并无太大差别,即采取一种传统的讲座式教学模式。法学教育的基础是知识的传授,课堂教学是法学教育的主要形式,讲座式教学法是课堂教学中最主要的教学方

---

① 冀祥德等:《中国法学教育现状与发展趋势》,中国社会科学出版社2008年版,第155页。

法,是学生接受系统学科知识的主要途径。

讲座式教学法由教与学两个方面构成。首先依赖于教师讲授得法,要求教师注重讲授的技巧和艺术,能够将深奥的理论通俗化为学生能够接受的知识大餐,在吸引学生听讲的同时,能够促使其思考并进行自主学习。这一教学模式中,学生的"学"极为重要,教师教的目的就在于学生的"学",学生学会听讲非常重要,通过听讲,不但掌握知识,而且学会方法,通过自己的思考把老师传授的知识融会于己,化为自己的知识与能力。

这种教学方法的特征主要表现为以下几个方面:

第一,教学过程主要表现为教师主讲,学生被动接受,不太注重师生之间的互动。在这种情况下,教学效果可以说主要是由教师的个人能力所决定的,可以称之为一种"教师魅力型"的教学模式。如果教师的专业功底过硬,擅长深入浅出地讲授专业知识,并且富于幽默感的话,教学尚能取得不错的效果;否则法学课堂便很容易变得异常沉闷,学生对于专业学习的兴趣日渐减弱。

第二,教学内容主要侧重于书本知识的讲授,基本是从抽象的概念、原则入手,最终落实到法条含义的阐释,而不太注重对实际案例的分析、研讨和解决。即使在授课过程中会有若干案例穿插其间,但是总体而言,案例在其中所起到的基本上是一种可有可无的辅助性作用,即仅仅满足于通过案例来对那些抽象的概念、原则和法条进行说明,因此,授课过程中所选择的案例往往是一些根据授课需要进行裁剪之后的案例,甚至很多是完全凭空虚构出来的案例。

第三,讲座式的教学方法很容易演化成为传输某种确定性知识的过程,即在任何知识点的讲授上,这种教学方法最终都会指向一个唯一正确的结论,即使对于一些学术和实践上都存在激烈争论的问题,学生也往往要求教师明确以哪一种学说"为准"。"法学教育被当作真理的传授,而不是激发怀疑和批判精神的一种方法。"①这

① 焦盛荣:《法学专业教学方法改革初探》,载《黑龙江省政法管理干部学院学报》1999年第4期。

一点与法律的本质是格格不入的,因为法律注重的是在不同利益之间的权衡,所谓法学上的“结论”,其实都是在不同利益主体的论证过程中形成的一个暂时的方案。因此,单一的讲座式教学方法很难让学生深刻领会法律的庐山真面目。[①]

(二)案例教学法

案例教学法是法学教育中常用的教学方法,在法学各个层次的教学中都有广泛应用,这是由法学的实践特性决定的。案例教学法一般是通过国内外真实的司法案例来理解法律理论和原则,了解法律的应用技巧,分析法律应用中可能存在的问题,包括法律条文的问题等,尤其侧重对一些有争议的案件的分析。

案例教学法具有如下特点。第一,案例教学法有多种表现形式。在法学教学过程的不同阶段,适时地运用现有案例解释和研究成文法,其具体形式包括课堂讲授理论中评析案例,专门组织案例分析,模拟法庭,旁听案件审理,课堂讨论等。第二,案例教学可以充分发挥教师的主导性,学生参与的主动性。不仅可以使理论讲授变得生动活泼,具有启发性,而且有利于学生尽快掌握抽象的法学原理,并能灵活运用、举一反三,达到理想的教学效果。第三,案例教学法在法学教学过程中,一方面用来解释成文法,另一方面通过对典型案例的分析,从中可以发现立法的成功与不足,进而针对立法漏洞寻求填补方法,以推动成文法的发展与完善。因此,通过案例教学既可以把握成文法的精髓,也能够增强分析、解决问题的实际能力。[②]

实例最能训练、测试法律人的思考方法及能力。“学习法律的最佳方法是,先读一本简明的教科书,期能通盘初步了解该法律的体系结构及基本概念。然后再以实例作为出发点,研读各家教科书、专题研究、论文及判例评释等,做成解题的报告。在图书馆,经常可以看到同学们抱着一本厚重的教科书,反复阅读,口中念念有

---

① 冀祥德等:《中国法学教育现状与发展趋势》,中国社会科学出版社 2008 年版,第 155—156 页。

② 朱玛:《法学案例教学法的研究与应用》,载《高教论坛》2009 年第 12 期。

词,或画红线,或画蓝线,书面上琳琅满目。此种学习法律的效果,甚属有限,因为缺少一个具体的问题,引导着你去分析法律的规定、去整理判例学说,去触发思考,去创造灵感。”①

(三)诊所式教学法

诊所式法学教育作为一种实践性教学模式,主要表现为围绕具体案件展开的一系列演练和实习。这些案件要么是虚拟的,要么是真实的,前者可以称之为“演习”,后者可以称之为“实习”。这两种方式在我国传统法学教育中实际也早有其雏形存在,即各法律院系普遍设置的模拟法庭性质的活动和大学生毕业之前的实习安排。但是,由于以往上述两种教学方式的价值未曾被提升到“诊所式法学教育”的高度予以把握,导致其与法学教育的目的渐行渐远,已经沦入可有可无的边缘性境地。法律诊所课程的教学理念是强调从经验中学习,通过合作学习,通过反馈学习。教学活动包括课堂和课外两个环节,教师的教学包括课堂教学和个别指导。教学内容以律师执业活动的主要环节为对象,包括接待当事人、事实调查、案件陈述、法律文书写作、案件策略、庭前准备、举证、质证、法庭辩论技巧以及反馈总结等。

目前各法律院系的诊所式教学实际上都是在模拟式教学法、承办真实案件教学法这两种方式的基础上展开的。

模拟式教学法是一种启发式教学方法,强调学生通过情景学习,进行主动探索、主动发现,从而获得体验,将知识有效地内化的过程。② 可以说,模拟式教学是我国法学教育中最早采取的一种带有实践性质的教学方法。在各个法律院系的基础设施中,模拟法庭几乎是必备的条件之一。学生在教师指导下,以真实或虚拟的案例为蓝本模拟法庭审判过程,在目前的法学教育中已经得到了较为普遍的推行。但是,这种模拟方式亦有其较为明显的局限性。首先,

---

① 王泽鉴:《法律思维与民法实例:请求权基础理论体系》,中国政法大学出版社2001年版,第17—18页。

② 李学兰:《法学模拟教学方法之理论与实践》,载《中国成人教育》2003年第4期。

大多数模拟法庭活动是在预先撰写好脚本的前提下进行的,这使得它更像是一场表演,学生发现问题、解决问题的能力以及应变能力,都无法得到真正有效的锻炼。其次,目前的模拟法庭主要是被当作一种向学生展示法庭审判程序的场所,大多是在程序法学的教学过程中使用,而其他部门法学课程则未能加以有效利用。

承办真实案件是诊所式法学教育最为重要的内容。相对于模拟式教学而言,通过真实案件的实战演习,更能符合诊所式教学的目的。但另一方面,诊所法律教育的灵魂仍然是法学教育而不是办理案件,学生办理真实的案件只是将案件作为教学内容的载体而不是目标。所以,法律诊所课程接受的案件一般由教师决定,教师选择真实而又适合的案件让学生办理,即达到诊所法律教育的教学目的,又达到诊所法律教育的社会救助目的。学生们始终是在教师的指导下进行学习,而不是自发进行学习的。①

(四)其他教学法

(1)讨论式教学法

课堂讨论是目前被广泛采用的一种方法。这种方法对客观条件不存在太高的要求,可以广泛适用于法学各门课程的教学过程中;并且在具体运用过程中可以较为灵活:在形式上,可以由老师讲,也可以由学生讲;在组织上,可以分组讨论选派代表发言,也可以分组相互辩论,或由老师和学生相互讨论;在发起上,可以课前布置好讨论议题,列好提纲,课上讨论,也可以课上根据讲课内容随机选择议题临时讨论,或者课上布置议题课后组织讨论;在时间安排上,可以全堂讨论,也可以半堂或选择若干分钟讨论。②

讨论式教学方法最关键的特征是通过教师与学生以及学生与学生之间交流的方式展开教学,因此,也有人称之为“交流式教学法”。这种方法将学生置于教学的主体地位,使学生对法学知识的

---

① 陈建民:《从法学教育的目标审视诊所法律教育的地位和作用》,载《环球法律评论》2005 年第 3 期。

② 李卫芳:《法学本科教学方法创新之我见》,载《新疆石油教育学院学报》2004 年第 1 期。

掌握从书本到实践、从死板的记忆到学会思考、从被动的接受到主动的参与，最终达到教学相长的教学模式。①

讨论式教学方法的优越性主要体现在，一方面，增强了教学的针对性。在传统讲授式教学模式之下，讲授的内容由教师自行拟订教学计划与大纲，教学过程由教师以一人之力推进，授课效果如何亦无从检验；而讨论模式则开启了全体学生之思维，教师可以根据学生讨论的具体情况，有针对性地进行讲解。另一方面，学生通过讨论式教学方法，可以逐渐培养起一种独立思考、发现问题并解决问题的能力和习惯，这一点对于专业法律人来讲至关重要。

这种教学方法具有以下一些优越性：一是通过讨论可使学生真正做到理解和掌握所学内容。二是课前的准备能够培养学生的思考能力和组织能力，使他们学会解决问题的一般方法。三是课堂上的讨论发言可锻炼学生的胆量，增强口头表达能力和应变能力。四是通过讨论，可促进教师与学生间的交流，使教师及时了解教学效果。五是此教学方法侧重发掘学生的主体性意识，使学生的个性得到发展。②

但需要指出的是，讨论式教学方法是在传统讲座式教学基础上发展而来的，教师在讨论式教学过程中仍然起着举足轻重的作用。甚至此种教学方法对教师提出了更高的要求，教师不仅要在专业功底、知识面等方面更好地提升自己，而且要密切注意学生对知识的掌握情况，从而有针对性地对学生加以引导。教师在讨论式教学过程中，仍然要掌握授课的总体进程，以达到讨论的目的。③

（2）辩论式教学法

比讨论式更进一步的是，在法学教育中倡导一种“辩论式教学法”。所谓辩论式教学法是教师、学生就某一教学内容以问题为组

---

① 参见高迎晖、张天虹：《交流式法学教学方法及其价值》，载《教育理论与实践》2006年第6期。

② 高晓春、何恩光：《论当前我国法学教育中存在的问题及教育学法改进》，载《兰州学刊》2002年第3期。

③ 冀祥德等：《中国法学教育现状与发展趋势》，中国社会科学出版社2008年版，第157—158页。

带而展开分析、讨论、辩驳及总结，从而获得真知的教学方法。其具体方案为，首先教师提出辩论问题，指导学生做好充分准备；然后，由正反两方学生在课堂上针对辩题展开正式辩论；最后，进行辩论总结并写出总结报告。① 应当承认，将辩论的形式引入法学教育之中，是一个比较有创意的做法。据此种教学方法的倡导者所称，辩论式教学方法是贯彻素质教育、培养法律人才的需要，它具有提高学生的知识积累、理性水平、思维能力、语言表达能力、组织能力以及团队合作精神等重大作用。②

语言表达能力和辩论的技巧对于法律职业者来说，具有非常重要的意义，在教学过程中，也必须注重对学生在这方面能力的培养。但是，这是否意味着有必要在教学过程中将辩论作为一种授课方法呢？恐怕不无值得商榷之处。教学的内容与教学方法是两个不同的概念，前者是指要教给学生哪些知识或培养其怎样的能力；而后者则是在传授这些内容的时候采取怎样的方法。笔者认为，辩论式教学方法是在没有清楚区分这两个概念的前提之下，仓促采用的一种教学方法。其必要性以及适用范围还需要进一步的论证。

为了提高学生的语言表达能力和辩论技巧，法律院系可以在课程设置上做必要调整，开设诸如演讲学、辩论学等方面的课程。据笔者了解，目前某些高校已经开设了此类课程，并取得了非常好的授课效果。但是，在法学各门课程的教学过程中，辩论作为一种授课方法所能发挥的作用恐怕是非常有限的。因为教学是要向学生传授知识，而辩论在绝大多数情况下，都并非获得知识的最佳途径。辩论是在各执一词的两方之间展开对抗，彼此以维护本方立场、驳斥对方观点为目的。其目的是争胜，而非求真。辩论式的教学方式看似培养了学生的能力，但其代价很可能是在知识获取方面损失

① 参见田春苗：《论法学教育中的辩论式教学方法》，载《甘肃政法成人教育学院学报》2006 年第 4 期。

② 参见田春苗：《论法学教育中的辩论式教学方法》，载《甘肃政法成人教育学院学报》2006 年第 4 期。

重大。[①]

当然,在教学过程中,根据具体情况的需要,采用辩论的方式进行授课,也可能会取得很好的效果,但它不能作为一种常规或普遍的形式加以推广。比如,有学者提出在某些重大性的学术问题上,可以视情况选择此种教学方法,即所谓"对抗式学术辩论法",以此激发学生的学习兴趣,培养其学术思维能力以及表达能力和应变能力。[②]

(3)批判式教学法

批判式教学方法是一些法学教育工作者在对以往灌输式教学方法极度不满的基础上,倡导的一种教学方式。所谓批判式教学方法就是"在教师引导下,让学生以质疑的态度来审视所学的法律",其目的在于"提出问题、分析问题、辨别是非",其核心在于"不轻易认同现有的法律规定,不轻易接受已有的制度或原则,对于所有的东西都要通过自己所掌握的法理、道理等重新检验"。[③]

批判式教学法重在培养学生的怀疑精神。法学并非真理之学,而仅仅是一种纠纷解决的方案;但以往的教学模式却有意无意地将法学知识当成了一种真理来传授,此种教学方法对学生法律思维模式的培养殊为不利。批判式教学法在使学生对法律做到不仅知其然,而且知其所以然的基础上,对法律中的一系列原理、原则、规则和概念进行批判式思考,具有非常重要的价值。

批判式教学法在运用过程中,一个值得注意的问题是,批判不等于批评。前者强调运用一系列原理和原则对研究和学习的对象进行检验,并最终得出自己的结论;其本质是引导学生运用自己的头脑去思考问题,是一个独立思考,深入探索的过程。而批评则往往是以某一已有的观点为标准去对研究对象作出否定性的评价。

---

① 冀祥德等:《中国法学教育现状与发展趋势》,中国社会科学出版社 2008 年版,第 158—159 页。

② 参见袁红冰:《试论素质教育在法学教学方法改革中的实施》,载《贵州师范大学学报(社会科学版)》2004 年第 2 期。

③ 参见王妍:《"批判式"教学方法在法学教育中应用探讨》,载《吉林省教育学院学报》2006 年第 10 期。

我国目前法治建设尚存在不尽如人意之处，若批判式教学运用不当，很容易演变成单纯的批评式教学，即主要以西方某些据说“先进”的制度和理念为标准，对我国现行制度加以批驳，但对如何在现有条件下完善我国相关制度，则又拿不出切实有效的方案。这种单纯为了批评而批评的教学方法，对学生法治观念的养成殊为不利。须知“法律不是嘲笑的对象，而是法学研究的对象；法律不应受裁判，而应是裁判的准则”。[①] 经历单纯的批评式教学方式的学生从一开始就很难建立起一种对法律权威的信仰，认为法律是一个可以任意褒贬的对象，这与法学教育的目的可谓南辕北辙。批判式教学的重点应当是引导学生运用法学的原理与思维方式对法律问题进行独立的思考，其目的是法律人思维方式的建立，至于观点则居于次要地位。[②]

二、我国法学教育方法存在的问题

(一)讲座式教学法

传统的讲座式教学方法已经受到越来越多的批评，很多人将其称之为“灌输式”或“填鸭式”的教学方法。[③]

此种教育方法培养出来的学生普遍具有以下三个特点。其一，法律意识不强，不知用法律思维去思考问题，不会用法律思维去认识问题和解决问题，不会用法律思维去辨别是非；其二，学会了某些法言法语，却不知其内在的含义和价值取向，了解了法律法规的条文规定，却不知作这样规定的社会意义和价值何在；其三，也是上述原因引起的结果，就是培养出的学生缺乏分析、判断和解决复杂法律问题的综合素质。[④] 可以说，我国法学教学方法的改革，其改革对

---

① 张明楷：《刑法格言的展开》，法律出版社 2003 年版，第 3 页。

② 冀祥德等：《中国法学教育现状与发展趋势》，中国社会科学出版社 2008 年版，第 160 页。

③ 参见张丽娟、张俊义：《法学教学方法改革浅谈》，载《山西高等学校社会科学学报》2005 年第 7 期。

④ 宣增益：《法学教育培养模式中的教学方法改革路径之探讨》，载《时代法学》2007 年第 2 期。

象就是这种讲座式的传统教学方法,近年来受到追捧的各种新型教学方法,几乎处处可以看出与传统方法反其道行之的意味。①

这种“以课堂为中心,以教科书为中心,以教师为中心”的教学方法,过于强调知识的灌输和纯理论的探讨,这种填鸭式的教学方法使学生处于一个被动的局面,禁锢了学生学习的主动性和创造性。同时,教师往往对法律教育的实践性重视不够,教学与实践脱节,虽然目前法律教育的课堂上也出现了案例教学,但案例多以假设为主,围绕某一部门法,以达到帮助学生理解法条的目的,与实践教学的宗旨相去甚远。法律教育就其性质来说,主要不是以学术为导向的,而是以解决问题为导向的。实践才是法律的生命与灵魂,理论本来是要培养实践能力的,但是现在它与实践的距离却越来越远。这种忽视对学生处理实际法律案件能力和基本理论知识理解能力培养的教学方法,最终使法学院的毕业生的法学基本理论掌握得不扎实,处理实际案件能力欠缺,不能很快适应实际法律工作,把法律教育机构应当完成的任务留给了法律实践机构。②

现行法学教学法有很多弊端。第一,由于课程设计是以讲授理论为主要内容,大多数教师比较注重联系古今中外的理论资料去介绍、分析和评价某种立法或学术观点,而忽视分析研究我国司法实践中的新情况、新问题及实际经验,造成理论与实践脱节。第二,由于灌输式教学方式形式呆板、僵化,内容抽象、枯燥,虽然某些教师讲授时自感津津有味,但也很难被学员接受;为了应付考试,学员更重视考试前的死记硬背,忽视正常教学期间的分析和思考,从而抑制了课堂上教师与学员之间的交流,影响了学员主动学习的积极性。第三,学员在接受了一段时期的正规法学教育之后,虽然对法学理论上的问题有所理解和把握,有些学员甚至具有较高的理论水平,但大多缺乏实际工作能力。他们在毕业并被分配到实际岗位后的相当长的时间里,很难迅速进入角色,很多从事实践工作的本领

---

① 冀祥德等:《中国法学教育现状与发展趋势》,中国社会科学出版社 2008 年版,第 156 页。

② 王媛媛、苏芳芳:《比较视域下的我国高等法律教育之弊端与改革》,载《法制与社会》2008 年第 10 期。

和能力，都需要实践部门的同志手把手地教。[①]

反思以前的法学教学方法，其弊端主要有：第一，受我国传统教育“传道、授业、解惑”以及大陆法系重视理论体系和原理的影响，把法学教育作为纯粹的知识传授性的教育，虽然能使学生具有较为扎实的理论功底，但缺乏理论和实践相结合的能力。第二，教师在课堂上所讲授的主要是如何注释现有的法律条文以及论述各门课程的体系、历史发展、概念的争论及一些基本理论。目的是引导学生掌握系统的知识体系，通过分析条文得出正确答案，而纯粹的条文分析在现实中几乎不存在。第三，传统法学教育的模式是一种训政式的、由上而下的“填鸭式”的灌输模式，学生和老师的关系是不平等的。老师为把自己的知识传授给学生而沾沾自喜，学生也会以自己对法律的认识最终与老师相吻合而高兴。第四，考查学生能力的方式仍然是书面考试的方法，灵活一点顶多是开卷或写一篇论文。学生死记硬背老师划的范围，以追求高分为最大满足，考试结束过不了几天又忘得一干二净。结果是高分低能，眼高手低。[②]

有论者讨论了我国传统法学教学方法的弊端，认为传统的法学教学方法是灌输式的教学方法，老师在台上讲，学生在台下一边听，一边记笔记。手忙脚乱，水过地皮湿。这种方法仍然是秉承中国古代“师者，所以传道受业解惑也”的古道，与中小学的“填鸭式”教学方法并无二致。而且课程的讲授主要是“注释法学”的方法，围绕法律概念展开。法学教育被当作真理传授，而不是激发怀疑和批判精神。学生只知法律是如何规定的，而不解为何如此，法律的精神如何，即“知其然，不知其所以然，不知其应然”。[③] 我国传统的法学教育方法具有四大弊端：一是不符合法律本身的内在特征。法学其实涉及社会生活的方方面面，法学自身的发展历史表明法学与自然科学有着内在的联系。同时法学与哲学、政治学、经济学、社会学等

---

① 王利明、叶林：《试论法学教育中的案例教育学法》，载《法学家》1993 年第 3 期。

② 刘耀彬：《高等法学教育的方向与教学方法的选择》，载《南京航空航天大学学报（社会科学版）》2003 年第 1 期。

③ 王继福：《论法学教学中的案例教学法》，载《河北师范大学学报（教育科学版）》2008 年第 8 期。

关系也十分密切。这些学科的知识既是法学专业本身的需要,也是法学专业学生将来工作的需要。就我国的法学教育而言,以本为本式的传统教学模式正面临越来越大的困难,在学习过程中只能从书本到书本,满足教师的灌输,将法律变为一种记诵之学。二是教学方法机械,忽视学生创新精神和实践能力的培养。课堂气氛沉闷教学活动缺乏生气与活力。在教学上重原理、轻案例,重理论、轻实践,课程间缺乏相互联系,学生被动接受加上教学手段基本以课堂讲授为主,辅助手段落后,同时教师较少鼓励学生对这些法律知识提出挑战和怀疑,效果更不理想。三是传统上遵循某种体例的讲授方法一方面导致教学内容的大量交叉重复,另一方面一些法律规定讲解难以深入,容易造成学生“营养不良”,直接影响教学效果。四是学好学坏“一刀切”,不利于因材施教。大课堂教学,教师一言堂,难以根据学生学习的兴趣、学习的程度进行有针对性的指导。①

有论者认为,我国现行法学教学方法的弊端主要体现在以下几个方面。

一是法学课程的开设以理论教学为主,没有实践性教育课程。现行法律课程的开设主要以部门法学的划分或国家颁布的主要法律为标准,以培养和训练学生实际操作能力为主要目的的课程开设得很少,有也是点缀性、附属性的。这种课程设置主要是以传授知识为主,而不是传授知识和训练学生的能力并重、理论性和职业性相结合。

二是理论教学占据了几乎全部的教学时间,“灌输式”为课堂讲授的经典模式,教师仅仅就理论进行阐释。课堂上教师所讲授的内容主要是现行部门法的理论,及对法律条文的注释。这种教学法注重系统的知识体系,有利于培养学生良好的理论基础。但是部门法学的学习方式将错综复杂的社会生活人为地割裂进行分析,不注重从整个复杂的社会关系中去处理特定的利益冲突,不注重综合各种法律知识去识别和判断相关问题,使得部门法的学习具有一种局

① 刘士国、胡世华:《互动式案例教学法在法学教学中的应用研究》,载《中国市场》2006年第3期。

限性。

三是法学教育培养的方向与社会实际需要存在矛盾。从设置的课程和教学的方式来看，现行教学注重法律基本概念、原理的阐释，强调“科班”出身的身份，甚至试图让学生成为掌握经典理论的法学家。而法律渊源于社会生活，与不断发展的经济、文化紧密相连，现实生活中的复杂因素和矛盾决定了法学教育需要培养法律职业者而不是只知坐而论道的所谓智者。法学教育不仅要给学生必要的、精深的法学原理和基于现行规范的法律知识，而且要使学生掌握如何在现实生活中灵活运用法律的各种技巧、方法，能力和素质，学会如何与各种人物和机构打交道的能力，学会如何分析、查证事实的能力。

该论者认为，法学教育方法的说教化与实践化之间的矛盾，是传统法学教育方法最大的弊端，矛盾的不可调和决定了法学教育改革的必然性，改革这种教条式的说教化法学教学成为当务之急，而在法学教育改革中引入实践性教学法又尤为重要。①

有论者认为，传统的循规蹈矩的讲授方法存在很多弊端，突出表现为以下两点：第一，不能很好地衔接法律原则和具体法条。在学生看来，法律的原则是抽象的，只有法条是具体的，枯燥的法律原则可以弃之不顾，只有法条能解决一些实际问题。第二，所举案例受到一定的局限。尽管有些教师在教学中讲知识同时也会引用案例，但基本上还是停留在通过案例讲解个别知识的阶段，所举的案例一定是恰好能说明该法条的案例，这不是真正意义上的案例教学法。这样的话，学生的思维受到一定的限制，案例和法条的对号入座不能拓展学生的横向思维，而且学生有理由认为法律的原则和法理与案例无关。目前，国内高校的法学教学方式基本上还是传统模式，教学是一种典型的“讲—听—记”模式，教与学的互动关系很难有效地开展。随着时代的进步、形势的变迁，传统的“满堂灌”日显

---

① 黄志萍：《论实践教学法在法学教育中的运用》，载《湖南医科大学学报（社会科学版）》2010 年第 1 期。

其不合时宜,急需进行改革。①

有论者认为,长期以来,我国高校的法律院系将法律作为一门科学而不是职业来看待,法学教育不在于提供解决问题的技术,而在于对法律基本概念和原理的推导。在这种教育理念的指导下,我国传统的法学教学多以理论阐释为主,教师在课堂上讲解某一原理或规则时,往往要引经据典地去介绍、分析和评价某种立法或学术观点,教师的长篇填鸭式的讲授换来的是学生被动的接受和机械的掌握。这种教学方法过于重视法学理论的传授而忽视对学生实践能力的培养,使我们培养出来的学生虽然理论功底扎实,基础知识全面,研究能力较强,但缺乏社会科学常识,理论不能联系实践,没有基本的法律事务技巧,很难适应工作的需要。②

有论者单就民法教学中存在的问题进行了分析,认为我国的民法教学研究在教学方法方面,出现了一些我们无法回避的问题,导致民法教学存在与社会脱节的现象。目前,法律院系开设的民法课程主要是以传授系统、科学的民法知识为目的,很少考虑到对学生实际操作能力的培养,很少考虑社会的实际需求,法学在某种意义上成为一种坐而论道的玄学。因此,大多数法学院毕业的学生走出校门后,往往面临着无从下手的困惑和尴尬。该论者还进一步论述了我国民法学教学中存在上述问题的原因,认为我们在法学教育人才的培养上比较注重理论方面的教学,注重灌输理论知识,而没有把培养具有法律操作技能的法律实用人才作为培养和定位的目标等。该论者认为,民法学教学改革势在必行。③

(二)案例教学法

案例教学法与模拟法庭教学方法存在缺陷。案例教学法在实体法教学中发挥了积极作用。模拟法庭,作为民事诉讼法、刑事诉讼法等程序课程教学中最主要的实验课环节,主要培养学生通过对

---

① 朱玛:《法学案例教学法的研究与应用》,载《高教论坛》2009 年第 12 期。

② 武俊山:《案例教学法在我国法学教育中的地位》,载《湖北经济学院学报(人文社会科学版)》2009 年第 5 期。

③ 曹红冰:《民法学教学方法改革的思考》,载《黑龙江高教研究》2011 年第 5 期。

某一虚拟案件的审理,掌握庭审程序的阶段、要领等。但是,案例教学法与模拟法庭,对于一些纯理论性课程和非诉讼业务难以开展,如接待当事人、进行法律咨询、提供法律意见等。而且在大班开课的情况下,这两种方法都难以兼顾所有学生或大多数学生。同时,这两种方法将法律分门别类进行讨论,有机的法律体系和融合一体的法律实践被人为地分割为相互脱离的板块,将知识从具体情境中抽离出来,使学生无法完全了解知识的意义,所学的是僵化的知识。①

从整体来看,案例教学法在运用中存在以下一些问题:

一是注重形式上对案例教学法的使用与推广,忽视案例教学质量的检测。虽然国内几乎每个法学院校都在强调开展案例教学法,但是却很少对案例教学法的内涵与使用目标给予足够的认识。当我们在提起案例教学法的时候,我们大多关注的是有没有在教学过程中使用了一些案例,有多少课程使用了案例教学法。这就造成了虽然我国高校法学教育中案例教学法的使用很广泛,但是却仍然没有到达西方法学教育中的效果。

二是注重对案例结果的分析,忽视对案例分析思维的讲解与引导。法学教育的根本目标之一是培养学生的法律思维,案例教学法之所以在国内外法学教育界备受推崇,就是因为它能够在一些基本理论的支撑下帮助培养学生的法律思维能力。而我国目前大多数法学院系开展的案例教学则未完全实现此目标。究其原因,主要是教师在运用案例教学法中的侧重点有所偏误。也就是说,教师在给出案例之后,应当引导学生运用已有理论知识对案例中的各个法律事实、法律事件予以提炼,并按现有法律规定进行推理与判断。但在案例教学中教师只注重结果的解答与理由的正误,而忽视了辨认法律事实、法律事件与探索规则运用的过程。

三是注重课堂知识点的考查,忽视对学生知识面的巩固与扩充。现行的案例教学法运用过程中,教师往往是为了解释某个知识

① 胡忠惠:《法学教育中引入情境模拟教学法探讨》,载《边疆经济与文化》2006年第4期。

点才使用案例,这就导致了案例教学中只能够帮助学生理解或者是了解某个知识点。现在许多法学院系都强调培养复合型法律人才,所谓的复合型法律人才,就是说不仅仅要掌握法学知识而且要掌握其他的一些相关学科知识。事实上,案例教学法不仅能够带动学生对某一法律知识面的巩固,还能够帮助学生认识与掌握一些基本相关知识,达到扩充学生的知识面的效果。①

由于我国传统教育观念的问题,我国法学教育的案例教学法多停留在为了说明某一理论而列举一个案例或者通过对某一案例的分析引导出理论知识,即举例说明、以案说法的层次。然而无论是举例说明还是以案说法,都是教师单向地传授知识,学生被动地接受知识,实质上仍没摆脱重理论轻实践的传统法学教育的模式,所以仍然属于传统的讲授式教学方法。②

目前我国高校法学案例教学的现状却与理想状态相差甚远,甚至呈现出两种极端。其一,拘泥于法理阐释之后对案例的泛泛罗列与简单分析,缺乏深入剖析,学生毕业后无法应对形形色色、复杂多变的现实案件。其二,照搬西方的案例教学模式,占用了过多的教学时间,难以保证知识讲授的全面性和系统化,学生对于基本概念和原理的掌握不足。③

(三)诊所式教学法

我国诊所式法学教育实践出现偏差的根源在于,它依然延续了传统讲座式教学模式的思维定式。两者都把法律误解为某种固定不变的东西来讲授,只不过传统教学模式是把法律当作固定不变的真理;而目前中国式的诊所教育则将法律视为固定不变的经验抑或"技巧"。案例教学的提倡破除了第一种思维定式,使人们认识到,法律是要在具体案件中进行论证的对象,而非唯一正确的真理;但是当经验借着诊所式教学模式进入我国法学教育范畴之后,这种旧

① 尚国萍:《案例教学法在我国法学教育中存在的问题及对策》,载《法制与经济》2010 年第 1 期。

② 郭丹、王伟:《法学本科教育的培养目标与教学方法》,载《黑龙江高教研究》2005 年第 6 期。

③ 朱玛:《法学案例教学法的研究与应用》,载《高教论坛》2009 年第 12 期。

的思维定式又开始发挥其持久的影响力。其实,诊所式教育之所以必要,是因为法律作为一门论证之学,不仅仅是一种科学意义上的论证,同时还包含有经验层面的广泛内涵,需要凭借着实践经验的累积才能完成。但这里所讲的“经验”绝不是一种可以打包传递的对象,而是需要法律职业者在其整个执业生涯中去实践的。诊所式法学教育则是试图在法科学生开启执业生涯之前,发挥一种类似于“第一推动力”的功能。因此,诊所式法学教育所要训练的仍然是一种方法,只不过它是一种有关如何在实践过程中总结、积累和运用经验的方法。①

现阶段大量推行诊所法律教育模式尚有一定困难。人们已经认识到,引入诊所式法律教育模式对于推动正在进行的法律教育的改革有重要的意义。但由于中国的国情,现阶段大量地推行诊所法律教育模式尚有一定困难。首先是建立诊所的困难。如果要建立类似于律师事务所或法律服务所的诊所,必须经过省级司法行政部门的批准。在如今要求高校律师事务所必须与高校脱钩的情况下,申请建立类似诊所难以获准。如果是依托其他律师事务所、法律援助中心等,也同样存在学生过多,案件不足以分配的现象。其次是运转资金来源有限。建立诊所需要大笔费用,诊所应该在学院里拥有自己的活动场所、办公设施,法学院要建立诊所离不开院校的支持,没有院校的大力支持,诊所式法律教育的任何实验都不会持续太长时间。最后,对于诊所的地位以及实际参与法律援助的学生的地位没有一个明确的规定,限制了学生以“准律师”的身份参与诉讼活动,尤其是在刑事辩护中许多诉讼权利无法实现等。上述问题并非是一个法学院所能解决的,所以至今诊所式法律教育在我国没有普及起来。②

我国法律诊所教育还存在诸多问题:①目前法律诊所并没有与中国法学教学合理衔接,其真正作用没有发挥;②作为大学法学本

---

① 冀祥德等:《中国法学教育现状与发展趋势》,中国社会科学出版社 2008 年版,第 176—178 页。

② 胡忠惠:《法学教育中引入情境模拟教学法探讨》,载《边疆经济与文化》2006 年第 4 期。

科教育的一门选修课，由于师资力量、经济条件等限制，可以选修的学生比例较少，不到大学法学本科学生总数的20%，难以发挥全面的教学效果；③法律诊所教育要求有合格的、具有更多时间经验的教师，但是，就目前实际情况看，法学院老师同时具备学术和时间经验的教师不多，因而，要想使法律诊所开办下去，必须建立和发展一批专门从事此项教学工作的教师队伍。[①]

三、我国法学教育方法改革的方向

研究认为，我国法学教育方法的改革应当围绕案例教学法、模拟教学法、讨论式教学法、诊所法律教育教学法等方面予以科学调整完善。

（一）案例教学法

根据我国的法律传统、法学教育的培养目标和法律文化传统，在法学教育领域主要应考虑采用案例教学法。实施案例教学法有以下几个问题值得注意：一是关于实行案例教学的目的。其主要目的是提高学员的实际工作能力，包括压缩案件事实的能力、区分事实和法律的能力、把握案件关键点的能力、确定案件性质的能力、正确适用法条的能力和运用基本原理分析案例的能力。二是关于案例教学法的适用范围。一般来说，课堂讲授中的评析案例可以普遍地适用各类学员，但更多地适用于没有实际工作经验的学员，如从校门进校门的本科生。案例分析主要应在具有一定社会实践经验，特别是司法实践经验并了解基本理论的学员中采用，最好是研究生中采用。三是关于目前实行案例教学法的障碍问题。在案例收集方面，主要是真实案例收集难的问题。在教师方面，由于我国的法学教学长期强调讲授内容的理论性，忽视对司法实践活动的参与和总结，从而难以发现司法实践中具有典型性的好案例，难以有效地运用案例教学法。实行案例教学法并使之充分发挥作用，需要多方面的共同重视和努力。最高人民法院最好能以某种形式，定期地发

---

① 张艳丽：《法学本科教育目标与教学方法》，载《北京理工大学学报（社会科学版）》2007年第1期。

布各类案件中的典型案例；各级人民法院也应当考虑加强法律文书内容的高质量和规范化；教师更应当注重了解甚至参与司法实践工作。这样通过案例教学法的试点和经验总结，一定会使案例教学法发挥出巨大的作用。①

以培养具有法律思维能力、法律理论知识和法律职业技能的法律工作者为目标，高等法律教育的教学方法必须由过去注重理论知识逐步向注重能力培养过渡。案例教学法将成为一个很好的选择，这里的案例教学不再是传统教学中为了辅助学生理解法条而运用，教师在案例中可以要求学生将视角带入法官、检察官、律师等不同角色中，不再是单纯的对案例适用法条的分析，而是以法律工作者的思维训练对案件的实际操作能力。我们可以推广模拟法庭这种教学形式，这种教学形式对学生来说是一种系统、全过程的训练，学生在模拟法庭的训练过程中，必须要像法官、律师那样接受模拟案件，成为案件的当事人和参与人，根据个人所处角色的利益关系，设身处地地分析案件，全力以赴以争取最佳结果。在这个过程中，学生不仅需要处理法律问题，而且需要处理事实问题；不仅需要了解相关法律知识，而且需要了解各种相关学科知识。这也正是我们传统灌输式教学法所忽视了的训练。因此，模拟法庭是能够为参与者提供综合素质训练的一种有效途径。②

在我国的法学教育中应当把案例教学法作为讲授式教学法的辅助方法，两种教学方法相互配合，共同实现培养学生专业素质和专业能力的法学教育目标。在教学过程中，要分清主次，以讲授式教学法为主来系统传授基础理论，而案例教学法主要用来解决教学重点和难点。要取得良好的教学效果，必须注意合理安排讲授和案例教学环节。该论者论述了我国法学教育中案例教学法的知行合一、民主与互动、启发与引导等适用原则。并进一步探讨了案例教学法的基本形式，包括案例列举法、案例讲评法、案例讨论法、案例

---

① 王利明、叶林：《试论法学教育中的案例教育学法》，载《法学家》1993 年第 3 期。

② 王媛媛、苏芳芳：《比较视域下的我国高等法律教育之弊端与改革》，载《法制与社会》2008 年第 28 期。

观摩法、案例实践法等。[①]

既然我国法学教育的培养目标确立为理论素质培养与实践技能均衡发展的高境界人才，我们在法学教育中就不仅要注重法学专业知识的传授，也要重视对学生实践能力的提高。案例教学法作为一种被实践证明能有效提高学生实践能力的教学方法，理所当然地应当在我国法学教育中引进、消化和吸收。鉴于长期以来我国法学教育中轻视实践教育的现象，引入案例教学法必须建立一套有效的实施机制，确保其最大限度地发挥作用。该论者还讨论了案例教学法在我国法学教学中的地位，认为我国的法学教育仍然应当以理论教学为主，不能照搬英美国家的案例教学法。但考虑到案例教学法在提高法律执业技巧方面的优势，仍然应当通过其对我国传统法学教学模式进行变革。[②]

不过，我国法学教学切不可照搬英美法系国家的案例教学法，而应根据我国的实际，采用改进的案例教学法。从世界范围来看，英美法系国家的法学教育以案例分析法为主要教学方法，大陆法系国家的法学教育以讲授法为主要教学方法。两种教学方法的发展和运用与两大法系的教育制度和法律制度有着密切的关系。在英美法系国家，判例法是正式的法律渊源，因此在教学中把案例看作是一种可以从中阐明法律原则的、经过推理归纳的原始经验材料，认为研究法律要寻根溯源，而法律的源头就是已经判决生效的案例汇编，由此导致案例教学的广泛采用。实际上，英美法系国家的“案例教学法”应被称为“判例教学法”，因为英美法系国家是实行判例法的。之所以认为在我国的法学教育中这种教学方法照搬不得，是因为我国不是实行判例法的国家，我国的法学教育也不是大学毕业后的职业教育，法学教育制度、法律制度与英美法系国家相关制度的差异使此种方法移植不具备条件，导致不可采取“拿来主义”。为此就要对传统的法学教学方法进行改革，在传统的“案例教学

① 党崇武：《法学案例教学法新论》，载《中国校外教育》2011 年第 6 期。

② 武俊山：《案例教学法在我国法学教育中的地位》，载《湖北经济学院学报（人文社会科学版）》2009 年第 5 期。

法”的基础上，实行改进的“案例教学法”。即在每门课程的授课总学时数中，单独拿出 1/4 左右或更多的学时，在法学理论环节讲完后，另行安排案例分析课和实践教学环节，而不是上课时讲一些证实理论的案例。因为只有系统学习完法律理论后，才能全面分析案情，才能更接近于实战。除此之外，还要采用模拟法庭、庭审旁听等实践环节教学，以使学生学会法的使用、操作技巧。当然，实施案例教学必须具备小班授课的客观条件。①

有论者讨论了我国法学教育运用案例教学法的指导思想，认为我国的法学教学仍应以理论传授为主，案例教学法在法学教育中应居于辅助的地位。如果以案例教学法为主，就会使学生难以从总体上掌握成文法的原理、规则，使学生掌握的知识缺乏系统性和完整性，难以把握法的精神实质，无法正确适用法律。该论者认为，案例教学用书适宜采用真实的综合判例，并针对目前法学案例教学中的新的要求编写案例教学教材，教材内容和体例力求有创新之处，要针对案例所涉及的法律争点，运用中外理论和学说加以解说，其中包括所涉及和延伸的部分；教师需在开课之前制定一个详细、周密的案例教学计划，其内容包括本课程计划安排教学案例的总个数、各个案例实施的时间及主要涵盖的知识点，教师还应为每个教学案例制定一个具体的案例教学的组织计划；为与案例教学的目的相适应，必须建立以思维状况的考察为主体的成绩评判、考核机制，评判时，教师要克服主观随意性和自己对案例理解分析的局限性，应着重考查学生分析的步骤是否恰当、思维要点的选择是否科学、是否抓住重要问题和是否抓住了问题的实质和关键，运用了哪些思维方法以及从什么角度看问题等方面，以全面评判学生把握案件关键点、区分事实问题和法律问题及综合运用法律的各项规则的能力。②

我们对于案例教学法应该有正确的认识。首先，案例教学法有别于判例教学法。判例教学与判例法制度紧密联系，是不能脱离判

---

①　王继福：《论法学教学中的案例教学法》，载《河北师范大学学报》（教育科学版）2008 年第 8 期。

②　尚国萍：《案例教学法在我国法学教育中存在的问题及对策》，载《法制与经济》2010 年第 1 期。

例法而存在的一种教学方法。而我国法律文化属大陆法系，法律渊源以成文法为主，没有判例法制度，法学教学以解释成文法规则、法学理论及解决问题为主。其次，案例教学法不是对传统法学教学方法的否定。传统教学法有其合理性和存在意义，这在客观上要求法学教育不能完全脱离传统的讲授式教学方式。此外，案例教学法也存在不足之处。因此，案例教学法不能取代传统法学教学方法。综上所述，唯有将两种教学方法有机结合起来，即案例教学法，才能培养出理论功底扎实、思维活跃、实践能力强的法学人才。该论者认为，应用案例教学法亟待解决建立案例数据库、开展小班教学、加强教师队伍的建设、避免以案证明法的模式等问题。①

根据案例在教学过程中的作用的不同，案例教学的基本方法可分为以下几类：一是案例讲授法。它是以教师为主，通过教师对案例的讲解，说明课程内容，使案例与课程的基本理论融为一体，构成一个完整的课程内容体系。这种方法又可具体分为：以讲案例为主来说明课程内容（基本理论），或者以讲授基本理论为主，案例起到例证的作用。二是案例模拟法。它是事先编好案例的“脚本”，由学生扮演案例中的角色，再现案例情境，给学生以真实、具体的情境感受，然后引导学生对模拟的案例进行评析。三是案例讨论法。它是指在教师的指导下，以学生为主体对案例进行讨论分析的一种方法。讨论从组织形式来看，可以先分小组讨论，然后进行全班讨论。四是案例练习法。在课后和单元练习及考试时，引入典型案例，以培养和检测学生分析和解决实际问题的能力。具体运用案例教学法是更多地使用的辅助性方法即提问式教学方法，又称苏格拉底式教学方法。提问式教学方法可以锻炼学生的性格，使其能在高度的压力和恶劣的环境下，仍可以保持镇静，有条不紊，对答如流。同时，教师也必须不断提高自己的教学水平和拓展知识领域。②

（二）互动式案例教学法

基于传统模式法学教学方法在培养人才方面的种种不足，法学

---

① 朱玛：《法学案例教学法的研究与应用》，载《高教论坛》2009 年第 12 期。

② 王春婕、佘净植：《案例教学法对法学教育改革的促动》，载《中国成人教育》2002 年第 9 期。

教育迫切需要一种理论与实际并重、能够更好地培养学生法律职业能力的法学教学方法——互动式案例教学法。这种方法是以案例分析为核心,将教师的课堂教学和学生的课外学习紧密联系在一起,并由学生充当课堂主角,而教师只作为主持者,引导学生通过案例分析甚至是进行有主题的辩论来学习法律知识,以充分发挥学生的主观能动性,使学生在学习法律知识的同时培养理解、分析及口头表达等综合能力。互动式案例教学法将案例教学法、启发式教学法和法律实务训练等三种教学方法有机融合,并通过其他辅助方法以最大限度地发挥这三种教学方法的优点。一是有利于培育学生的综合法律素质。二是激发学生独立创造思考能力。三是互动式案例教学法有利于提高教师的业务水平。在我国建构互动式案例教学法教学模式一是要依据教学大纲,对法学教学内容进行分类;二是要精心选取教学案例;三是互动式案例教学应以学生为主体,教师为主导,促进教学相长;四是要注重案例分析;五是要把握好互动式案例教学法的三个重要环节,案例教学法的第一个重要环节是学生阅读案例,第二个重要环节是集中集体智慧进行讨论的小组学习阶段,第三个重要环节是总结阶段;六是要构建以思维状况考察为主的成绩评判与考核机制。①

（三）模拟实务教学法

不同的培养目标决定了不同的教学方法。既然在新形势下,法学教育的培养目标是通识教育与职业教育相结合,以职业教育为主。那么也就要求我们要更多地选择培养实际应用能力的教学方法。模拟实务教学法是一种情景式教学,可以克服传统讲授法重理论轻实践的弊端,可以避免案例教学法本土化后“不兼容”的缺陷。这种教学法具有更强的针对性,是对法庭旁听和模拟法庭的系统化、细致化,使其从低级和自发的直观教学地位,提升到情景教学的高度。当然,我们提倡在法学教育中引入模拟实务教学法,并不意味着彻底否定传统的讲授教学法,矫枉不可过正,我们也不能忽视

---

① 刘士国、胡世华:《互动式案例教学法在法学教学中的应用研究》,载《中国市场》2006年第3期。

传统讲授法的合理性，而是要坚持两种教学方法相结合，共同服务于新形势下法学教育的培养目标。①

（四）情境模拟教学法

考虑到我国法学教育当中的实践性教学方式存在种种问题，有必要对一种新的实践性教学方法——情境模拟教学法进行探讨。所谓情境模拟教学法，就是通过营造一个适当的法律行为环境，让学生在此中扮演具体的角色，参与处理具体的模拟事件，从而使学生学到许多重要的其无法从抽象的案例分析和传统教育中学到的重要技巧。情境教学法的理论基础是建构主义。在法学课程的教学中，先由主讲教师提供一个背景材料，然后学员按小组作业，在深入分析背景材料的基础上，编写"剧本"，确定"角色"。可以把情境模拟教学法归纳为以下几方面：一是选择主题；二是分析学生的前置知识和潜力发展；三是创设场景；四是升华原理；五是自然的评价。此外，该论者还进一步分析了情境教学法引入法学教育后形成的创新性、全面性、经济性、实践性、丰富性等特点。②

（五）讨论式教学方法

讨论式教学法是相对于讲授式教学法而言的教学方法，教师通过课堂讨论方式引导学生主动参与课堂教学，师生之间、学生之间相互交流、共同探讨，以此培养学生主动分析问题的能力、敏锐的思维判断能力及良好的语言表达能力。讨论式教学有别于传统的讲授式教学，为了达到良好的教学效果，讨论的主题应当紧扣课程内容，能够激发学生的讨论热情，难易适中。在讨论过程中，教师应居于主导地位，有效地控制讨论进程，把握讨论方向，避免偏离讨论主题。讨论结束后，教师要及时总结、评价和补充，对涉及的理论或制度问题进行系统的整理和陈述，以达到讨论式教学的目标。③

---

① 郭丹、王伟：《法学本科教育的培养目标与教学方法》，载《黑龙江高教研究》2005年第6期。

② 胡忠惠：《法学教育中引入情境模拟教学法探讨》，载《边疆经济与文化》2006年第4期。

③ 潘峰：《讨论式教学法在劳动与社会保障法教学中的应用》，载《福建金融管理干部学院学报》2012年第1期。

（六）诊所式法学教育

实行统一的法律职业资格考试（原司法考试），必然对法学教育的方向模式产生重大影响，除了法学硕士、法学博士要坚持研究型的定位外，作为更普遍的法学本科及法律硕士，则要以注重培养解决实际问题的能力和技术为主。诊所式法学教育不仅可以增强学生自主学习的意识，而且可以帮助学生更好地理解学习的真正目的，引导学生更加重视培养适应未来生活、学习与从事实际工作的能力与素质，是一种培养学生实践操作能力的行之有效的教学方法，与实行法律职业资格考试（原司法考试）的根本目标是吻合的，在有条件实行诊所式教育的地方，应大力推广采取此种教学方法。实行诊所式法学教育应该注意以下几点：第一，应指导学生独立完成任务，老师不要指手画脚。第二，利用典型疑难案例提高学生解决问题的能力。第三，诊所式法学教育方法仅是教学改革方法的一种，是为了弥补传统教学方法的不足而提出并实践的，但它对于传统教学模式的挑战和冲击并非要完全取消或取代传统的教学模式。理论性的教学有其合理性的一面，有的课程是必须要采取这种方法的。法学教育改革的道路很漫长，方法也会多样化，诊所式法学教学方法是一种行之有效的方法，但它也要与其他方法相辅相成才能相得益彰，而最终的目标不变，就是培养集理论水平与实践操作能力于一身的高素质的法律人才，为中国的法治建设作出贡献。①

（七）实践教学方法

与重视理论教学的传统法学教育模式相比，实践教学法更注重学生的实际操作能力的培养，更注重法律理论和实务的结合，其在法学教育中的价值和优越性是明显的：一是实践教学法对教师提出了更高的要求，促进教师不断更新法律知识；二是实践教学法有利于培养学生学习的主动性和积极性；三是实践教学法可以培养学生的实践能力，促使学生法律职业道德的形成。在法学教育中运用实践教学要从以下两方面考虑：一是确定教学方案，其中包括要明确

---

① 参见刘耀彬：《高等法学教育的方向与教学方法的选择》，载《南京航空航天大学学报》（社会科学版）2003 年 3 月第 5 卷第 1 期。

实践教学的地位、建设实践教学基地、确定实践教学的要求和评价等。二是具体实施各种教学法，包括案例教学、专题讨论、专家讲座、实案旁听、模拟法庭、模拟仲裁庭、义务法律咨询、普法宣传、社会调查与法律援助等。总之，加强实践教学法的探索和践行，是法学教育中的当务之急。[①]

（八）参与式的教学方法

作为一种最初来源于社会学领域的工作方法，参与式教学方法重视学生的主体地位，运用多种教学手段和方式，鼓励学生积极参与教学活动，成为其中的积极成分，加强教师与学生之间以及学生与学生之间的交流和反馈，使教学活动真正成为一个双向互动的过程。该论者认为，法学参与式教学法具有如下特点：一是参与性；二是教学的规范性与自主性相结合；三是教学内容的开放性；四是法律的实务性与研究性相结合。参与的形式包括：一是启发式讨论；二是模拟法庭审判教学；三是亲身体验；四是竞争式教学。“参与式”教学有利于培养学生的法律职业能力，有利于增强学生对法学理论与法律制度的理解与掌握程度，有利于加强培养学生的能力，真正实现了教学互动，也有利于提高教师的素质。[②]

（九）多元化的教学方法

目前，高校法学教育的教学活动从以教师讲授为主，逐渐向以学生学习为主而展开，这是对传统教育教学改革的一大突破。选择多样化的教学方法，特别是增强实践性教学是当下各高校探讨的重点。运用案例教学法，将法律基础理论直接运用于案例研讨，可以训练学生有效地理解和掌握法学原理的能力。运用模拟实践法，可以帮助学生提高法律事务的分析和判断能力、处理问题和解决问题的能力。运用诊所法律教育法，使学生从课堂中走出去，在教师的指导下代理真实案件，以有形的、最为直观的、最为接近实际的方法

---

① 黄志萍：《论实践教学法在法学教育中的运用》，载《湖南医科大学学报》（社会科学版）2010年2月第12卷第1期。

② 董红：《法学教育视阈下的参与式教学法研究》，载《黑龙江高教研究》2011年第7期。

运用法律,为他们未来从事法律职业奠定基础。教学方法应该视课程内容而定,灵活多样的教学方法不仅提高了教师的责任意识,而且也调动了学生学习的主动性和积极性。①

在今后的法学教学过程中,可尝试采取各种有利于发挥学生主观能动性和能够全面培养学生能力的教学方法。一是讨论法。由教师根据教学目的、教学内容提出相关问题,学生在经过课外预习和阅读有关书籍之后形成自己的看法。课堂上,在教师的引导下,学生要充分发表自己的意见并进行相互间的辩论,最后,教师进行讲解、总结。二是案例教学法。即通过对案例的分析和讲解对教学内容进行讲授。三是实践教学法。它的具体做法是使学生大学期间的学习始终同司法实践活动保持接触,通过了解办案过程、观摩庭审、与司法工作人员座谈等多种方式建立对我国现行司法制度的感性认识,从而使学生的课堂学习具有明确的目的性和针对性。四是灵活多样的测试及评价方法。我国目前法学教育中所广泛采用的测试方法,仍是一种以测试学生记忆能力为主的测试方法,它不能了解到学生对所学知识的实际运用能力,更同我们法学教育的最终目标脱节。在内容上侧重对学生分析问题、解决问题能力的测试,在形式上采用诸如笔试、口试、论文写作等多样的考核方式,将能引导学生正确地确立学习目标和选择学习方法,也有助于对学生学习情况作出客观的评价。②

有论者认为,我国法学本科教学应当采纳以下教学方法:一是有关法律职业教学方式的采用,如"法律诊所教育"、案例分析课和实务课。二是有关教学计划和教学板块的设置。就中国目前实际情况看,法学本科教育应当坚持以素质教育为基础,与职业教育相结合原则,具体设置教学计划和教学板块。同时,根据各个学校的具体情况体现特色教育。三是有关职业教学师资力量的培训。法学院系除了应当采取一定的措施培训实务教师,更为直接的是倡导

① 胡利玲:《美国的法学教育及其启示——兼论我国商法教学的改革》,载《中国大学教学》2009年第9期。

② 高晓春、何恩光:《论当前我国法学教育中存在的问题及教育学法改进》,载《兰州学刊》2002年第3期。

教师从兼职的律师实务或仲裁实务中获取所需的时间经验和办法，要去除以前法学理论教学与实践脱节现象，鼓励和引进具有实践经验教师上讲堂。当然，也要去除兼职教师疏于教业的现象。四是加大信息教学投入。学校除了普及多媒体教学设备以外，还要建立电子阅览室，以及英文专业网络的开设，例如，普遍免费应用于美国法学院师生的 west law 法律网。①

有论者单就民法的教学方法，提出了加强民法实践教学的比重，构建多元化民法学实践教学方法的主张。该论者认为，我国高校传统的实践教学形式虽然在培养学生的实践能力方面能够起到一定的作用，但它在实际运用中存在诸多的问题，有的甚至流于形式。完善和更新法学实践教学形式势在必行，应进一步规范和完善传统的实践教学形式，如在教学计划和学生成绩评价体系中，加重实践教学活动设置和评价的比重，增加实践教学的资金投入，建立、改善实践场所和设施。其中，最为重要的莫过于构建多元化民法学实践教学方法，具体包括民事案例教学、民事案件模拟法庭、诊所式教学、民事案件庭审观摩、法律实习、影像教学和法律咨询等。②

有论者单就刑法的教学方法提出若干主张。针对目前刑法教学中存在的主要问题，该论者建议从以下几个方面着手：首先，坚持以“学生为本”的讨论式、辩论式教学。其次，随着互联网络的普及和学校办学条件的改善，大多数高校都增添了多媒体教学设备。再次，请一些在刑法学理论研究或实践上有经验的专家到学校进行讲学。最后，还可以通过专业实习、社会调查、法律义务咨询和参观监狱等活动的开展，使广大学生有更多的途径接触和了解校园之外丰富的社会现实，不断培养和提高他们的动手能力和思考能力。③

---

① 张艳丽：《法学本科教育目标与教学方法》，载《北京理工大学学报（社会科学版）》2007 年第 1 期。

② 曹红冰：《民法学教学方法改革的思考》，载《黑龙江高教研究》2011 年第 5 期总第 205 期。

③ 刘长伟：《刑法学教学探索》，载《知识经济》2009 年第 18 期。

第三节　诊所法律教育与法律硕士培养及卓越法律人才计划实施

诊所法律教育(Clinical Legal Education)发端于20世纪60年代的美国,又称"临床法律教育",它借鉴了医学院学生在医疗诊所临床实习的做法,强调在有丰富法律实践经验的教师指导下,通过让学生参与诊所课程的学习,特别是参与实际案件的处理等系列法律活动,为学生提供一个传统课堂教学无法提供的真实环境——"法律诊所"(Legal Clinic),促进学生对法律的深入理解,培养学生从事实际法律工作的能力和综合素质,了解和树立良好的法律职业道德,从而推动法律教育的职业化进程。随着诊所法律教育在中国法律教育实践领域的推广,越来越多的学者开始关注这一现象,有关法律诊所教育的研究正日益增多。尽管如此,将诊所法律教育与中国法律硕士培养制度的改革以及卓越法律人才培养计划的实施联系在一起的论述却并不多见。本节拟从这一角度出发,重点论述诊所法律教育与法律硕士培养制度改革以及与卓越法律人才培养计划实施之间的紧密关系。笔者的基本观点是,一方面,将诊所法律教育引入法律硕士培养制度,将其确定为法律硕士的必修课程,不仅具有必要性,实践证明也具有可行性;另一方面,在卓越法律人才计划的实施中,诊所法律教育也同样是大有作为,通过诊所法律教育的方法实现卓越法律人才计划的目标,是当下中国法学教育改革的重要路径之一。

一、诊所法律教育在中国的源起与发展

2000年9月,为了适应中国法学教育改革的需要,也是为了克服法学教育与法律实践严重脱节的弊端,我国法学教育开始借鉴美国法学院对法律职业人的培养模式,率先在北京大学法学院、清华大学法学院、中国人民大学法学院、武汉大学法学院、中南财经政法大学法学院、复旦大学法学院和华东政法大学试行"法律诊所教

育”，此后，中国政法大学、中山大学法学院、西北政法大学等院校和科研机构也相继开设了相关课程。

2002 年 7 月，经中国法学会批准，成立了“中国法学会法学教育研究会诊所法律教育专业委员会”（现称“中国法学教育研究会诊所法律教育专业委员会”，英文缩写 CCCLE），旨在团结和组织全国从事诊所法律教育的工作者，开展诊所法律教育的理论与实践研究，开展国内外诊所法律教育的交流与合作，推进诊所法律教育事业在中国的普及、推广、繁荣和发展。通过近 20 年实践，这种新的教育模式在全国迅速推广并收获了丰硕的成果，已有百余所法律院校成为会员单位，其中还有大量会员院校开设了诊所课程，开设的专门性法律诊所消费者权益保护、社区矫正、妇女权益保护、未成年人权益保护、残疾人权益保护、劳工维权、农民权益保护、社区服务、婚姻家庭、知识产权、少数民族和少数人权益保护等领域。中国社会科学院法学研究所、中国人民大学、清华大学、中国政法大学、西北政法大学、四川大学等单位的法律诊所被一致首肯。

中国诊所法律教育的主要特点表现在如下几个方面：

第一是教学内容上突出以学生为主体的实践性。诊所教学内容都是围绕着学生由一个被动的听课者到一个主动的办案者的身份转换和技能提高而设置的，通过解决具体而实际的问题，锻炼学生的实践能力。在诊所教学中，通常是教师设置一个教学主题，学生通过诊所教学方式来丰富其内容，最终师生共同配合实现教学意图，完成教学目标。教室和社会都是学生的课堂，课堂上更多的是学生的声音，学生和教师面对面地进行真正平等意义上的对话和交流。由于课堂教学紧紧围绕着解决同学手中承办案件中面临的法律问题，因此学生会以更主动的、更积极的态度参与课堂的教学活动。

第二是案件材料具有真实性。传统法律教育的思维培养是建立在已知的和虚拟想象的基础上，学生的应变能力得不到有效训练，也难以激发学生的学习兴趣和锻炼学生的职业责任心。而诊所法律教育则是建立在真实的案件背景材料和真实的当事人基础之上，学生通过办理真实案件，参与案件处理的全过程和细节，经历具体的、丰富的、复杂的事实细节,认识不同角色寻求法律事实的主观性和不确定性,以及诉讼程序过程中(包括事实调查、证据交换、证据认定等)事实的可塑性。学生经过对具体案件事实材料的识别、分析、归纳、筛选和构建,灵活运用证据法和程序法,了解和推论法律结论。甚至学生在感受司法裁判过程的同时,探究法官形成判决的思维和心路历程,从而增强学生的责任心和职业道德,加深学生对法律制度、法律知识、法律条文的理解。

第三是教学方法上突出互动性。诊所法律教育突破传统的讲授,将学生重新定位,学生有机会说出对知识的疑问,对学术界争论的看法,对问题的判断等,从而出现活跃的课堂气氛,学生对于学习的热情也由此产生;教师在听取学生的意见的过程中有针对性地提出问题,引导学生深入思考和评述。诊所教育实现教学相长、互动交流,讨论式、提问式、模拟式、游戏式等多种教学方法和手段被充分调动起来,成为促进学生转变身份提高技能的方法,成为诊所进行教学研讨的重要手段。同时教室的空间被突破,教学产生出一种立体的、透视的、深入的效果。

第四是评价方法具有独特性。诊所法律教育课程的评价方法源于其教学目标,这种评价对教师同样重要。它贯穿于整个诊所教学活动,包括计划制订、行动过程和反思;评价内容既有专业和技巧方面的,也有其他综合素质方面的;评价方式可以是学生自我评价,可以是教师对学生个人或办案小组的评价,也可以是学生之间的相互评价,既可以采取口头方式,也可以提交书面报告,以便给其他学生提供更多的学习和思考机会。通过评价,教师要让学生理解,案件的成败固然是评价教学效果的重要指标,但是更重要的是他们是否在承办案件的过程中真正地成长了,是否得到了他们所想要得到的解决问题的思路、方法、技能和知识。教师的评价行为是一种指导性对话,并不是简单指出错误或不足,评价的最终目的是为了帮助学生养成良好的思考习惯,“从实践中学习”、“从错误中学习”,以便在法律执业过程中及时辨别和纠正错误。及时地自我评价与反思,是职业律师、法官、立法者和行政人员、法律学者和法律改革家应该具备的重要的思维分析习惯。

二、以诊所法律教育方法改革法律硕士培养制度

基于诊所法律教育方法所具有的上述特征，笔者认为，以诊所法律教育方法来改革法律硕士培养制度，在中国既有必要性，又有可行性。之所以说以诊所法律教育方法来改革法律硕士培养制度在中国具有必要性，与现行法律硕士培养制度的种种弊端不无关系。根据国家的设想，法律硕士专业学位的设置是“为了适应我国现代化建设和改革开放，特别是建立社会主义市场经济体制的需要，进一步改变法律高层次人才培养规格比较单一的状况，加快培养国家急需的高层次法律专业人才”，[①]“法律专业硕士学位是具有特定法律职业背景的专业性学位，主要培养立法、司法、行政执法、法律服务与法律监督以及经济管理、社会管理等方面需要的高层次法律专业人才和管理人才……该学位获得者应达到胜任政法系统和法律服务部门中级以上（含中级）专业与管理职务的任职要求；德才兼备，具有良好的法律实务知识，具有宽口径、复合型、外向型的知识与能力结构，要求能够综合运用法律、经济、管理、科技、外语和计算机等方面的专业知识，独立地从事法律实务工作和有关管理工作”。[②] 很显然，国家设定的法律硕士教育目标具有明显的实务教育导向，更加注重应用性或实践性。

然而在实践中，事实却并非如此。法律硕士的培养不仅缺乏系统的规划，没有形成一套切实有效的培养模式，而且，就具体的培养方法而言，也多陈旧、空泛，缺乏实务导向。在许多院校，法律硕士培养几乎沦为“本科教育”，采用的完全或基本是对待本科法学专业的讲授式教学。尽管有的培养单位通过模拟法庭、案例教学和设置实践教学基地等方式，尽量拓展法律硕士教育的实践教学，但终究缺乏系统的规划，而且变动性大，难以规范、持久，效果也不尽如

---

① 《关于设置法律专业硕士学位的报告》，1995 年 4 月国务院学位委员会第十三次会议通过。

② 《关于开展法律硕士专业硕士学位试点工作的通知》，1995 年 5 月 30 日国务院学位委员会办公室学位办［1995］36 号。

人意,有的则完全成了走形式。[1] 这就在相当程度上背离了法律硕士教育培养以实务型的职业人才的初衷,并在实践中导致培养出来的人才质量不高,尤其在职业素养与职业能力方面均存在明显不足。法律硕士培养质量上的缺陷,导致了整个社会对法律硕士认同度较低的严峻现实。不仅用人单位评价低,法律硕士的就业不甚理想,而且就连培养单位和学生自身也往往对法律硕士教育的质量不予认可。因此,要实现国家设立法律硕士培养制度的初衷,我们必须找到一种有效的方法,来解决法律硕士培养过程中出现的上述核心问题。

实际上,诊所法律教育就是解决上述问题的一个十分可行的路径。作为一种特殊的培养方式或者手段,诊所法律教育具有实现法律硕士教育目标的独特功能。意在培养实务型职业人才的法律硕士培养制度,必须以应用性或实践性作为其实现既定目标的有效手段,而诊所法律教育能够很好地满足法律硕士培养制度的这一要求。

在一些学者看来,诊所法律教育有效地结合了法律知识学习、法律执业技能和执业道德的培育这三方面的内容,强调以法律援助为基本手段,"从战争中学习战争",具有突出的实践性和互动性特征。[2]

另有学者也认为,一方面,诊所法律教育突出了学生的主导地位,其目的在于把学生引入实践活动中,让学生通过亲身经历认识法律书本上或法条中有关实体的、程序的复杂状态,在参与真实法律案件的解决过程中,学生并不是过程外的旁观者,而是负有责任的主导者,需通过实践来运用法律、认识法律和理解法律;另一方面,诊所法律教育也强调理论与实践的结合,在将其所学的理论知识进行思考和整合并运用于真实的案件这一理论与实践相结合的过程中,学生能够不断提高自己对理论知识的理解和掌握程度,增

---

① 魏阳、叶火杰:《诊所法律教育在法律硕士培养中的应用探析》,载《宁夏社会科学》2011 年第 2 期。

② 蔡彦敏:《诊所法律教育》,载《环球法律评论》2005 年第 3 期。

强对法律问题的判断力，学到解决问题的方法与技巧，同时又反过来加深对理论知识的认识；还有很重要的一点，就是诊所法律教育也注重职业技能和职业理念的培养，通过诊所法律教育，我们既要教给学生解决法律问题的方法与技巧，应对各种事情、各种人物的本领，又要教导学生树立诚实、善良、正直的法律从业人格品质，还要培养学生公平、公正、公开的法律信仰。①

有学者认为，相较于其他教学模式，诊所法律模式最有特色的地方，在于其教学方法上的新颖性和独特性，在诊所法律教育中，目前几乎被所有法学院采用的角色模拟以及真实案件代理等教学方法，都具有突出的实践性和应用性。其中角色模拟教学方法，让学生在课堂虚拟的场景中模拟真实案例中律师所面临的诸多情况，学会如何从扮演角色以及亲身体验角色后的反思中进行学习。②

直接代理委托人的案件是诊所法律教学中常用的另一种方法。有学者认为，这种方法是诊所法律教育中提高学生判断力、训练学生法律思维以及理论联系实际的最佳途径。在一个真实的、一切都不受自己控制的现实世界中，由于必须直面许多意想不到的人或意料之外的事，因此，学生学到的将不仅仅是法律，更重要的是可以了解整个律师工作的过程。与此同时，让选修同一方向课程的学生在一起交流办案心得，切磋办案技能，讨论、解决办案中的各种疑难问题这样一种法律诊所教学中常用的定期课堂案件讨论会，更是强化了诊所法律教育的这种“实践性”。③

笔者认为，以亲身体验教学法、角色模拟教学法、合作教学法等为主要教学方法的诊所法律教育，有助于学生通过法律实践来培养各种职业技能，比如培养法律人的思考方式，培养学生的事实调查能力、法律研究与推理能力以及其他职业技能等；也有助于学生通过法律实践来培养职业道德，在诊所法律教育中，尤其是在法律援

---

① 饶艾、易明：《“Seminar”抑或“法律诊所”——我国法律硕士教学模式选择》，《西南交通大学学报（社会科学版）》2010 年第 4 期。

② 李傲：《互动教学法——诊所式法律教育》，法律出版社 2004 年版，第 80 页。

③ 甄贞：《方兴未艾的中国诊所法律教育（2002—2004 年诊所法律教育文集）》，法律出版社 2005 年版，第 308—309 页。

助过程当中，学生会直接面对各种职业道德问题，有效地引导能够促进学生对正义的理解与追求，有助于将学生培养成有责任感、有良心的法律人。此外，诊所法律教育还有消除法律硕士生毕业实习弊端的功能。在传统的法律实习环节中，存在实习的期限短、学生不能接触业务知识、不能学习职业技能等方面的弊端。如果用诊所法律教育来取代毕业实习，就可以解决这方面的弊端，还可以最大限度避免时间冲突，更好地促进学生能力的培养。①

从总体上看，由于在教学内容上突出以学生为主体的实践性，在案件的选择上强调以真实的案件背景材料和真实的当事人为基础，在教学方法上强调灵活、有效的互动，强调理论与实践的深度结合，以及注重学生职业技能的培养和职业理念的养成，因此，诊所法律教育以其突出的实践性、应用性直击现行法律硕士培养的要害，在相当程度上契合了法律硕士培养制度旨在培养精通法律技能的高层次、实务型职业人才的目标，很好地切中了法律硕士教育的命脉所在。更进一步说，在法律硕士培养中率先推广和普及诊所法律教育，将是拓展我国整个法学教育方式、提高整个法律人才培养质量的有效途径。在法学教育中引入诊所法律教育，有助于实现我们从单一的法律知识型人才培养转变为法学应用人才、法学研究人才和社会管理人才的共同培养这一法学教育目标，契合了法学教育所肩负的为法律职业部门和全社会培养高素质法律职业人才的历史使命。

在注意到诊所法律教育契合法律硕士培养制度改革方向的同时，我们还应当意识到后者对前者的促进作用，即法律硕士培养制度的特点有助于诊所法律教育的推广和普及。一个很重要的促进因素就是报考我国法律硕士（非法学）招录考试的考生都在本科阶段没有学习过法律，一方面在主观上他们对法律具有更为理性的兴趣；另一方面，他们也都具备跨专业、复合型的学术背景。更重要的是，这部分学生当中有相当一部分人已经有了两年甚至更长时间的

---

① 冀祥德、李庆明：《诊所法律教育：中国法律硕士培养制度改革的基本方向》，载《法学杂志》2011 年第 2 期。

工作经验,有了对法律以及社会、人性的更为丰富的体验和更为成熟的看法,等等。这些方面对于推广以及普及诊所法律教育无疑是有着积极的帮助的。

在法律硕士教育中引入诊所法律教育,不仅在理论上具有二者紧密联动的双向必要性,而且在实践中也证明其具有现实的可行性。事实胜于雄辩。在实践中,为数不少的法律硕士培养单位已经在培养制度中引入了诊所法律教育并取得了成功的经验,中国社会科学院法学研究所的法律硕士教育就是其中的典范之一。该机构在法律硕士的培养方案中,将诊所法律教育作为法律硕士研究生的必修课,并将法律文书、模拟法庭、法律谈判、法律实践等课程,用诊所法律教育来替代或者将二者结合起来予以实施;探索出了诊所法律教育初级班、中级班、高级班三层次教育模式,等等。由于在诊所法律教育中受益匪浅,该机构培养的法律硕士研究生不仅在法律职业资格考试上表现突出,而且在就业等方面上也表现得相当优异,取得了很好的效果。

另外,根据笔者调查,在已经开设法律诊所的院校和科研机构中,完全有可能将现有的法律诊所应用到法律硕士教育中;在那些没有开设法律诊所的院校和科研机构中,也可以创造条件来开设诊所法律教育课程。从中国社会科学院法学研究所为法律硕士研究生开设诊所法律教育系列课程的成功经验来看,将诊所法律教育作为法律硕士研究生的必修课程,并不存在可行或不可行的问题,而只存在如何操作的问题。

三、通过诊所法律教育实施卓越人才培养计划

众所周知,我国的法学教育自改革开放以来已经取得了举世瞩目的成就,然而在快速发展的同时,也暴露出了种种的弊端,这主要体现为以下几个方面:法学教育的途径和层次过于庞杂,缺乏统一协调,培养目标模糊不定的问题;法学教育的质量缺乏具体明确规格的问题;法学教育规模的急剧扩大与法学教育质量提升之间的矛盾;法学教育与法律职业脱节的问题;法学教育在学科设置、课程设置、教学方法、考试方法等方面的问题;司法伦理训练缺乏的问题;

法学人才的国际视野不够的问题；法学人才的区域分布不平衡的问题；就业市场上低端人才过剩、高端人才稀缺的问题；等等。其中最为突出的问题之一就在于法学教育的实践性、应用性不足，无法适应社会快速转型过程中对实务型法律人才的大量需求。比如学位教育项目与法律职业准入相互脱节，学非所用，用非所学，课程体系和教学内容设置不合理，导致法学毕业出现就业难等；重视知识灌输而忽视法学实践，涉外法律人才尤其是高端法律人才匮乏；实践教学环节薄弱，法学教育与法律职业的衔接不够；教学手段落后，学生实务能力严重不足，考试方法呆板，忽视学生创造思维的培养；等等。

为了解决法学教育现行的诸种问题，尤其是为了应对法学教育实践性、应用性不足的弊端，国家启动了卓越法律人才教育培养计划。卓越法律人才教育培养计划，旨在培养适应中国特色社会主义法治国家建设需要的高素质法律人才。培养应用型、复合型法律职业人才，是实施卓越法律人才教育培养计划的重点。适应多样化法律职业要求，坚持厚基础、宽口径，强化学生法律职业伦理教育、强化学生法律实务技能培养，提高学生运用法学与其他学科知识方法解决实际法律问题的能力，促进法学教育与法律职业的深度衔接。同时，卓越法律人才教育培养计划的实施要求重实践，强化法学教育之要。要着力强化法学专业知识教育，将中国法治实践的最新经验和生动案例、中国特色社会主义法治理论研究的最新成果引入课堂、写进教材，及时转化为教学资源。要着力强化实践教学，进一步提高法学专业实践教学学分比例，支持学生参与法律援助、自主创业等活动，积极探索实践教学的方式方法，切实提高实践教学的质量和效果。要着力推动建立法治实务部门接收法学专业学生实习、法学专业学生担任实习法官检察官助理等制度，将接收、指导学生实习作为法治实务部门的职责。国家对卓越法律人才教育培养计划上述任务的设定，客观上要求改革专业课程体系的设置和教学内容，构建以法律技能培养为核心的课程体系；改革落后单一的教学方法，积极探讨形式多样的教学方法，尤其是要加强法律教学的实践性、应用性。而正如上述所言，诊所法律教育注重实践性的特征正好符合卓越法律人才教育培养计划的上述要求，与卓越法律人才教育培养计划的目标十分契合。可以说，通过诊所法律教育的方法，实现卓越法律人才计划目标，是当下中国法学教育改革的重要路径之一。

四、诊所法律教育的现实困境与改革方向

诊所法律教育引进中国，给我国的法学教育带来了一股新鲜的空气，也为我国法学教育的改革发展提供了一个历史性机遇，并为“法律教育开启了一扇门，这扇门打开了长久以来法律理论教育与法学实践活动之间的屏障，这扇门使学生在踏入社会之前不仅具备法学专业水平、扎实的理论功底，更具备了实际操作的能力，适应社会工作与人际交往的能力”。[①]

尽管如此，由于中国的国情，现阶段全面推行诊所法律教育模式尚有一定困难。第一是建立诊所的困难。省级司法行政部门的批准是建立类似律师事务所或法律服务所的诊所的必要条件，批准程序比较复杂冗长。第二是运转资金短缺，目前诊所所需要的活动场所、办公设施、资金等都离不开院校的支持。第三是对于诊所的地位以及实际参与法律援助的学生的地位没有一个明确的规定，限制了学生以“准律师”的身份参与诉讼活动，尤其是在刑事辩护中许多诉讼权利无法实现。[②] 第四是目前的诊所法律教育没有与中国法学教学合理衔接，只是作为一种舶来品予以存在，其真正作用并没有发挥出来。第五是由于师资力量、经济条件等限制，在法科学生过多的情况下，能够选上诊所课程的学生比例较少，案件也往往不足以分配，难以发挥全面的教学效果。第六是诊所法律教育所要求的同时具备学术和实践经验的教师比较缺乏，[③]等等。由于上述

---

① 冀祥德、李庆明：《诊所法律教育：中国法律硕士培养制度改革的基本方向》，载《法学杂志》2011 年第 2 期。

② 胡忠惠：《法学教育中引入情境模拟教学法探讨》，载《边疆经济与文化》2006 年第 4 期。

③ 张艳丽：《法学本科教育目标与教学方法》，载《北京理工大学学报（社会科学版）》2007 年第 1 期。

问题并非短时间内就能解决，因此，诊所法律教育在我国的全面推及尚有一个过程。

未来的诊所法律教育改革应当针对上述诊所法律教育面临的诸多问题，逐一进行研究和解决。与此同时，也应进一步推动诊所法律教育朝着专业化的方向发展。在这一点上，我们应当借鉴美国一些法学院的成功经验。比如，华盛顿大学法学院开设了破产客户代理项目诊所、联邦税法诊所、环境法诊所、移民法诊所、失业赔偿法诊所等15个诊所供学生选修，并计入学分；70%以上的学生都选修了至少一门法律诊所课程。① 国内的各大法律院校和科研院所也可以根据自身情况因地制宜地设立不同类型的法律诊所，比如刑事法诊所、行政法诊所、婚姻法诊所、劳动法诊所、知识产权法诊所、医疗纠纷诊所等，尽可能让更多的学生能够参与到至少一门诊所课程中来。②

值得注意的是，诊所法律教育的出现主要是为了弥补传统的授课式教学方法实践性、应用性严重不足的弊端，并非是为了完全取代或者取消传统的教学模式。因此，在引进和推广诊所法律教育的过程中，应当以辩证的眼光看待传统教学方法与诊所法律教育二者之间的关系，应当看到传统授课式教学方法合理和有效的一面，看到这一方法与成文法内在的契合性，看到这一方法与其他方法紧密结合的必要性，而不能以偏概全，将二者完全对立起来。

---

① Clinics Faculty and Staff with Dean, Clinical Law ProgramAnnual Report (2010—2011), Clinical LawProgram. School of Law of University of Washington. (s. d.) [2012-02-13]. http://www. law. washington. edu/Clinics/.

② 黄先雄：《"卓越法律人才教育培养计划"下法硕教育的实践与反思》，载《现代大学教育》2012年第2期。

第七章 法学教育的师资与教材

第一节 法学教育的师资

“山不在高,有仙则名。水不在深,有龙则灵。”一所学校能否被社会认可,不在于建造了多少幢高楼大厦,而在于有没有以及有多少优秀教师。因此,在关于法学教育的评估中,师资一直是一个十分重要的评价指标。

一、法学教育师资存在的问题

通过问卷调查统计及结合教师知识来源、结构分析,发现法学教师法学应用能力的不足主要表现在以下几个方面:一是法学教师的实践经验缺乏。在我们的法学教育中,大部分教师都是直接从法学院校毕业进入教师队伍,具有实践经验背景的教师很少,因此,在教学中基本上是理论上的知识传授,由于自身的法律实践知识缺乏,无法对学生进行更多的专业法律实践教学。二是法学教师获得实践的途径欠缺。我们的法学师资中,基本没有经过系统的实践培训,更没有解决实际法律纠纷的有效途径,能使教师接触更多的实际案例,进而把教师进行应用性教学的空间封闭了,最终导致学生只能从书本获得相应的理论知识,无法将理论及时地和活生生的案件实例联系起来,让学生面对实际纠纷时往往无从下手解决。三是法学教师的知识结构单一。法学本身就是以实践性著称的学科,特别是在市场经济中应用法学解决问题,不仅仅是法律知识,还要掌握了解包括会计、医学常识、经济、管理、贸易等各类基本知识,方可解决好一个纠纷,而法学教师恰恰只在法律领域精通,市场经济中的大量经济纠纷却往往因没有其他专业知识背景,最终落得简单问题复杂化,这种知识结构单一严重阻碍了教学中的应用性问题的解释,使法学教育形成狭隘的思维框架,学生学习没兴趣,教师教学受束缚。①

实践中法学教师的知识结构和知识水平不能尽如人意,是由多方面原因决定的:首先,过于精细的学科划分为法学教师教学和科研水平的提高制造了障碍。与我国法学整体知识积累较为贫乏的现象相映成趣的,则是我国法学领域内部却存在着无比精细的学科划分。这一局面在我国法学教育恢复初期,有利于尽快搭建法学的学科体系,但是此种模式又很快成为制约我国法学发展壮大的一大瓶颈。其次,各法律院系的教师绝大多数以理论知识见长,而对法律的实际运行所知甚少。详言之,主要表现为以下两个比较明显的倾向。一是偏重于抽象性的理论,而不注重具体的操作。二是偏重于国外的法律原理和制度,而不了解中国自身的问题。该论者认为,上述两种倾向都造成了目前的法学教师对有关中国法律之实然状况方面的了解甚为薄弱。因此,大学法学教育模式或目标的转变,必然是以法学教师知识结构的转变为前提的。②

目前,我国法学教师队伍的结构问题还未引起足够的重视。第一,从法学教师的职称结构看,我国开设法学专业的院校较多,但是职称较高、学术水平较高的教师往往集中于名校,其他院校具有高级职称的教师则相对缺乏。第二,从法学教师的学缘结构来看,“近

① 李韶杰、李华耕:《论应用型法学教育师资的培养》,载《新余高专学报》2009 年第 4 期。

② 冀祥德等:《中国法学教育现状与发展趋势》,中国社会科学出版社 2008 年版,第 241—242 页。

亲繁殖”的现象仍然不同程度地存在于各法律院系之中。这些情形不利于法学教师间形成科学的学术批判精神。① 第三,从法学教师的年龄结构来看,近年来各高校顺应逐年“扩招”的大趋势,大量引进青年教师。从实际情况来看,青年教师在走上工作岗位之后,往往立即被赋予繁重的教学任务。这一方面难以确保教学质量,另一方面对青年教师的成长亦非常不利。从一个法学院系整体上的学科结构来看,除少数几所名牌法学院之外,普遍存在各学科发展不平衡的现象。一些法律院系由于整体实力无法与老牌法学院抗衡,于是纷纷因地制宜地选择了特色化发展的道路。应当说,在师资力量足以确保基本教学质量的前提下,集中力量发展某些特色学科的做法原本无可厚非,但是若专为发展某一强项,而砸锅卖铁牺牲其他学科,则显然是错误的,它将使学生的知识结构呈畸形化发展。②

由于20世纪90年代以来依法治国方略的推动,我国法学教育以“大跃进”的方式发展,各种各类各层次的法律院系如雨后春笋般成立,加上大学扩招导致学生数量急剧增加,教师的需求也随之增加,法学教师的标准大为降低。一些法学教师的学历偏低,无法胜任本职工作。一些教师疏于学习,怠于钻研,教学内容陈旧,一个讲义用了多年没有任何变化。在师资与法学院系应有的设备如法学图书馆、模拟法庭等没有充分准备的情况下,有的院系仅依靠几个法学老师就开始招生,一个老师身兼数职,疲于授课,还得顾及学校考核要求的科研成果,根本没有时间提高自己的专业素养和钻研教法,同时这类院系的生源也无法和专业的政法类院校以及名校的法学院相比,学生的质量难以保证,以至于毕业后缺乏法学毕业生应有的良好素质,从而影响到整个法学教育在公众中的形象。③

以农林高校法学专业师资队伍为例,存在以下问题:一是教育

---

① 蒋云贵:《当代中国法学教育的现状及改革方向》,载《长沙大学学报》2007年第3期。

② 冀祥德等:《中国法学教育现状与发展趋势》,中国社会科学出版社2008年版,第243—244页。

③ 马明华:《我国法学教育的困境与出路初探》,载《郑州航空工业管理学院学报(社会科学版)》2011年第4期。

观念较为落后。由于种种原因，在如今农林高校的法学教育中，大多数法学院设科方式仍然是概论式，教师还没有树立起职业化的观念，还停留在以前的理论灌输的填鸭式教学模式阶段。二是农林高校法学本科的教育层次还比较低。目前全国的农林高校，除了少数几所高校有法学硕士点外，大多数基本上都只开设有法学本科专业，这说明农林院校的法学教育的办学层次还比较低，法学教育的办学水平，至少是学术水平还有待提高。三是实践经验相对缺乏。很多高校在引进人才时都比较看重应聘者的学术水平，很多教师都是从学校毕业就直接进入学校从事教学工作，中间没有任何实践锻炼的环节，自己没有实践经验，就更加难以把实践知识形象生动地传递给学生。四是教师的知识没有及时更新。当今世界，科技发展日新月异，新事物层出不穷。但是，很多教师却并没有及时更新自己的法律知识，讲授的内容很多年没有变过，更不说顺应时代及时更新。五是没有突出农林高校特色。全国有几百所高校在开展法学本科教育，农林高校的法学本科毕业生要想在激烈的竞争中脱颖而出，就必须突出农林特色。作为农林类高校要突出自己的特色，就应该把法学专业和农林专业有机结合起来，围绕“三农”开展教学和科研工作。但是目前大多数农林高校的法学本科专业都没有能够突出这一点，培养目标和课程设置都是和其他本科院校大致相同的。六是师资结构不尽合理。农林高校法学专业师资较为缺乏，特别是一些新设法学专业的农林高校，甚至连法学主干课程的老师都不够。教师的学历、年龄、职称结构也极为不合理。并且，法学教师自身的知识结构也不尽合理，很多法学院的老师都是从法学本科到法学硕士、法学博士，一直学的都是法律，没有任何其他的专业背景。①

此外，在网络教学的师资队伍中，扩展网络教学，除了软件和硬件的投资外，最重要的是教师的培训。而我国许多法学教师对网络知之甚少，有些老师甚至是网盲。而 1998 年美国电信学习会议提

① 周海波：《论我国农林高校法学本科的师资队伍建设》，载《河北农业科学》2010 年第 1 期。

出这方面的投资不能少于25%，即要高于软件方面的投资。今后教师的聘用和晋升必须考虑其是否接受过有关网络教学技术的培训或是否掌握了网络教学技术，应该用计算机、网络武装每一位教师、每一个教研室。①

从总体上看，学界关于法学教育师资有以下几种观点：

一是师资不足论。如有论者认为我国法学本科教育的教师数量还显不足，尤其是随着办学规模的扩大，教室队伍亟待充实。教学的保障条件也需要进一步改善。②

二是专业集中论。如有论者认为，我国的法学教师过于集中于理论学习和法学研究，忽视了对人文学科及相关学科的学习和研究，不利于学生综合素质的培养。特别是本科教学，过分集中在课本和基础理论的学习，学生对社会和其他知识的了解完全自理的模式，出现了理论实践“两张皮”的脱节现象。

三是分布失衡论。从数量上看，我国的法学教师队伍逐渐趋于过剩，但是与高速发展和增加的法学院校建设相比，又出现了相对数量不足的状况。这一方面是由于高速建设只重数量，不重质量，导致师资与教学质量相脱节；另一方面，师资力量在全国的分布不均也是重要原因之一。从质量上看，我国的法学教师队伍的学历是高者高，低者过低。高学历人才，如法学博士过分集中在少数高校，这又在质量分布上出现了不平衡。另外，从专业分布上看，高校的法学教师，主要是法律专业，也限制了法科学生对相关专业的学习。

二、法学教育师资的改革

应用型法学教育师资的培养是当前应用型法学人才培养急需解决的问题。应用型法学教育的人才培养要求教师有广泛的相关专业知识和丰富的社会生活阅历；要求教师具有丰富的法律应用实

---

① 牟宪魁：《论网络法学教育在我国的发展》，载《广西政法管理干部学院学报》2002年第1期。

② 冀祥德：《法学教育的中国模式》，中国社会科学出版社2010年版，第101页。

践经验，掌握法律应用技能。[①] 针对应用型法学人才的培养，我们在法学师资培养上必须开拓以下新的途径：第一，高素质的教师队伍建设是提高应用型法学教育质量的关键。应用型法学教育要求教师应具有更为全面的知识储备，较高的法学专业应用能力和组织管理能力，较强的社会活动能力和知识创新能力；教师可在教学科研之余到律师事务所兼职，到法院、检察院进行调研，了解司法实践中存在的疑难、亟待解决的问题，带着这些问题有针对性地进行教学。第二，优化应用型法学师资队伍是增强人才培养实效性的保证。应用型法学教育还要建设和发展一支复合型知识结构的教师队伍，教师不仅需要有较强的实践能力，还要有全面的知识结构。要重视非法律专业知识的培养，鼓励教师进修，取得多个专业学位；让教师走出去，参与各类培训、进修，也可从司法机关、会计师、审计师事务所等聘请相关工作人员，让他们从实践方面对学生进行讲解，增强学生的实践能力。第三，切身参与社会法律活动，主动获得法律实践经验。一是积极代理案件。学校应鼓励法学教师参加法律职业资格考试（原司法考试），获取执业律师资格，做兼职律师。二是做电视台或电台法制节目的嘉宾。由于电视台所做的节目关注的问题一般都是社会热点问题，教师通过对这些问题进行讲解可以学习新知识，提高分析问题解决问题的能力。三是和当地的人大法工委、司法局进行合作，展开培训等。[②]

教师是法学实践教学的指导者，法学实践教学的效果在很大程度上取决于教师的素质。针对我国法学专业师资队伍的现状，应该尽快建立双师型师资队伍体系。

有论者认为，任课教师应多参与法律实践，提高法学教师的综合素质，建立高素质的师资队伍。无论主观上是否认可与接受，客观上高校法学教师都应该尽量多参与社会实践，加强同实务部门的联系和交流，这种实践和交流可以是国家政府的立法和论证工作，

---

① 李韶杰、李华耕：《论应用型法学教育师资的培养》，载《新余高专学报》2009 年第 4 期。

② 李韶杰、李华耕：《论应用型法学教育师资的培养》，载《新余高专学报》2009 年第 4 期。

可以作为仲裁员或兼职律师办理具体的案件，也可以因为某个研究课题而与相关实践部门开展合作或调研工作，只要处理好与教学科研等本职工作在时间分配上的协调问题，参与适当的社会实践既有利于科研，更有利于教学。①

有论者认为，对于法学大专教育应当从稳定教师队伍，引进人才，加快教师培训等方面入手进行改革；对法学本科教育应当从明确法学教育的准入标准，加强法学师资队伍建设的角度入手进行改革；对法学硕士教育则应从缩小办学规模，改革导师制度，增强师资力量的角度入手进行改革；对法学博士教育则应当是强调完善导师考核制度。②

有论者建议借鉴美国的法学教师制度，引进各方面的教师教授法科学生，培养其综合素质。③ 有论者认为应当严把教师准入与评定关，准入合格教师，及时淘汰素质低下的教师。影响法学教学内容创新的主要原因是法学教师总体水平不高和教材内容陈旧，尤其是那些新办的法学专业，其师资不少是从其他专业转过来的。对这一类教师要通过系统的培训、进修，使其达到上岗要求，而对不符合要求的，要坚决淘汰。由于法学教育培养的是治国之才，所以，对法学教师必须严格挑选。我国著名法学教育家孙晓楼教授曾提出，法学教授必须具备四个条件：须有高深的学问；须有教授的经验；须以教育为职业；须有高尚的人品。这对我们现在仍有参考价值。当代的法学教师按理应该要求更高，可是，某些学校的法学教师离此要求甚远，急需解决。④

有论者鉴于目前我国高校法学师资队伍中存在诸多问题，认为应从以下几个方面着手建设高素质、专业化、职业化的教师队伍。一是更新教育观念。应当改变以往填鸭式的教学理念和教

---

① 曹红冰：《民法学教学方法改革的思考》，载《黑龙江高教研究》2011 年第 5 期。

② 冀祥德：《法学教育的中国模式》，中国社会科学出版社 2010 年版，第 101—237 页。

③ 周汉华：《法律教育的双重性与中国法律教育改革》，载《比较法研究》2000 年第 4 期。

④ 李龙：《我国法学教育急需解决的若干问题》，载《中国高等教育》2002 年第7 期。

学方式，把理论与实践有机结合起来。要把职业教育贯穿到课堂上，贯穿到教学计划中，培养出懂法律、精外语、善交际，通过多种形式打通理论与实践的通道，为教师自己提供一个锻炼的平台，为学生提供成长的平台。二是加大优秀人才的吸引力度。首先要大力引进高水平复合型、适合学科建设需要的高素质的职业法学人才，提升教师的素养，优化教师队伍结构，推动学校法学教育的发展。其次是要大力引进兼职教师。应注意校际间的合作，通过与其他农林院校、其他行业性院校进行交流，吸取有益的经验。还可以聘请其他政法类院校、综合性院校或者其他农林高校的优秀法律人才、知名专家、教授做学校的客座教授、兼职教授，并邀请他们定期给学生做报告、开讲座，介绍法律发展过程中的最前沿理论以及学界的最新动态。三是加大人才的培养力度。在引进大量的优秀人才的同时，更应该注重对现有人才的培养，应该通过多种途径，促使教职工不断学习新的知识，了解最新的学术动态。如积极参加各种学术交流；加强科研力度，以科研带动教学；教职工应不断提高自己的学术水平等。①

笔者认为，法学师资力量的改革主要应当集中在以下方面：第一，教师准入、评定应当有严格统一的标准；第二，缩小目前的法学教育规模，以便于集中主要力量培养优秀的教育人才，集中配置法学教师资源，集中管理法学教育内容；第三，引进不同领域的教育人才，培养具有综合素质的法学人才，大力培养交叉学科人才，开拓法学教育的领域。

第二节　法学教育的教材

教材是教学的基本材料，是教学的依据，同时也是一个国家法学研究水平的集中体现，特别是在我国这样的法学研究和法治建设

---

① 周海波：《论我国农林高校法学本科的师资队伍建设》，载《河北农业科学》2010年第1期。

起步不久的国家,一本教材产生,曾经几乎被视为一门学科建立的标志。当代法学院系中法学各学科的学术权威,基本上是以参与20世纪80年代初中期司法部法学教材编辑部主持的法学教材编写工作而奠定其权威地位的。[①] 总而言之,自从1978年中国恢复法学教育以来,法学教材的编写就一直被当做一项重点工作进行,并取得了比较突出的成果。

一、法学教材的四次集中编写期

截至目前,我国法学教材的编写工作先后出现了四次集中编写期。

第一次是在20世纪80年代。在法学教育恢复初始阶段,由于教学过程的需要,新老学者写了许多内容重复的法学教材,比如,仅法理学教材就有几十种。这一阶段的编写者主要是中国20世纪50年代培养的法学人才,还有少部分是新中国成立前中国培养的或者留学国外的学者。这些学者的贡献是不可磨灭的,他们搭建了法学教育与研究的基本平台,为当时的学生(当今的学者)的学习提供了主要素材。

第二次是到了20世纪90年代末,出于跨世纪的需要,在法学界的推动下,一些重要的出版社组织编写了多套冠之以“21世纪”标题的法学教材。

第三次是21世纪的前10年,出于对跨世纪教材的某种不满,许多学者提出了重塑教材体系的想法。同时,出于教育部搞起了精品课程建设,于是许多冠之以精品的法学教材纷纷出笼。

第四次则是十八大以来,尤其是十八届四中全会以来,法学界集中开展了马克思主义理论研究和建设工程法学类重点教材(以下简称"马工程"教材)的编写,《习近平法治思想概论》《中国法制史》《宪法学》等一批立足中国特色社会主义法治建设实践,理论与实际紧密结合、科学性权威性强的教材得以出版。

---

① 郑永流:《人有病,天知否?——当代中国高等法学教育问答》,载《政法评论》2001年卷。

二、法学教材编写中存在的问题

回顾我国法学教材的发展历程，不难发现其中存在一系列亟待引起注意的问题，这些问题严重制约着我国法学教材编写质量的提高。其中最为深层次的问题是行政力量对教材编写工作者发挥了主导性作用。行政力量的干预在我国法学教育恢复之初曾经起到过非常积极的作用，但其毕竟是特定历史条件下的产物，时至今日，它已经对法学教材本应具有的学术性特质构成了严重的抑制，教材的学术水准多年来一直停滞不前。因此，该论者认为，目前解决法学教材编写工作中诸多问题的关键在于，淡化行政主导的色彩，使教材编写重新回归学术领域，因为学术研究才是教材发展进步的最为重要的源泉。①

从目前的情况来看，教育部、司法部和各法律院系已经成为法学教材编写的三大主要力量，它们垄断了绝大多数法学教材的编纂工作，学者个人若无上述三家之一的行政命令，很难染指教材。②

地方行政机构也是法学教材编写的主导力量之一。比如广东省教委曾提出，要规划抓100本教材的建设项目。广东省教委要求并组织能胜任教材编写任务的教师参与承担编写任务，为保证教材质量，由承担编写任务的学校与教师本人签订合同书，以互相制约权利、义务的关系，用法律手段追究违约责任，保证将教材建设任务落实到人落实到学校。③

在上述模式之下，教材的编写与其说是一种学术活动，不如说变成了一项行政任务。此种模式显然有利于“集中力量办大事”，在短期内成效是比较显著的。但是，教材的编写毕竟在实质上应当是一项学术活动，编纂一部高质量的教材比起就某一具体问题撰写

---

① 冀祥德等：《中国法学教育现状与发展趋势》，中国社会科学出版社2008年版，第187页。

② 郑永流：《人有病，天知否？——当代中国高等法学教育问答》，载《政法评论》2001年卷。

③ 王光仪：《改革开放以来高校法学教材建设的回顾与展望》，载《汕头大学学报（人文社会科学版）》1996年第4期。

一部专著所要付出的艰辛往往还要大得多。因此,这种以行政命令的形式组织编纂的法学教材,在质量上是不可能令人满意的。在法学教育恢复之初的特定情况下,行政化的教材编写模式发挥了重要作用,但是法学教育取得初步发展,在教材建设已经基本满足日常教学需要的今天,应当让法学教材的编写重新回归学术领域,由学者们将其作为一种学术活动来进行。[①] 目前,这种行政化的弊端已经越来越明显地表露出来。比如,由于职称评定等原因,有些单位甚至把参加教材编写当成是一种福利待遇,这样的写作班子是无法编写出优质教材的。[②]

迄今为止,国内出版的法学教材大多以多人合作的形式编写而成的,往往为一人担任主编,另有多名参编者,分别承担各部分章节的写作。参与一部教材编写工作的少则数人,多则十余人。这种多人参与的模式在法学研究水平尚处于薄弱阶段时,是一种不得已的做法,它可以再现有条件下尽可能保障教材的质量。但是,在法学研究和法学教育历经多年的发展,已取得较为丰硕的成果之后,此种模式的弊端便逐渐暴露了出来。这种多人合作编写教科书的模式目前已经越来越成为制约教科书质量提高的一个重要因素。它使得教科书的编写变成了一条流水作业式的生产线,而不再是严格意义上的学术工作。学术在很大程度上是一项个人化的事业,并无“民主”可言。由于参与同一本教科书的作者,在学术立场、学术水平以及写作风格等方面未尽一致,导致最终编纂出来的教科书常常难以从较为深入的层面,对各专业问题进行系统论述,而只能流于浅层次的介绍;而且即便如此,目前坊间流行的各种法学教科书,其错误、矛盾之处也是屡见不鲜。目前我国学者普遍缺乏一种“学派意识”,研究者常常不能清楚地意识到自己理论的核心,因此,很可能忽视自己的具体观点与基本立场的关系,进而导致具体观点与基本立场相冲突。[③] 学术活动在很大程度上是一种内省或反思式的行

① 冀祥德等:《中国法学教育现状与发展趋势》,中国社会科学出版社 2008 年版,第 188 页。

② 汤强:《对高等法学教材出版的认识与思考》,载《大学出版》2005 年第 2 期。

③ 张明楷:《刑法的基本立场》,中国法制出版社 2002 年版,第 3 页。

为，强调理论的自洽性。如果说受限于当前国内法学研究的整体水平，我国学者在自身的学术立场上尚且无法融会贯通的话，那么，由人数众多的作者分工撰写同一部教科书的做法，自然也不可能达到较高的学术水平。该论者认为，多人共同撰写教科书是在特定历史条件下产生的现象，当法学研究水平达到一定程度之后，个人独著形式的教科书必然会成为一种普遍现象。当然，个人独立撰写一部教科书，必定与多人合作编写所需耗费的时间不可同日而语。因此，当前者成为一种普遍趋势之后，现行的以行政力量支持规划教科书编撰的模式也必将难以维持，教材编写的个性化色彩将日益凸显，学术质量也必然提高。①

频繁地推陈出新也是法学教材编写的问题之一。这固然与法学研究突飞猛进，法治建设快速发展有关，但是，教科书编写过程中的行政化色彩也是重要原因之一。一部好的教科书不可能是某个人主观意愿或某个机关加以规划的产物，而是建立在理论界与实务界长期积累的基础之上的。在理论积淀还比较薄弱的现实条件下，行政化的教材编写模式只能起到拔苗助长的作用。另外，多人合作编写的模式使得我国法学教材编写的门槛极低，无论在相关领域是否具备一定的造诣，均可参与到教材写作中来。而在目前各法学教学、科研机构的学术评价机制尚不健全，从而使参与教材编写成为业内人士心照不宣的一条出成果的捷径。可以说，在作者与读者之间，对出版教材更迫切需求更大程度上是来源于作者而非读者，这不能不说是一个荒唐的现象。这使得各种名目繁多的教材已经成为我国当前法学界最大的学术泡沫。在正常情况下，质量低劣的教材应当是没有生存空间的，因为它一定会被读者淘汰。但是在现阶段，一部教材是否有市场，并非完全由读者决定，而是受部门利益所左右的。当行政力量主导了教材编写工作之后，由读者形成的这个天然的市场就失灵了。于是各法学教学和科研单位以及各种统一的考试均有其“指定教材”，在选择“指定”的时候，当然要优先考虑

① 冀祥德等：《中国法学教育现状与发展趋势》，中国社会科学出版社 2008 年版，第 189 页。

本部门编写的教材。“统编教材”、“规划教材”和“指定教材”是一脉相承且颇耐人寻味的名词，其间鲜明地体现出行政因素对法学教育和法学研究的强大影响力。

教材应当对本学科知识进行完整且系统的介绍，体系化是其重要特征之一。“法学教材的任务，首先就在于能够形成一个相对完整、完备的知识体系，以容纳、涵盖本学科的主要内容，让学生了解、解除本门学科的基本知识、基本原理、基本理论。”[①]但是，教材的系统性是必须以知识的系统性为前提的。在某一学科的理论研究刚刚起步之时，理论体系尚不完整，教材自然也难以实现真正的系统化。另一方面，出于教学的需要，教材又必须尽量追求一种形式上的“系统化”，否则其作为一门独立学科地位的合法性便会受到质疑。因此，我国目前的法学教材的编写在不同程度上，都表现出一种较为尴尬的局面，即勉强追求体系的完整性、系统性，要在法治建设和法学研究都十分落后的前提下，强行搭建一个学科理论体系出来，以满足教学的需要。这种仓促形成的学科体系犹如沙滩之上的大厦，经不起略微深入的推敲和追问。在这一点上，法学各学科之间的情况也不尽相同。相比较而言，刑法、民法等实体法的发展先行一步，概念和理论体系较为完备，并形成了一套公认的研究方法和法律解释方法，从科研成果向教材内容转化的道路较为顺畅，因此，这些学科的教材在理论体系上也相对比较完善，并能够在教学过程中发挥重要作用。但是在诸如刑事诉讼法、民事诉讼法等程序法学以及理论法学方面则相形见绌，这些教材的编写处于一种严重滞后的状况，尽管从数量上看并不输于实体法学科，但观其内容，则往往停留在一种低水平的重复，其陈旧的内容早已和学术前沿渐行渐远。在法学研究和法律实践均已取得一定积累的今天，一些学科仍然完全照搬制定法来建立本学科理论体系，究其原委，是因为其在具体的概念层面并未能脱离对制定法的依赖。教材的编纂者往往直接将立法中采用的一系列概念作为理论概念在教材中使用，而

---

① 胡玉鸿：《试论法学教材的编写目的》，载《华东政法学院学报》2004年第3期。

未运用法学研究方法对其进行甄别和提炼。①

从内容上看,教材的内容往往停留在满足于对法律条文进行一般性注解的层面,而未能体现法学教材本应具有的专业性。狭义的法学就是法解释学,因此,对现行法律规定进行解释自然应当是法学教材的主要内容。但是,当前除了个别较为成熟的学科之外,大多数法学教科书中的内容并不能称之为真正意义上的法律解释,而仅仅是"对法律条文进行的一般性注解"。法学是一门专业性的技术,有其特有的一套方法论,它以概念性的思维方式来解决现实生活中发生的一系列争议。法学教育的目的就是要培养学生建立法律人的思维方式。我国法律在专业化上历来受到轻视,人们常常将法律视为一项工作,而不是一门学问。法学教育恢复以来,我们正在努力重建法学的独立性地位,但必须强调的是,法学的独立性必须以其专业性为前提。法学的专业性最为直接的表现便是在法律解释方法上的专业性。但是从目前市面上流行的教科书来看,与专业性的要求依然相距甚远。

理论与实践之间的脱节也是目前国内法学教科书常常为人诟病的一个问题。我国法学教材倾向于突出学科知识介绍,缺乏与司法实践相近的法律方法论的内容。"知识只有变为某个人的能力的时候,才能改变命运,才有力量。所以教材作为学生接触最多、反复阅读的材料,必须关注知识向能力的转化,把提升学生的理解能力和操作能力作为重要内容。"②法学这门学科的性质,就决定了其理论必须与实践相结合,法学教科书必须告诉读者如何将相关理论适用于纠纷解决的实践之中。缺乏具体案例的教科书是死的教科书,所谓较次编写中的"理论与实践相结合",第一要务就是引入案例这股源头活水。但是,我国大多数法学教材中却通篇难以见到一个案例,而仅仅是在抽象层面对法律条文进行阐述。此种脱离具体案件的阐述,往往难以使读者真正理解相关知识的确切所指,因为法

---

① 冀祥德等:《中国法学教育现状与发展趋势》,中国社会科学出版社 2008 年版,第 192—193 页。

② 陈金钊:《问题与对策:对法学教材编写热潮的感言》,载《杭州师范学院学报(社会科学版)》2007 年第 2 期。

律解释若不针对具体案件事实,是没有意义的。另外,在各个部门法学当中,实然与应然两个层面的紧张关系表现的非常明显,这为法学教科书的编写制造了更大的困难。一部好的法学教科书,首先应当能够在具体问题上有意识地区分应然和实然两个层面的法律,即清楚地告诉读者,我国现行法律的实际运作状况是什么,以及理想状况下应当如何,两者不可混淆。其次应当将法律的实然状况作为研究和评论的对象,以科学严谨的态度加以分析。唯其如此,方可使读者既能掌握本学科的理论精髓,又对法律的现实运行状况有一个全面、清晰的把握;既对法律建立高度的信仰,又获得实践操作层面的知识和技能。但考察我国法学教科书,能够妥善处理这一关系的,为数尚不多。总体相比较而言,刑法、民法等实体法学科的教科书在这一点上要比其他部门法学相对成熟,能够比较全面地涵盖实然与应然两个方面的因素。但是,在更多其他学科的教材当中,至今仍未能有意识地将这种区分作为一个分析问题的基本方法。更为严重的是,即使教材被定位于对实在法的阐述,但就目前大多数教材而言,其内容也是极其不完整的。①

三、法学教材编写的改革

要提高教材的质量,必须打通法学研究与法学教材编写之间的渠道,使教材的编写重新回归学术。总体而言,既然法学教材属于学术著作的范畴,那么,当然要根据学术著作的一般规律来进行教材的编写;另外,与其他学术著作相比,教材还有其鲜明的特殊性,因此在遵循一般学术研究规律的同时,还应当充分照顾到教材这种特殊著作自身的特点。

为提升法学教材的质量,由多人参与编纂的模式向个人独立撰写教材模式的转变,是值得倡导的。但是这并不意味着,教材应当完全成为个人研究成果的载体。教材应当能够尽量全面地反映在相关问题上的主要学说,使学生能够通过阅读教材,掌握本学科知

---

① 冀祥德等:《中国法学教育现状与发展趋势》,中国社会科学出版社 2008 年版,第 195—198 页。

识的概况,以及各种主要观点的来龙去脉。教材不能完全代行学术著作的功能。这也决定了将学术成果向法学教材的转化并非哪一个个人可以完成的任务,而是要通过一套完善的体制去解决的问题。

总体上看,法学教科书的编写应当从以下几个方面加以改革:

第一,严格依照通行的学术规范撰写教科书。教科书作为学术著作的一种,自然应当遵循通行的学术规范,甚至与其他学术著作相比,教科书在学术规范的要求上应当更加严格。翻阅国外法学教科书可以发现,通常每一章中至少应当包含注释与参考文献。其中,注释是指在文章援引他人学说时,应注明出处;而参考文献则是进一步列明与文中相关问题有关的重要文献,以便读者根据需要进行深入阅读。

第二,教材的内容应当尽可能实现全面性,即在各个具体问题上,对各主要学说都应当予以较为充分的介绍和评论。而且特别重要的是应对不同学说之间的证明加以检讨,以使读者明了各种理论、观点之由来,并理解其各自的优点与不足。学术著作的精髓不在于其结论和观点,而主要在于论证过程的演进,而教科书则是更为全面和客观的论证。

第三,从上述两点不难看到,教科书不仅应当是学术著作,而且应当是更为严格的学术著作。撰写教材对作者的知识面和科研能力都比其他一般性的学术研究提出了更高的要求,他不仅要具备相当程度的研究能力,还必须同时具备高度的学术鉴别能力和责任心。教材的编写应当是一种高度精英化的活动,只有那些在本学科领域已经达到较高造诣的专家方可涉足。

第四,明确教材的编写目的和评价机制。有论者认为,在如何选择法学教材的编写目的上,学术的争论主要有三个方面,对这些问题的解答,是确定法学教材编写目的的基础,这三个方面问题是:第一,编者的目的还是学生的目的;第二,知识与技能是否共融以及如何共融;第三,道德教育是否为法学教材的基本内容。[1] 法学教育的根本目的是为社会输送合格的法律从业人员，因此就法学教材编写而言，首先，编写者应当以社会对法律职业人员的需求来安排教学的内容，而不是将个人的研究成果加入到教材的体系当中。其次，编写者在教材编写中，必须将读者置于首位，为学生的"利益"定位教材的内容。这就要求坚持教材的深入浅出、通俗易懂；要提供方法、能力的教育；要注重社会教育，关注制约法律制定与运行的社会因素。只有扭转行政部门在教材编写之前的一系列"统编"、"规划"以及教材使用过程中各部门的"指定"这一体制性弊端，作者完全站在读者的立场上去编写教材，教材的优劣由读者去评判和选择，法学教材的质量才有可能获得整体性的提高。

第五，明确教材在法学教育中的地位和功能。在我国法学教育恢复之初就已经迅速达成的一个共识是：法治建设急需大批不同层次的法律人才，在这一理念指导下，我国建立起了一套多层次的法学教育体制，其中既包括大学的专科教育、本科教育以及研究生教育，还包括各种职业教育、函授教育等。与此相适应，在我国法学教材的编写方面，也遵循了相当程度的层次性特征，对于本科生、专科生、自考生以及各种函授教学的学生，均编写了特定的教科书。法学教材编纂的多层次性特征，实际上是在很大程度上将教材当做法学教育中最主要的内容，从这样一个前提出发，那么法学教育本身的层次性似乎当然要通过在教材之层次性上体现出来。但此种看法终归是片面的，它将教材置于一种过高的地位。须知，法学乃是一门博大精深的学问，区区一本教材实难发挥如此重要的作用。对于教材在法学教育中所能起到的作用，应当有一个恰当的期待，而不能企图将法学教育事业所有的目标统统塞进一部教材当中。对于整个法律科学而言，教科书仅仅是一个最为凝练的缩影，它是一名未来法律职业者在接触法学时首先要接触的内容，但这仅仅是法学教育的第一个层次，作为法学教育的入门阶梯，教科书很难在层次上加以区分。因此，法学教育绝对不应仅仅限于讲授教科书上的

---

① 胡玉鸿：《试论法学教材的编写目的》，载《华东政法学院学报》2004 年第 3 期。

内容。实际上,在现代社会,大学若仅仅满足于对教科书内容的教授,教师的角色便早已是可有可无的了。因此,教科书在内容上不宜再作人为的层次性区分,法学教育应当采取以教材为基础,并辅之以其他深入阅读资料以及实践性教学的立体模式而展开。唯其如此,方可实现法学教育的目标。①

① 冀祥德等:《中国法学教育现状与发展趋势》,中国社会科学出版社 2008 年版,第 199—205 页。

第八章　法学教育的模式

第一节　法学教育模式的比较与转型

在关于法学教育模式的研究中，以美国为代表的普通法系的法律职业教育和以德国为代表的大陆法系的法律素质教育是被大众所熟知的两种法学教育模式。笔者认为，法学教育的中国模式已经形成，并打破世界法学教育模式的传统格局，以独具中国特色的法学教育模式出现在世界舞台，与其他两种法学教育模式共同构成世界法学教育的三大模式。

一、世界各国的法学教育模式

（一）美国的法学教育模式

美国的法学教育模式分为两个阶段：第一个阶段为在大学进行的 4 年的学习。这一阶段主要是指非法学专业的学习，主要是因为美国的法律教育属于本科后教育，即研究生层次的教育，法科学生必须在具有一个非法学专业的本科学位之后才能进入法学院学习，即必须要先取得一个非法律专业本科以上的学位，即文学士（B. A.）或理学士（B. S.）；第二个阶段需要进行为期 3 年的法学学习。

它要求进入法学院的学生必须经过严格的入学考试,学习期限为3年,毕业后就能参加各个州的律师资格考试。① 其特点在于:法律人才高端化、复合化培养;文化基础扎实,实践能力强,为精英化培养奠定了基础;录取真正喜欢法律、适合学习法律的人才进入法学院学习;法学教育地位较高,有助于树立法律权威,有利于树立法律人的良好声誉和威信,为法治创造良好的社会条件。②

(二)英国的法学教育模式

英国的法学教育模式分为三个阶段:第一阶段是学术(基础)阶段。这一阶段学制3年(学习语言者加1年),由大学承担。在这个阶段开设的课程重视基础理论知识的学习。第二阶段是职业培训阶段,主要是指在律师学院进行为期1年的学习。这一阶段主要是为学生即将走向社会做准备。第三阶段是实习阶段,又称学徒阶段,该阶段主要由律师事务所承担,以经验丰富的律师带徒弟的传统方式进行,时间分配上也视具体情况而有所不同,一般拟任执业大律师的为12—18个月,拟任执业律师的为2—3年,每6个月为一个时段,主要熟悉律师业务和法律文件,从中挑选出未来合格的法律工作者。③ 其主要优势在于:法学教育的地位较高;法学院的学生基本上都是A等生和优秀特招生,为培养法律人才提供了优秀的生源基础,学生基础知识扎实;法学院招生以升级考试取得A等成绩为基本标准,但又不囿于笔试,可以通过面试程序让适合学习法律的优秀学生特招进入法学院,招生上兼具原则性和灵活性。④

(三)澳大利亚的法学教育模式

澳大利亚法学院的法学教育模式分为三种:第一种是进行为期

① 刘佳主编:《法律教育学》,社会科学文献出版社2012年版,第277页。

② 季立刚:《卓越法律人才教育培养计划——法学教育培养模式改革的新探索》,载《教育部高校法学学科教学指导委员会中国法学教育研究会2012年年会暨“卓越法律人才教育培养计划”与法律人才培养模式改革论坛论文集(第一卷)》,第109—112页。

③ 李化德:《英国的法学教育》,载《现代法学》1996年第6期,转引自刘佳主编:《法律教育学》,社会科学文献出版社2012年版,第287—288页。

④ 季立刚:《卓越法律人才教育培养计划——法学教育培养模式改革的新探索》,载《教育部高校法学学科教学指导委员会中国法学教育研究会2012年年会暨“卓越法律人才教育培养计划”与法律人才培养模式改革论坛论文集(第一卷)》,第109—112页。

3 年的法学专职学习,对于在职的学生规定学习期限为 6 年,需要修满 300 个学分,这是一种主要针对获得非法学学士学位的人员进行的教育,考试各科成绩合格便可获得法学学士学位(LL. B)。第二种是 4 年制的法学学士学位,必须至少专职学习 4 年,在职的学制为 8 年,需要修满 400 个学分,学习期满且各科成绩合格可获得法学学士学位,此种模式和我国普通大学法学院的培养方式基本相同。第三种是 5 年制的双学位式教育,即优秀高中毕业生考入大学后,可以修双学位,需至少专职 5 年,在职的学制为 10 年,需要修满 500 个学分,经过几年的学习后取得法学和另一专业的双本科学位。法学双学位教育成为该国法律教育上的一个亮点,其优势有二:一是有助于学生对法学的进一步理解,形成更科学、合理、系统的知识体系;二是法学双学位教育可以使学生在毕业时将掌握的特定领域的学科专业特长转化为潜在的专业化职业专长,避免了法学学科知识的单一化给毕业生带来的就业障碍或职业选择缺陷,提高了法科学生的就业竞争力。①

(四)韩国的法学教育模式

韩国的法学教育模式分为两个阶段:大学 4 年的学习阶段和 2 年的司法研修阶段。目前,韩国高等教育已经完成了改革,由原来的模式,即经过大学 4 年的学习之后参加国家的司法考试,合格之后再进入司法研修院研修 2 年,改为了新模式。所谓的新模式就是指韩国国会于 2007 年 7 月 3 日通过了《法学专门研究生院法》,引进了美国式法律教育模式,将法律教育确定为职业教育和本科后教育,从 2009 年起,实行大学本科 4 年加法学专门研究生院 3 年的新模式。改革之前韩国的法律工作者大多是法学本科毕业后经过司法考试合格,再完成司法研修院课程进入实际工作的。但实施法学专门研究生院制度后,将在研究生层次上开展法律教育。②

(五)德国的法学教育模式

德国的法学教育属于“双轨制”,即法律教育由大学基础教育

① 刘佳主编:《法律教育学》,社会科学文献出版社 2012 年版,第 288—289 页。

② 刘佳主编:《法律教育学》,社会科学文献出版社 2012 年版,第 296 页。

阶段和预备期(或称见习阶段)两个部分组成。所以,德国法律教育的模式也分为两个阶段:大学学习阶段和见习服务阶段,而两个阶段结束的标志分别是通过第一次和第二次国家考试。大学学习以掌握法律专业知识和其他必要相关知识并通过第一次国家考试,这次考试由大学考试和国家考试组成;通过考试之后就要进入职业预备期,在法院、检察院、律师事务所及政府的相关部门进行2年的专业实习,最后参加第二次国家考试,通过后就取得了担任法官、检察官、律师的资格。第一个阶段即大学学法基础教育,主要是对学生法律理论素养和一般通才能力的培养,其结束标志就是国家第一次考试。这一阶段法律教育的宗旨是向学生提供基础法学理论,引导学生从事法律科学研究,培养学生掌握法学方法,使其具备发现和解决法律问题的能力。第二阶段即法律职业教育阶段,主要任务是培养学生的实际工作能力和对法律职业的忠诚,其结束标志就是国家第二次考试。① 德国的法学教育虽然从本科阶段开始,但法学教育过程较为漫长,是否合格不仅要由大学教育,最终还要由国家统一司法考试决定。德国法科学生毕业时通常在30岁左右的年龄,因此,德国法学是公认的较难攻读的专业,要求较高,社会声誉也更好。②

(六)日本的法学教育模式

日本原设有法学部,以培养法曹为目的,其毕业生若想成为法曹,必须通过司法考试,通过后还要经过半年的司法研修,并在法院、检察院、律师事务所实习1年,成绩合格后才能取得执业证书。2012年,日本建立了法科法学院制度,其学制为3年,如果已经有法学部教育经历的人进入法科大学院,学制为2年。日本的司法考试根据法科大学院的课程设置重新安排。法科大学院的课程设置以

---

① 刘佳主编:《法律教育学》,社会科学文献出版社2012年版,第309—310页。

② 季立刚:《卓越法律人才教育培养计划——法学教育培养模式改革的新探索》,载《教育部高校法学学科教学指导委员会中国法学教育研究会2012年年会暨“卓越法律人才教育培养计划”与法律人才培养模式改革论坛论文集(第一卷)》,第109—112页。

法律实务课程为主,突出了职业法学教育的特点。①

二、两大法系法学教育模式的比较

对两大法系的法学教育模式进行比较分析,可以发现两大法系由于各自的法律传统和法学理论积累方面的差异,在法学教育模式上也存在着一些不同,这主要表现在:一是在教学方式上。大陆法系国家多采用传统法学教育方式,即以教师为中心,重在对学生进行法学基础知识和法律理论知识传输,学生则多以被动学习为主;英美法系国家多采用法律诊所和模拟法庭为代表的实践性教学方式,即以学生与老师互动为中心,重在培养学生运用法律解决实际问题的能力。二是在培养目标上。大陆法系国家多将法学教育目标定位在培养"统一法律人"上;而英美法系国家多将培养目标定位在培养职业律师上。正因为培养目标的定位不同决定了法学教育模式的不同,这一点也因此成为两大法系法学教育模式的最大差异。

此外,两大法系法学教育模式还存在共同之处。主要表现在:一是高起点。美国模式是以本科毕业生为起点,而日本模式、德国模式、意大利模式都是以高中毕业生为起点,但无论是哪种模式都是高起点,美国模式要求入学者在入学之前已经取得其他专业本科以上学历,日本、德国、意大利虽只要求是高中毕业生,但实际上录取的都是最优秀的毕业生。二是高层次。无论是大陆法系还是英美法系,进入法律职业的法律人才培养都需要 3—7 年的学科教育和职业培训。三是学科教育与职业教育相结合。无论是英美法系还是大陆法系,在法学学科教育后都有一个法律职业教育,在德国是 2 年左右的见习期,日本是 2 年的司法研修期,英国则是既有职业阶段,又有实习阶段,美国、意大利、澳大利亚也是如此。②

---

① 季立刚:《卓越法律人才教育培养计划——法学教育培养模式改革的新探索》,载《教育部高校法学学科教学指导委员会中国法学教育研究会 2012 年年会暨"卓越法律人才教育培养计划"与法律人才培养模式改革论坛论文集(第一卷)》,第 109—112 页。

② 戚桂芳、袁雪:《大陆法系与英美法系法学教育模式比较分析》,载《金陵科技学院学报(社会科学版)》2009 年第 2 期。

三、中国法学教育模式的转型

中国法学教育模式应当从宏观的法学教育层次和微观的法学教学两个层面上进行转型。

一是由单一层次的培养模式转向多层次的培养模式。透过中国当下法学教育的表面繁荣,我们看到的是教育层次上的单一性,中国各级各类法律院校的教育目标、教学内容、课程设置几乎是千人一面,毫无专业特色,缺乏特有的人才培养模式定位。这已经远远不能满足在法律全球化时代的中国法治建设对多层次多样化的法律人才的需要。因此,中国的法学教育必须转向多层次的人才培养模式。对此,中国法学教育界的一些人士,提出了法学的基本教育、特色教育、拓展教育有机结合的多层次人才培养模式。“所谓基本教育,是任何学校的法学专业都必须实施的教育,也是法学教育评估的基本内容。基本教育包括五个方面:一是马克思主义法学理论教育;二是社会主义法治理念、现代法治精神和法律职业伦理教育;三是中国社会主义法律制度教育;四是比较法律教育和国际法律教育;五是法律程序和法律方法的教育和训练。”“所谓特色教育,就是多样化教育。”法学的拓展教育,属于法学基本教育之上的增量性延伸性的法学教育。具体延伸、增加的教育内容,根据各自法学院系的实际情况而定。

二是微观的法学教学上的模式转型。这包括由单向度的灌输传授式转向多向度的互动交流式;由记忆型笔试考试方式向灵活多样的法律思维能力测试方式转型。当前中国不少的法学院系在教学上,主要采用的还是传统的单向度灌输传授方式,结果导致授课教师累得要命、听课学生压抑得难受的不良教学效果。因此,必须改变这种传统的授课方式,转向多向度的互动交流式的法学教学模式。应积极尝试采用讨论和辩论式教学、案例教学、现场教学、模拟法庭、社会调查、参与司法活动等多种方法,大胆进行法学课堂教学改革,推进诊所教学在中国的运用,实现中国法学教学模式的转型。同时,由于长期的灌输传授式教学模式的影响,在法学知识与能力的测试环节上,存在着记忆型笔试为主的考试模式,这又反向诱导了教师和学生在授课与学习过程中的灌输与记忆模式，如此以往，形成恶性的教、学、考之间的循环。为打破这种恶性循环，在课堂教学上由单向度的灌输传授式转向多向度的互动交流式的同时，必须由记忆型笔试方式转向灵活多样的法律思维能力测试方式。为此，在教学中占据主导地位的教师必须开动脑筋，尝试多种多样的法学知识与能力的测试方式，采用平时成绩与期末成绩各占一定比例、给日常教学中的参与小型辩论会、撰写的小论文打分、对法律实践活动进行考评等方式，更加全面合理地测试学生的法学知识与能力，更能反向地促动学生改变一味记忆法学知识的单一学习方式，使学生在法律知识、法律观念、法律思维、法律方法、法律技能、交流适应能力等方面，得到全方位的训练与提升，真正实现教学相长、教学考三者间良性互动的理想状态。①

第二节　法学教育中国模式的形成

法学教育的中国模式是法律教育学中一个崭新的研究领域和研究课题。关于“法律教育的模式”以及“法学教育的中国模式”的概念界定，目前还只是笔者一家之言。关于法学教育中国模式是否形成的问题，学界只有张文显和笔者提出了相关主张。

张文显教授认为，“法律教育的中国模式已经形成”。他认为，党的十八大以来，全面依法治国取得历史性成就，这迫切要求法学教育界培养更多、更高素质、更多样化的法律人才。为此，我们提出实行基本教育与拓展教育和特色教育相结合的人才培养模式。根据这个模式，当代中国的法学教育包括五个方面的基本教育。一是马克思主义法学理论教育，包括法理学理论和各个部门法学的基本理论教育，用科学的法学理论武装学生，引导学生树立正确的法律观、法律价值观、权利义务观。二是社会主义法治理念、现代法治精

① 任瑞兴：《全球化时代的中国法学教育转型》，载《河北经贸大学学报》（综合版）2010 年第 2 期。

神和法律职业伦理教育，帮助学生树立先进的、民主的、理性的法治观。三是中国社会主义法律制度教育，使学生深刻理解我国法律制度的核心价值和时代精神，把握以宪法为核心构筑起来的法律体系的基本制度、基本原则、基本规范。四是法律程序和法律方法的训练，使学生树立程序意识、熟悉法律程序，掌握法律基本方法和技能。五是比较法律教育和国际法律教育，培养学生运用国际法律维护中国在融入全球化过程中和实施和平发展战略中的各种权益。除了这些基本教育之外，不同层次、不同类型、不同特色的法学院系可以实施法学特色教育和拓展教育计划，以适应社会对法学专业人才的多样化需求。

张文显认为，除了法学基本教育与特色教育、拓展教育有机结合的人才培养模式，我们还形成了以法学学士、硕士、博士教育为主体，法律硕士教育为补充的高等法学教育体系，以及普通高校的法律素质教育与专门学校的法律职业教育衔接、法律职业资格考试（原司法考试）与法学教育互动的就业机制。在探索和实践的过程中，法学教育的"中国模式"已经形成，并在世界法学教育中占有重要一席。应该说，法学教育的中国模式与法学教育的美国模式、欧洲模式呈三足鼎立之势。①

笔者认为，"法学教育的中国模式已经初步形成"。对于此问题，笔者主要从中国法学教育模式、中国法学教育模式形成的必然性、中国法学教育模式的基本构成元素以及中国法学教育模式运行的保障机制等方面，系统阐述论证了法学教育的中国模式已经初步形成的观点。②

笔者的基本观点是，世界法学教育模式的基本类型大致可以分为两类：一是以美国法学教育为代表的普通法系的法律职业教育模式，二是以德国法学教育为代表的大陆法系的法律素质教育模式。笔者认为，当前中国法学教育的崛起，已经打破世界法学教育模式

---

①　参见张文显：《法学教育中国模式已成》，载《光明日报》2010年10月5日，第4版。

②　冀祥德：《论法学教育中国模式的初步形成》，载《法学论坛》2011年第5期。

的传统格局，中国正以独具自己特色的法学教育模式出现在世界教育舞台，与以美国法学教育为代表的法律职业教育模式和以德国法学教育为代表的法律素质教育模式一起构成世界法律教育的三大模式。

一、分析框架的界定与说明

基本概念的清晰是一种理论得以独立形成的标志和基础，换言之，一个学科成熟的标志就是其基本概念的形成。概念的基本功能就是提供本学科学术问题分析的框架，使得学科内部以及学科之间的对话成为可能。纵观已有的研究，学界对于法学教育模式的界定尚未统一，有的学者在人才培养目标的层面使用“模式”一词，有的学者将教育模式等位于教学方法，这些研究都极大地繁荣了我国法学教育基本理论的进步，但概念的混用、不统一也给学术对话带来难题。

一般认为，“模式”具有“样式”“样态”之意，是以典型特征为元素，从静态的横向观察和动态的纵向比较等角度考查事物的基本类型。模式研究的主要优点是它的效率，可以使研究更快地接近主题，它需要界定资料分析的框架和模式定位的参照系。考查世界各国法学教育的基本构成元素，总结我国已有的法学教育成果，笔者认为，法学教育模式的概念可以界定为：在一定的经济、政治、文化等因素影响下，在一定的教育思想指导和制度环境中生成的教育培养目标、教育培养方式、教育内容、教育方法等基本构成元素的有机结合。据此，笔者将中国法学教育模式的分析框架，界定为教育培养目标、教育内容、教育培养方式、教育方法四项构成元素。教育管理体制和教育就业机制虽然不是法学教育模式的独立构成元素，但是，它们作为与法学教育模式相关度极高的保障性变量要素，同样被纳入研究的视野。问题分析的参照系为成熟的英美法系之法律职业教育模式和大陆法系之法律素质教育模式。

二、中国法学教育模式的基本表达：多元化教育模式

以美国法学教育为代表的普通法系法律职业教育模式的基本

特征可以概述为:教育培养目标是以律师为基础的法律职业者;教育培养方式是法学院的培养与法律职业实践紧密结合;教育内容是建立在本科人文教育和科学教育基础之上的研究生层次(J. D.),或者是法学学士(LL. B)基础上的研究生层次(LL. M)的法律职业教育;教育方法是以案例讨论或者实践性教学为主,注重教师与学生的教学互动;教育定位是法律职业教育,法学院为学生设立个人导师和专业导师,指导学生学习和对实践提出建议。美国明尼苏达大学法学院副院长、法学图书馆馆长郝兰琼教授和英国谢菲尔德大学法律系主任约翰·爱德姆斯教授就相关内容作出过专门论述。①

以德国法学教育为代表的大陆法系法律素质教育模式的基本特征是:教育培养目标是法官、律师等法律职业者以及社会管理人才;教育培养方式是法学本科的法律素质教育由法学院承担,法律职业培训由法院、律师事务所等职业机构承担;教育内容是法学理论知识和法律规定以及有关人文知识,法学教育以本科教育为主;教育方法大多采用演绎法,强调教师系统地向学生讲授法律的基础知识,注重法律抽象思维训练;法学教育定位为法律素质教育,其法学本科教育属于通才教育。德国慕尼黑大学法律信息和法律哲学学院院长许迪曼·伯恩德教授认为,德国法学教育模式的基本特点是,把建立在高学术水准之上的大学教育和数年作为法律职员或实习生的实际工作有机结合起来,因此提供一种法律职业培训,使得法科学生在毕业考试之后可在所有法律职业领域独当一面。②

新中国成立70多年来,法学教育在中国特定政治、经济、文化发展基础上,形成了独具中国特色的模式,这是一种既区别于英美,也不同于大陆的法学教育模式,且考据制度的具体运行会发现,这一模式又不是英美模式和大陆模式的简单混合。中国法学教育模式的基本特征是:第一,教育培养目标是以多元化人才培养为目标,

---

① 参见郝兰琼教授2008年11月11日在中国政法大学所作题为"美国的法学教育"的演讲;[英]约翰·爱德姆斯:《在英格兰和威尔士成为律师》,付强、仁晓霞译,载《法学家》2000年第4期。

② [德]许迪曼·伯恩德:《中欧法学教育制度和研究体制》,付强、仁晓霞译,载《法学家》2000年第4期。

不但培养公、检、法等法律职业机关需要的英才、立法机关所需要的专才,也为社会各领域培养法律通才,还有普通民众所需要的法律意识培养。与西方国家相异,律师培养并不是我国法学教育的专门培养目标,仅仅是我国多元化人才培养的一个方面。第二,教育培养方式是多轨制法学教育制度,法律素质教育以各种类别的高等院校和科研机构为主体、以在校法科学生为主要对象展开。与英美法系和大陆法系的教育培养方式不同,我国的公安局、法院、检察院、律师事务所、公证处等机构没有专门的法律职业培养任务,而是形成了以警察学院、法官学院、检察官学院、司法行政学院等为主体、以法律职业人员为主要对象的法律职业教育。并且,我国有着独具特色的由各级司法行政部门统一组织实施的全民普法教育。第三,在教育内容上,一方面表现为多类型的知识建构,其中,法学基本教育(教育主体为高等院校及科研机构)以传授法学理论和法律知识为主,法学特色教育(教育主体为财经院校、民族院校、农林院校、理工院校、师范院校、医学院校等)以行业专业为特征,法学继续教育(教育主体为警察学院、法官学院、检察官学院、司法行政学院)以法律职业教育为内容。由于中国地域广大,区位差异分明,所以,体现在法学教育中的这些不同类型的知识内容并没有伯仲之分。另一方面表现为多类型的学历结构,学历结构从法律中专、法律大专到法学本科、研究生,学位教育从法学学士、到硕士学位、博士学位,呈现出法学教育中国模式的多元化特点。第四,教育方法也是采用了多重模式并重,既有对于法学理论学习的传统演绎法的重视,又有以诊所法律教育为代表的对于职业教育需要的案例讨论和实践性教学法的引进,还有我国长期形成的由各机关单位已经制度化了培训、普法教育,多重教学模式的形成是与我国多元化法学教育模式中多层次人才培养目标和多类型知识建构为教育内容分不开的。第五,中国模式法学教育的定位既不是法律职业教育,也不是法律素质教育,而是通识教育、专业教育与精英教育的结合,法学教育的定位正在趋向于具有法律人格、法律知识和法律职业技能的多元化法律人才培养。第六,在法学教育管理体制方面形成了教育行政部门的行政管理、司法行政部门的行业指导、法学教育行业协会的自律性管理和法学院校自我管理的四位一体；在教育就业机制上，经过历次改革，构架出法学教育和法律职业资格考试与法律职业密切关联的互动型的机制。

三、中国法学教育模式形成的必然性：历史与现实维度的分析

以历史与现实的眼光解读中国特色法学教育模式的初步形成过程，可以发现，该模式的生成既是历史发展的必然，又是现实考量的选择。

（一）中国法学教育模式形成的历史考量

梳理中国法学教育走过的70多年历程，清晰地显示出四个时期的四种模式：一是新中国成立至文化大革命结束时期的借鉴苏联模式；二是有计划商品经济时期的学习大陆法系模式；三是建立社会主义市场经济时期的混合模式；四是至今已初步形成并尚处在不断发展完善的习近平法治思想指导下的中国特色的多元化法学教育模式。

新中国成立后，旧的法学教育宣告结束，新中国法学教育整体借鉴了苏联模式。这一时期，中国法学教育模式的主要标志是：培养教育目标是政治素质过硬的无产阶级政法干部，法学教育立足以马克思列宁主义、毛泽东思想为指导，为巩固人民民主专政，培养了解政策法令和马列主义新法学，为人民服务的法律工作干部；教育培养方式是法律院校独立承担法学教育任务，国家统一组织管理；法律职业不是一种专业，法学教育与法律职业是分离的；教育内容是“讲授课程有法令者根据法令，无法令者根据政策……如无具体材料可资根据参照，则以马列主义、毛泽东思想为指导原则，并以苏联法学教材及著述为教授的主要参考资料”；教育方法主要是课堂讲授，强调教师的主导性，由苏联专家直接授课或者由经过苏联专家培训的中国法学教师授课。

1978年改革开放后，适应建立有计划商品经济的总体目标，作出树立法制权威和加强法制教育的决定。高等教育提出以人的全面发展为教育目标。在立法成果不断扩大的同时，中国法学教育的模式逐步突破重政治素质、轻职业素养的苏联法学教育模式影响，

呈现出德国等大陆法系国家法学教育模式的特征。中国法学教育有计划商品经济时期大陆法系模式的基本特征为：培养教育目标是德智体全面发展的专业人才；教育培养方式是通过多种形式、多种层次培养法律人才，教育培养形式包括全日制法学教育和成人教育等，教育培养层次包括中专、大专、本科、研究生等；教育内容是国家颁布的法律法规和法学理论知识及有关人文知识；教育方法主要是以教师讲授为主的课堂式，教师是教学活动的主导者。

进入20世纪90年代以后，伴随着社会主义市场经济体制的建立和发展以及中国特社会主义法律体系的建立、全面依法治国的深入推进，人们的思想观念特别是法治观念发生了深刻变化。以法律职业教育为法学教育典型特征的普通法系国家的教育模式被借鉴引入，与传统法学教育中苏联模式的教师主导型和大陆法系模式的素质教育目标特征融合为一体，形成社会主义市场经济体制时期的中国法学教育的混合模式。这一混合模式的基本标志是：培养教育目标从以通才教育为主，开始走向通才教育与职业教育兼顾；教育培养方式继续延续了多种形式、多种层次培养法律人才的模式，但逐步转向以法学本科、法学硕士和法学博士教育为主体，其他学历教育为补充，以全日制教育为主，以其他形式为辅助；教育内容以国内法为主，兼顾外国法及国际法，法学本科教育的核心课程统一化；传统讲座式教育方式受到挑战，实践性教学方法开始引入。

在中国法学教育经过从停滞到恢复、从逐步发展到规模化发展之后，人们对法学教育繁荣背后予以忧虑和思索的同时，也开始了对法学教育中国模式的定位思考。在摒弃苏联模式之后，英美的法律职业教育模式和大陆法系的法律素质教育模式究竟哪个更适合中国？在见仁见智的争论中，中国法学教育从规模化发展适时进入全面反思与科学调整时期，总结新中国成立、特别是改革开放以来中国法学教育的经验与教训、成功与不足，探索出了走中国特色社会主义法学教育模式之路。

(二) 中国法学教育模式形成的现实基础

以中国现实的视角考量，可以发现，中国特色多元化法学教育模式是与中国特殊国情相一致的必然选择。“中国特色”的实质含义就是要“切合中国实际”,走自己的路。符合国情就能够成功,否则就只能失败。法学教育发展亦然。法学教育作为国家教育系统的子系统,必然受到中国教育整体水平的制约,而作为中国教育基础的国情,更是决定中国法学教育多元化模式生成无法回避的现实原因。

此处笔者仅以人口素质和经济发展水平作为分析坐标,探析中国特色法学教育多元化模式的现实基础。人口素质差异和经济发展的地区不平衡是中国发展法学教育必须面对的客观现实。首先,从人口素质的角度看,总体上目前中国人口粗文盲率较高,大学粗入学率仍然较低于,中国法学教育面临着作为教育基础的人口素质水平不高的现实基础。并且,城乡人口受教育程度存在明显差异,地区分布不均衡,东西部地区差异极大。北京、上海等沿海地区接近发达国家水平,而在偏远的西部地区、南部山区,还远远低于世界平均水平。其次,经济发展水平是法学教育模式生成与发展的直接影响因素,它通过对法学教育的需求度决定法学教育的目标、方式、内容和方法。而中国地区间经济发展不平衡是中国国情的又一个重要的特征。近年来,我国沿海地区和其他一些经济发达地区法学教育增长速度很快,正是经济迅猛发展对法学教育的需求,或者说是刺激的结果。但是,法学教育整体繁荣的背后,经济发展水平则成为西部地区法学教育发展的掣肘。例如,在我国西北地区法学院校中,至今没有一个法学博士学位授予点。

除去人口素质和经济发展水平因素外,多民族、众人口,乃至国家的政治体制与文化传统等也是影响中国法学教育模式生成与发展的现实基础。这些国情决定了发展整齐划一的法学素质教育模式,抑或法学职业教育模式,都不具有现实基础,唯有多元化法学教育模式方是中国法学教育发展的客观选择。

四、中国法学教育模式的基本构成元素

中国法学教育多元化发展模式的基本构成元素,由多元化法学人才培养教育目标、多轨制法学教育培养方式、多类型法学知识建构和多层次法学学历结构教育内容、理论与实践多重组合法学教育

方法构成,这些元素在法学教育的发展中是动态互动关系——多元化法学人才培养的教育目标决定了法学教育内容的多类型知识建构和多层次学历结构的特征,而这又造就了多轨制的法学教育培养方式和理论与实践多重组合的法学教育方法。

(一)法学教育培养目标——多元化人才培养

美国法学教育是以培养法律实践人才为目标、以职业教育和实务训练为主,兼顾理论学习的法律职业教育人才培养模式;大陆法系国家大学法学教育的目的在于提供理论基础、而不是法律职业训练的法律素质教育模式,及法学教育中素质教育和职业教育分阶段进行、每个阶段各有侧重的欧洲模式。与这些模式相比较,中国法学教育培养目标是多元化人才培养。多元化人才培养是在传统单一的法律知识型人才培养目标基础上,根据中国国情,重新调整对中国法学教育从通识教育向通识教育、专业教育与精英教育的相结合功能定位的转化,适时提出的法学教育培养目标。它要求,必须把法学教育的培养目标从单一的法律知识型人才培养转变为法学应用人才、法学研究人才和社会管理人才的共同培养,要求法律职业必须走上专业化和职业化的轨道,法学教育肩负着为法律职业部门和全社会培养高素质法律人才的历史使命。“这种高素质的法律人才,绝不仅仅只是掌握了法学知识体系的人,‘他’应当是和必须是法律专业知识、法律职业素养和法律职业技能的统一体。”

多元化法学人才培养目标,不是对单一专业型人才培养目标的全盘否定,而是扬弃。中国社会主义初级阶段的现实,决定了公民法律意识的养成尚未完成,决定了中国区位发展差异的现实仍然存在。在这一国情下,我国的法学教育不能仅限于立法、司法等法律职业领域,还担负着培养不同社会结构层面的角色不同的法律人的重任。这些法律人因之在社会生活中扮演的角色的差异,决定了其对于法律知识结构、法律素养、法律理论、法律实践等需求有所差异。这些差异的客观存在,决定了中国法学教育模式在大众教育、特色教育和精英教育并存之下的通才、专才和英才教育的多元化培养目标选择。

（二）法学教育培养方式——多轨制法学教育制度

在法学教育培养方式上，经过70多年的探索和实践，中国形成了以高等院校和科研机构为主体、以在校法科学生为主要对象的法律素质教育，以法官学院、检察官学院、警察学院、司法行政学院等为主体、以法律职业人员为主要对象的法律职业教育，和由各级司法行政部门统一组织实施、以全民为对象的普法教育，初步形成了不同层次的法学教育相互补充、相互衔接的多轨制法学教育制度。特别是作为多轨制教育制度核心的高等法学教育体系，既不同于法学教育的美国模式，也有别于法学教育的大陆模式，具有鲜明的中国特色。

法律素质教育主要是对在校法科学生传授法学理论和法律知识，培养学生的法律素养和运用法学理论、法律知识解决实际问题的能力，是法学教育的基础。在中国，法律素质教育主要由普通高校和科研机构承担。中国承担法律素质教育的高等学校既有普通高等政法院校，也有公办综合性高等教育机构的法学院系和公办非综合性高等教育机构的法学院系，还有公安、警官类高等法学教育机构和具备法学教育职能的民办高等教育机构等。中国社会科学院和部分省市的社会科学院作为科研机构，也承担着法律素质教育的重要职能。中国的高等院校承担从法律中专到法学博士的各层次法律素质教育，科研机构则以培养精英型法律人才为目标，培养法科硕士研究生以上人才。

中国的法律职业教育已经发展成为建立在法律素质教育之上的独具中国特色的法学教育制度。经过70多年的发展，中国普通高校和科研机构一般不再开展系统的法律职业教育，法律职业教育的任务主要由普通高等法律职业院校和法学职业教育机构承担。普通高等法律职业院校多数是为满足法律职业教育的需要，在政法管理干部学院（校）或者司法学校、法律业余大学基础上建立起来的，同时开展面向政法系统的高层次人才培训。这些院校数量较少，目前只有北京政法职业学院、河北政法职业学院、海南政法职业学院等。以法官、检察官、警官、律师、公证员等为对象的法律职业教育，由国家设立的法学职业教育机构承担。例如，法官学院、检察官学院、警察学院分别针对法官、检察官、警官进行职业教育和培训;司法部司法行政学院主要开展司法行政系统处级以上领导干部和县(市)司法局长,高级律师、高级公证员的晋职培训和继续教育,国际经贸法律和外语强化培训,本系统和其他行业有关人员法律专业证书教育,基层法律服务人员、人民调解员骨干和师资的专项培训,司法行政系统人员国际交流与合作办学以及接受委托面向社会各行业、部门的法律培训。

在中国,除去高等学校的法学教育和法律职业机构的职业教育之外,从1986年开始,由各级司法行政机关统一组织的对一切有接受教育能力的公民实施的,旨在普及法律知识、传播法治理念、树立法治信仰的普法教育,也是中国法学教育的组成部分。这种教育在世界法学教育体系中呈现出鲜明的中国特色,不论从对象、目的、内容上,都与高等院校法学教育和法律职业教育有所不同。从1986年以来的30余年里,中国先后进行了8次普法教育。8次普法教育中,每次普法的规划一般都明确规定该次普法教育的指导思想、目标、任务、重点对象和组织领导及保障等内容;每次普法教育基本上建立在前一次普法教育的基础之上,且都与所处时期的国情密切结合。普法教育注重理论与实践相结合,学法与用法相结合,使中国国民的法律意识明显增强,法治观念普遍提高,逐步推动国家管理活动与社会生活各个方面步入法治轨道。全民普法教育是由中国各级司法行政机关负责组织实施的、与法律素质教育和法律职业教育相互补充、相互影响、相互渗透的法学教育制度。普法教育与法律素质教育和法律职业教育,成为世界独一无二的中国特色法学教育制度的“三驾马车”。

(三)法学教育内容——多类型知识建构与多层次学历结构

多元化人才培养的教育目标,决定了法学教育的内容必然是多类型的知识建构模式和多层次学历与学位结构。

1. 多类型知识建构

法学基本教育是中国法律人才培养模式的基本内容,即以法学基本理论和法律知识作为最基本的教学内容。以法学本科教育为例,在法学专业课程的设置上,法学专业核心课是法学本科教育的主要内容。法律大专和法学硕士、法律硕士、法学博士、法律博士也均有其层次不同、学科各异的法学基本教育内容,并初步形成了整体上的一致性。特色教育的主要内容是依托自身教育资源的优势,开设与自身学科门类相关的法律教育课程。在中国,除了传统的政法类院校和综合大学开展法学教育外,一部分专业性较强的高等院校(如财经院校、民族院校、农林院校、理工院校、师范院校、医学院校等)也利用自身资源优势开展富有特色的法学教育,这是中国法学教育在发展过程中形成的一大特色。

在70多年的发展中,除去高等院校和科研机构开展法学教育之外,中国还探索出了独具特色、形式多样的法学继续教育,主要有:第一,针对司法职业人员的各种在职学位的教育;第二,法院、检察院、公安局以及律师、公证管理等部门结合本职业特点和实务需要进行的各种职业培训和教育,建立了形式多样、各具特色的法律职业培训体系;第三,中央及地方党校通过党政干部培训班、在职研究生教育等形式开展的继续教育。上述不同形式的法学继续教育,有效地承继了高等院校和科研机构的校内职业前教育,成为中国法学教育中不可或缺的重要组成部分。

新中国成立70多年,法学教育的基本内容形成了以基本教育、特色教育和继续教育有机结合的多类型知识建构为内容的法学教育模式。

2. 多层次学历、学位结构

中国法学教育历经60多年的发展,在学历层次上由中专、大专、本科、研究生构成,在学位上由学士、硕士、博士构成。从1977年到1996年的近20年,法学教育在培养对象的数量上主要是以法律中专、法律大专和法律本科为主,法学硕士和法学博士的培养数量相对较少。从1996年开始,国家法学教育政策进行了调整,法律中专被逐步取消,法律大专数量呈减少趋势,法学学士、法学硕士、法学博士的招生规模不断扩大特别是伴随着1996年法律硕士专业学位研究生和2022年法律博士研究生的招生培养,法学学位由原来的法学学士、法学硕士和法学博士3个学位层次发展为5个,成为中国法学教育的主体,法学专科、资格证书和专业证书等成为法学教育的有机补充共同构成了中国特色的法学教育层次体系。

随着中国法律专业教育大众化方针的实行,法律本科教育的总体规模在整个法学教育中的比重呈逐步增大之势。中国法学本科教育规模位居世界首位,进入了国际公认的大众化发展阶段,成为与世界两大法学教育模式呈鼎足之势之根基。

中国法学硕士学位研究生主要招收法律专业本科生,定位于为法学教育和法学研究培养研究型人才,它所预期的毕业生是学术法律人,而非实务法律人。从中国目前按法学二级学科设置专业招收和培养研究生的现状,也可以看出法学硕士教育明显的学术性指向。中国法律硕士教育经历了一个从法学本科生与非法学本科生兼招(1996 年)到限于招收非法学本科生(2006 年)再到法学本科生与非法学本科生兼招(2009 年)的过程,定位于培养立法、司法、行政执法、法律服务与法律监督以及经济管理等方面需要的复合型、实践型法律人才。从 1996 年试办,到 2006 年实现“转正”,国家先后分 8 批设立了 80 个试点单位,至今能够招收法律硕士专业学位的院校已达到百余所,这些法律硕士培养单位涵盖了中央和地方所属的以及综合性、政法、财经、师范、民族、军事等不同类型、不同行业特色的高校和科研机构,囊括了中国高水平的、有培养法律专门人才优越条件和办学实力的高校和科研机构。中国实行的全日制(通称双证)与在职攻读(通称单证)双轨并行的法律硕士教育二元结构体制,收到了良好的效果。特别是培养的在职法律硕士,绝大多数已经成为各地各级司法机关、法律服务机构、党政企事业单位和社会管理机关的领导或者骨干,为促进当地经济、政治和社会的发展,为维护社会稳定,作出了不可或缺的贡献。

1982 年,中国法学博士研究生开始招生时只录取 1 人。至 1998 年,在校法学博士研究生达 1340 人。至 2002 年,在校法学博士研究生达 4157 人。截至 2020 年,全国普通高等院校博士招生 5536 人,在校博士研究生已有 23,831 人。近年来,法学博士研究生的招生人数趋于稳定。2022 年,国务院学位委员会和教育部还增设了法律博士学位。随着研究生招生规模的不断扩大,中国法学博士教育亦得到空前发展,成为中国法学教育和法学研究的中坚力量。

法律大专是中国法学教育的特色。新中国成立70多年来，法律专科经历了一个从无到有的过程。1949—1952年，全国根本就没有专科生。1953年院系调整之后的10年，本科生占全体学生总数90%以上。恢复法学教育以来，本科生的比例明显下降，法律本科教育失去了其原来在普通高校中的霸主地位。以1996年为例，各类法律本科生有8.1万人，专科生达到20.5万人。可见法律专科教育曾经在整个法学教育中占绝对统治地位。随着依法治国的全面推进，对法律人才的素质需求越来越高，从事法律职业的学历门槛提高到本科，法律大专教育逐步开始呈萎缩趋势。但是，考虑中国地区教育发展和人才培养的不平衡，国家在发达地区逐步限缩法律大专教育规模的同时，一方面继续鼓励西部欠发达地区的法律专科教育，另一方面采取有效措施加大对西部地区以法律大专为主的法律人才定向培养。目前，国家已经确定从退役军人、院校毕业学生中选拔培养法律专科、本科（双学位）、研究生定向分配到西部公安、检察院、法院和律师系统。这意味着法律专科在中国还将存续一个时期。

新中国成立70多年，以法学学士、硕士、博士教育为主体，以法学专科教育等为补充的多轨制的法学教育制度已趋成熟，成为中国法学教育模式的重要标志。

（四）法学教育方法——理论实践多重组合

以实践教学为主的英美法系国家，在教学方法上也是推崇实践经验的积累和业务知识和技能的培养，大量的研讨课、诊所法律教育和模拟法庭构成其教学的主干，只有一少部分课程的基本原理由教授讲授。当然，这种教学方法的形成与英美法系判例法的历史与现实有关。以素质教育为目标的大陆法系国家的教育方法大多采用演绎法，强调教师系统地向学生讲授法律的基础知识，注重法律抽象思维训练。这种教学方法的形成有大陆法系国家成文法的历史与现实的因素。

教学方法必须服务于教育目标，多层次人才培养目标的确立，要求我国法学教育方法的多重展开。虽然在相当长的历史时期，我国法学教学方法承继了大陆法系国家的特征，以传统的课堂教学为主，并且以教师系统传授法学理论为主。但是，随着近年来法学教学改革的蓬勃开展，在法学教育领域，逐渐形成了理论与实践并重的多模块的教学方式。

第一，针对我国成文法的历史与现实，理解法律是法学教育的初步目标，因此，法律理论教学成为我国法学教育方法的不可或缺的组成。几乎所有高等院校、专门院校以及特色院校都很注重理论教学，注重教师系统地向学生进行法律基础知识的传授和法律抽象思维能力的培养。

第二，在近年、特别是近10年来的改革中，以模拟法庭、诊所法律教育为代表的实践教学也被纳入轨道，成为一种独立的教学方法。模拟法庭教学、诊所式法律教育与正在兴起的借鉴自然科学实验室而设立的文科（法学）实验基地，在学生实践能力和专业素质培养中起到了传统教学无法比拟的作用。

第三，在法官学院、检察官学院、警察学院和司法行政学院中，由于学生多是有着多年实践经验的职业人士，因此，教学方法主要侧重法学理论和基本原理的把握，以及法律人思维方式的养成。

第四，在颇具中国特色的全社会领域进行的普法和公民法律意识培养教育中，问卷、竞赛、观摩以及以各机关为依托的组织讲座培训等方法已经基本成熟。上述这些教学方法在我国多层次人才培养目标之下，已经成为我国法学教育教学方法中相对独立的元素构成。

五、中国法学教育模式运行的保障机制

探索中国法学教育70多年来的发展道路，得出中国模式初步形成的必然性结论。一方面，我们应当意识到不同于英美模式和大陆模式的中国模式是中国法学教育多元化发展的历史与现实选择；另一方面，我们更应该深刻认识到中国法学教育多元化模式构成要素在法学教育的发展中是动态互动关系，这种动态性关系模式要求我们必须时刻警醒每一个构成要素及其构成成分的逆向变化。换言之，按照结构功能主义的解读，要素在发展过程中有可能偏离其所属的整个模式总体目标指向。与之相适应四位一体的教育管理

体制和多方位互动的教育就业机制，是中国多元化法学教育模式形成并保障其正常运行的不可或缺的要素。

（一）法学教育管理体制——四位一体模式

新中国成立70多年来，法学教育宏观管理体制形成了教育行政部门的行政管理、司法行政部门的行业指导、法学教育行业协会的自律性管理和法学院校自我管理的四位一体。

（二）法学教育就业机制——多方位互动型

新中国成立70多年，法学教育和法律职业资格考试（原司法考试）与法律职业密切关联的互动型的教育就业机制逐步建立，成为法学教育中国模式形成和保障其正常运行的关键要素。概括而言，中国法学教育70多年来，法学教育者与法律职业者对于法学教育与法律职业之间关系的认识和定位，经历了一个渐进的过程：法学教育从封闭式的"束之高阁"的校园教育，到重视法律职业对法学教育的需求，再到反思法学教育与法律职业的应然关系；法律职业者从对法学教育的"高高挂起"到"评头论足"再到"躬身参与"，经历了一个探索与发展的阶段，从而逐渐形成了法律职业与法学教育密切关联的互动型的就业机制，而连接法律职业和法学教育的桥梁就是法律职业资格考试（原司法考试）。

在实行统一的法律职业资格考试（原司法考试）之前，中国法学教育与有关考试和法律职业的关系表现为三种并列的形式：法学院教育→国家律师资格考试→律师职业；法学院教育→初任检察官考试→检察官职业；法学院教育→初任法官考试→法官职业。2001年6月30日，国家通过的《法官法》和《检察官法》修正案规定："国家对初任法官、初任检察官和取得律师资格实行统一的司法考试制度。"2001年10月31日，司法部会同最高人民法院和最高人民检察院联合发布的《国家司法考试实施办法（试行）》规定，从2002年起，担任法官、检察官和取得律师资格必须按照法律规定，参加统一国家司法考试，取得资格。从而使国家司法考试制度法律化，并取得了国家考试的地位。2018年，考虑司法考试制度还存在一些与新形势新任务要求不适应不符合的问题，要让这项制度在全面依法治国中发挥更加充分的作用,需要通过改革的方式来加以解决,于是,司法部制定了《国家统一法律职业资格考试实施办法》,这是我国法律职业资格制度的第一部规章,明确了法律职业资格考试的报名条件、组织实施、违纪处理、资格授予管理等内容,对于规范法律职业资格考试的组织实施等工作具有重要作用。一方面,由于法律职业资格考试设置了进入法律职业的门槛,它的推行对主要以培养法律人才为目标的法学教育产生了方方面面的冲击。各个法学教育机构为了适应考试的需要,从课程设置到教学方法等方面都作了许多改革,法学教育获得了前所未有的改革的动力,法律职业资格考试客观上促进了法学教育的改革和进步。另一方面,法学教育是法律职业资格考试的基础,法律职业资格考试的水平很大程度上由法学研究和法学教育的水平决定,法律职业资格考试也要依托于法学教育才能不断发展和完善。

法律职业资格考试作为法学教育和法律职业之间的一个纽带,它通过考试的形式将法律职业的需求有效反馈给法学教育,使法学教育在不断适应法律职业的需求中逐步完善。同时,将法学教育的成果输送到法律职业中,使法学教育和法律职业之间实现了有机的互动,并进而初步形成了法学教育和法律职业密切关联的互动型的就业机制。法律职业资格考试实施后,具有中国特色的法学教育和法律职业资格考试及法律职业之间的关系是:法学院教育→法律职业资格考试→法律职业。

新中国成立70多年的实践证明,法学兴则法治兴,法治兴则国运兴,国运兴则法学更兴。呼唤中国法学的繁荣发展,要求法学研究的深化提高,推动法学教育的改革创新,引领法学法律人才的优胜劣汰。法治时代是改革、创新和发展的时代,从该种意义上讲,法学教育的中国模式将逐步成熟完善。

第三节　中国特色社会主义法学教育模式的基本特征

关于法学教育中国模式的基本特征问题,多年以来学界研究的相对比较少,有关这一问题的系统的、全面的研究之作更是少之又少。

一、中国法学教育模式的发展变迁

法学教育模式是在一定的经济、政治、文化等因素影响下,在一定的教育思想指导和制度环境中生成的教育培养目标、教育培养方式、教育内容、教育方法等基本构成元素的有机结合。考查世界各国法学教育的基本构成元素,可以发现世界法学教育的基本类型大致可以分为两类:一类是以美国法学教育为代表的普通法系的法律职业教育模式,另一类是以德国法学教育为代表的大陆法系的法律素质教育模式。

从以横向的世界法学教育既成模式的基本特征比较、纵向的中国法学教育模式构成元素生成机制分析以及中国法学教育制度的整体运行环境考查为视角,综合研究中国法学教育培养目标、教育培养方式、教育内容、教育方法等基本构成元素,可以发现,新中国成立70多年以来,中国法学教育模式经历了从新中国成立初期的苏联模式,到改革开放初期的大陆法系模式,又到市场经济体制时期的混合模式,再到目前中国特色模式初步形成的变迁过程。

(一)新中国成立至"文化大革命"结束时期:借鉴苏联模式

新中国成立后,新中国政治、经济、文化全面苏联化,法学教育也全面借鉴了苏联模式。此时期中国教育模式的主要特征是:培养教育目标是政治素质过硬的无产阶级政法干部,法学教育立足以马克思列宁主义、毛泽东思想为指导,为巩固人民民主专政,培养了解政策法令和新法学,为人民服务的法律工作干部;教育培养方式是法律院校独立承担法学教育任务,国家统一组织管理;法律职业不是一种专业,法学教育与法律职业是分离的;教育内容是“讲授课程有法令者根据法令,无法令者根据政策……如无具体材料可资根据参照,则以马列主义、毛泽东思想为指导原则,并以苏联法学教材及著述为教授的主要参考资料”;教育方法主要是课堂讲授,强调教师的主导性,由苏联专家直接授课或者由经过苏联专家培训的中国法学教师授课。

(二)有计划商品经济时期:学习大陆法系模式

1978年改革开放后,有计划商品经济逐步确立,作出树立法制权威和加强法制教育的决定。高等教育提出以人的全面发展为教育目标,中国法学教育的模式逐步突破重政治素质、轻职业素养的苏联法学教育模式影响,呈现出模仿德国等大陆法系国家法学教育模式的特征。此时期中国法学教育的基本特征为:培养教育目标是德智体全面发展的专业人才;教育培养方式是通过多种形式、多种层次培养法律人才,教育培养形式包括全日制法学教育和成人教育等,教育培养层次包括中专、大专、本科、研究生等;教育内容是国家颁布的法律法规和法学理论知识及有关人文知识;教育方法主要是以教师讲授为主的课堂式,教师是教学活动的主导者。

(三)社会主义市场经济体制建立时期:混合模式

伴随着市场经济的建立和发展以及依法治国方略的逐步实施,人们的思想观念特别是法制观念发生了深刻变化。以法律职业教育为法学教育典型特征的普通法系国家的教育模式被借鉴引入,与传统法学教育中苏联模式的教师主导型和大陆法系模式的素质教育目标特征融合为一体,形成社会主义市场经济体制时期的中国法学教育的混合模式。

中国法学教育混合模式的基本标志是:培养教育目标从以通才教育为主,开始走向通才教育与职业教育的兼顾;教育培养方式虽继续延续了多种形式、多种层次培养法律人才的模式,但逐步转向以法学本科、法学硕士和法学博士教育为主体,其他学历教育为补充,以全日制教育为主,以其他形式为辅助;教育内容以国内法为主,兼顾外国法及国际法,法学本科教育核心课程统一化;传统讲座式教育方式受到挑战,实践性教学方法开始引入。

(四)中国特色社会主义模式

在中国法学教育经过从停滞到恢复,从逐步发展到规模化发展之后,人们对法学教育繁荣背后予以忧虑和思索的同时,也开始了对法学教育中国模式的定位思考。在摒弃以政治代替法律的苏联模式之后,英美的法律职业教育模式和大陆法系的法律素质教育模式究竟哪个更适合中国?在见仁见智的争论中,中国法学教育从规模化发展适时进入发展调整时期,全面总结新中国成立、特别是改革开放以来中国法学教育的经验与教训、成功与不足,探索出了走中国特色社会主义法学教育模式之路。

中国法学教育从新中国成立至"文化大革命"结束后的苏联模式,到有计划商品经济时期的大陆法系模式,到社会主义市场经济体制时期的混合模式,再到中国特色社会主义模式的初步形成,不仅记录了中国法学教育的发展轨迹,同时也反映出时代对法学教育的需要和需求。应当清楚地认识到:虽然苏联模式、大陆模式、混合模式和中国模式有着较大的差异,但是,"历史是延续的",每一种模式在当时的年代都发挥过积极的作用,都是中国法学教育发展前进的历史基础。就像法学教育的中国模式仅是初步形成,随着中国特色社会主义事业的进一步发展和社会主义法治国家建设的继续推进,法学教育的中国模式必将逐步走向成熟和完善。这是因为,虽然同一种法学教育模式的基本特征不会改变,但是构建法学教育模式的制度或者规则处于一种发展而非静止的态势。

二、法学教育中国模式初步形成的基本标志

法学教育在全面反思调整和发展的过程中,具有中国特色的社会主义法学教育模式初步形成。

(一)以法学学士、硕士、博士教育为主体,以法学专科教育等为补充的多层次高等法学教育体系已趋成熟

中国法学教育历经70多年的发展,在学历层次上由中专、大专、本科、研究生构成。随着法学教育中国模式的初步形成,中专教

育已渐取消,大专教育始呈缩减之势,但尚需存留一个时期,一个以法学学士、硕士、博士教育为主体,以法学专科教育等为补充的多层次高等法学教育体系已经建立起来并日趋成熟。然而,无论是法学教育的美国模式抑或大陆模式,法学教育体系中均无法律中专和法律大专之层次。

在中国,从新中国成立初期到 1977 年高考制度恢复,法学教育的培养对象是以法律本科和短期培训为主。从 1977 年到 1996 年的近 20 年,法学教育在培养对象的数量上主要是以法律中专、法律大专和法律本科为主,法学硕士和法学博士的培养数量相对较少。从 1996 年开始,国家法学教育政策进行了调整,法律中专被逐步取消,法律大专数量呈减少趋势,法学学士、法学硕士、法学博士的招生规模不断扩大,特别是伴随着 1996 年法律硕士专业学位研究生的招生培养,法学学位由原来的法学学士、法学硕士和法学博士三个学位层次发展为四个,成为中国法学教育的主体,法学专科、资格证书等成为法学教育的有机补充,共同构成了中国特色的法学教育层次体系。

随着中国法律专业教育大众化方针的实行,法律本科教育的总体规模在整个法学教育中的比重呈逐步增大之势。中国法学本科教育规模位居世界首位,进入了国际公认的大众化发展阶段,成为与世界两大法学教育模式呈鼎足之势之根基。

中国法学硕士学位研究生主要招收法律专业本科生,定位于为法学教育和法学研究培养研究型人才,它所预期的毕业生是学术法律人,而非实务法律人。从中国目前按法学二级学科设置专业招收和培养研究生的现状,也可以看出法学硕士教育明显的学术性指向。

中国法律硕士教育定位于培养立法、司法、行政执法、法律服务与法律监督等方面需要的高层次、复合型、专门型法律人才。从 1996 年试办,到 2006 年实现“转正”,国家先后分 8 批设立了 80 个试点单位。这些试点单位涵盖了中央和地方所属的以及综合性、政法、财经、师范、民族、军事等不同类型、不同行业特色的高校和科研机构,囊括了中国高水平的、有培养法律专门人才优越条件和办学实力的高校和科研机构。中国实行的全日制与在职攻读双轨并行的法律硕士教育二元结构体制,收到了良好的效果。特别是培养的在职法律硕士,绝大多数已经成为各地各级司法机关、法律服务机构、党政企事业单位和社会管理机关的领导或者骨干,为促进当地经济、政治和社会的发展,为维护社会稳定,作出了不可或缺的贡献。

70 多年来,随着研究生招生规模的不断扩大,中国法学博士教育亦得到空前发展,还增设了法律博士学位,成为中国法学教育和法学研究的中坚力量。

法律大专是中国法学教育的独具特色。新中国成立 70 多年来,法律专科经历了一个从无到有的过程。1949—1952 年,全国根本就没有专科生。1953 年院系调整之后的 10 年,本科生占全体学生总数 90% 以上。恢复法学教育以来,本科生的比例明显下降,法律本科教育失去了其原来在普通高校中的霸主地位。以 1996 年为例,各类法律本科生有 8.1 万人,专科生达到 20.5 万人。可见法律专科教育曾经在整个法学教育中占绝对统治地位。随着依法治国基本方略的实施推进,对法律人才的素质需求越来越高,法律从事法律职业的学历门槛提高到本科,法律大专教育逐步开始呈萎缩趋势。但是,考虑中国地区教育发展和人才培养的不平衡,国家在发达地区逐步限缩法律大专教育规模的同时,一方面继续鼓励西部欠发达地区的法律专科教育,另一方面采取有效措施加大对西部地区以法律大专为主的法律人才定向培养。目前,国家已经确定从退役军人、院校毕业学生中选拔培养法律专科、本科(双学位)、研究生定向分配到西部公安、检察院、法院和律师系统,西南政法大学、中国人民公安大学等院校成为首批试点培养学校。这意味着法律专科在中国还将存续一个时期。

(二)法学的基本教育、特色教育和继续教育有机结合的多元化的法律人才培养模式基本形成

中国法律人才培养模式的特点是,既有以传授法学理论和法律知识为主的法学基本教育,又有具有行业专业特征的法学特色教

育,还有贯穿于法律职业生涯的继续教育。

法学基本教育是中国法律人才培养模式的基本内容。虽然中国的法学教育机构多样,体系多层次,法学教育的具体开展过程有所差别,但是,法学基本教育却是共同的,即以法学基本理论和法律知识作为最基本的教学内容。以法学本科教育为例,在法学专业课程的设置上,法学专业核心课程是法学本科教育的主要内容。法律大专和法学硕士、法律硕士、法学博士、法律博士也均有其层次不同、学科各异的法学基本教育内容,并初步形成了整体上的一致性。

在中国,除了传统的政法类院校和综合大学开展法学教育外,一部分专业性较强的高等院校(如财经院校、民族院校、农林院校、理工院校、师范院校、医学院校等)也利用自身资源优势开展富有特色的法学教育,这是中国法学教育在发展过程中形成的一大特色。

在70多年的发展中,除高等院校和科研机构开展法学教育之外,中国还探索出了独具特色、形式多样的法学继续教育。主要有:第一,针对司法职业人员的各种在职学位的教育育;第二,法院、检察院、律师、公证等部门结合本职业特点和实务需要进行的各种职业培训和教育,建立了形式多样、各具特色的法律职业培训体系;第三,中央及地方党校通过党政干部培训班、在职研究生教育等形式开展的继续教育。上述不同形式的法学继续教育,有效地承继了高等院校和科研机构的校内职业前教育,成为中国法学教育中不可或缺的重要组成部分。

新中国成立70多年、特别是改革开放40多年来,法学的基本教育、特色教育和继续教育有机结合的多元化的法律人才培养模式已经基本形成。法律人才培养模式的多元化是中国法学教育模式的一大特色。

(三)普通高校、科研机构的法律素质教育和专门学校的法律职业教育与全民的普法教育互相衔接的多轨制的法学教育制度初步完善

经过70多年的探索和实践,以高等院校和科研机构为主体、以在校法科学生为主要对象的法律素质教育,以法官学院、检察官学

院、司法行政学院等为主体、以法律职业人员为主要对象的法律职业教育，和由各级司法行政部门统一组织实施的全民普法教育，构成了中国法学教育制度的基本内容。这一相互补充、相互衔接的多轨制的法学教育制度，既不同于法学教育的美国模式，也有别于法学教育的大陆模式，具有鲜明的中国特色。

法律素质教育主要是对在校法科学生传授法学理论和法律知识，培养学生的法律素养和运用法学理论、法律知识解决实际问题的能力，是一个国家法学教育的基础。在中国，法律素质教育主要由普通高校和科研机构承担。中国承担法律素质教育的高等学校既有普通高等政法院校，也有公办综合性高等教育机构的法学院系和公办非综合性高等教育机构的法学院系，还有公安、警官类高等法学教育机构和具备法学教育职能的民办高等教育机构等。在中国，中国社会科学院法学研究所等科研机构也承担着法律素质教育的重要职能。中国的高等院校承担从法律中专到法学博士的各层次法律素质教育，科研机构则以培养精英型法律人才为目标，培养法科硕士研究生以上人才。

70 多年来，中国的法律职业教育已经发展成为建立在法律素质教育之上的独具中国特色的法学教育制度。经过 70 多年的发展，中国普通高校和科研机构一般不再开展系统的法律职业教育，法律职业教育的任务主要由普通高等法律职业院校和法学职业教育机构承担。普通高等法律职业院校多数是为满足法律职业教育的需要，在政法管理干部学院（校）或者司法学校、法律业余大学基础上建立起来的，同时开展面向政法系统的高层次人才培训。这些院校数量较少，目前只有北京政法职业学院、河北政法职业学院、海南政法职业学院。以法官、检察官、律师、公证员类等为对象的法律职业教育，由国家设立的法学职业教育机构承担。如法官学院和检察官学院分别针对法官和检察官进行职业教育和培训。司法部司法行政学院培训司法行政系统处级以上领导干部和县（市）司法局长，高级律师、高级公证员的晋职培训和继续教育，国际经贸法律和外语强化培训，本系统和其他行业有关人员法律专业证书教育，基层法律服务人员、人民调解员骨干和师资的专项培训，司法行政系统人员国际交流与合作办学，以及接受委托面向社会各行业、部门的法律培训。

全民普法教育是由中国各级司法行政机关负责组织实施的、与法律素质教育和法律职业教育相互补充、相互影响、相互渗透的具有鲜明中国特色的法学教育制度。教育对象是一切有接受教育能力的中国公民，旨在全国范围内普及法律知识，传播法治理念，树立法治信仰。从1986年以来的30余年里，中国先后进行了8次普法教育。经过多次普法教育，中国公民的法律意识大大增强，社会主义法治理念进一步深入人心，普法教育取得了良好的效果，形成了成熟的经验。

（四）法学教育和法律职业资格考试与法律职业密切关联的互动型的教育就业机制逐步建立

70多年来，法学教育者与法律职业者对于法学教育与法律职业之间关系的认识和定位，经历了一个渐进的过程：法学教育从封闭式的“束之高阁”的校园教育，到重视法律职业对法学教育的需求，再到反思法学教育与法律职业的应然关系；法律职业者从对法学教育的“高高挂起”到“评头论足”再到躬身参与，经历了一个探索与发展的阶段，从而逐渐形成了法律职业与法学教育密切关联的互动型的就业机制，而连接法律职业和法学教育的桥梁就是法律职业资格考试。

法律职业资格考试作为法学教育和法律职业之间的一个纽带，它通过考试的形式将法律职业的需求有效反馈给法学教育，使法学教育在不断适应法律职业的需求中逐步完善。同时，将法学教育的成果输送到法律职业中，使法学教育和法律职业之间实现了有机的互动，并进而初步形成了法学教育和法律职业密切关联的互动型的就业机制。

（五）教育行政部门的行政管理、司法行政部门的行业指导、法学教育行业协会的自律性管理及法学院校的自我管理四位一体的法学教育管理体制日益协调

新中国成立70多年、特别是改革开放40多年来，法学教育宏

观管理体制形成了教育行政部门的行政管理、司法行政部门的行业指导、法学教育行业协会的自律性管理和法学院校自我管理的四位一体。在1998年以前，中国法学院校依其性质及管理方式的不同可以划分为三类：一是司法部所属的法学教育体系，分别是中国政法大学、西南政法大学、华东政法学院（现华东政法大学）、西北政法学院（现西北政法大学）、中南政法学院（现中南财经政法大学）。这些法学院校具有雄厚的师资力量且规模最大，其在校生已近全国法学在校生的一半。二是教育部直接主管的重点综合大学的法学院系，如北京大学等法学院系，其师资力量雄厚，在全国有较大的影响。三是行业主管部门所属的理工院校与地方所属的大学的法学院系，以其行业优势举办法学教育，为法学专业复合型人才的培养增添了新的特色，但这类院系的师资有限，招生相对较少。不同的学校隶属于不同的主管部门。在学校与主管部门的关系上，主管部门对高等学校进行直接管理，从学校的设立、撤销、院校长任免、人事制度、机构设置、财务制度、师生待遇以及教学计划、教学大纲等，都是由主管部门决定，学校根据主管部门所拨经费和下达的计划办学，进行日常教学组织管理。

1998年以后，根据《中共中央国务院关于关于深化教育改革全面推进素质教育的决定》和《国务院关于进一步调整国务院部门（单位）所属院校管理体制和布局结构决定》，国务院各部委一般不再直接管理普通高等院校。自2000年春季起司法部将直属的5所政法高等院校划转教育部及有关省市管理，实行归由教育部或者中央与地方共建、地方管理为主的新体制。中央政法管理干部学院与中国政法大学合并交由教育部直接管理，中南政法学院与中南财经大学合并为中南财经政法大学隶属教育部，中央司法警官教育学院作为培养监狱、劳教警察的基地仍由司法部直接管理，西南政法大学、华东政法学院（现华东政法大学）、西北政法学院（现西北政法大学）则变为省部共建，地方管理为主。如此一来，由教育行政部门的行政管理与司法行政部门的行业指导，构成中国法学教育宏观管理指导体制的基础，再加上法学教育行业协会即中国法学会法学教育研究会的自律性管理以及法学院校的自我管理，四者的有机结合,共同形成有中国特色的法学教育管理体制。这四位一体的法学教育管理体制,既不同于以行业管理为主、政府管理较少的美国模式,也不同于联邦政府、法学院校、州高等法院和州司法部分工负责的德国模式,而是一种在中国国情之下形成的、具有中国特色的法学教育管理模式。①

---

① 冀祥德:《中国特色社会主义法学教育模式的基本特征》,载《河北法学》2011 年第 12 期。

第九章　卓越法律人才教育培养计划

第一节　实施卓越法律人才教育培养计划的必要性

改革开放以来,我国高校法学教育改革和发展取得了显著成绩,为国家经济社会发展特别是社会主义法治国家建设,提供了强有力的智力支持与人才保障。但是,我国高校法学教育的人才培养工作还存在一些亟待解决的问题,与法律实际工作的联系亟待加强,人才培养模式亟待改革,人才培养质量亟待提高。在这种情况下,为了全面落实依法治国基本方略,深化高等法学教育教学改革,提高法律人才培养质量,教育部、中央政法委决定联合实施"卓越法律人才教育培养计划"。"卓越法律人才教育培养计划"的制订与实施,旨在培养适应中国特色社会主义法治国家建设需要的高素质法律人才。

2011 年 12 月,教育部、中央政法委联合发布《关于实施卓越法律人才教育培养计划的若干意见》。2011 年 4 月,教育部在北京召开"卓越法律人才教育培养计划"专家咨询组、专家工作组成立暨第一次工作会议。“卓越法律人才教育培养计划”专家咨询组由中央政法委员会、外交部、公安部、司法部、商务部、最高人民法院、最高人民检察院等有关部门的负责同志和在法学教育领域有较高学术地位的知名专家学者组成,主要任务是研究提出制订实施“卓越法律人才教育培养计划”的意见和建议,论证评议有关重要政策和重要改革事项。专家工作组由从事法学教育教学的一线专家学者和有关管理部门负责同志组成,主要任务是研究制定工作方案,开展调查研究,推动计划各项工作的落实。

2012 年 5 月 26 日,教育部、中央政法委联合举办的卓越法律人才教育培养计划启动工作会议在京召开。来自法院系统、检察系统和高等学校的代表共商法学人才培养规划和方案,标志着在法学人才培养领域开启了教育与用人部门共同培养人才的新局面。会上,正式成立了由公检法等多部门和高等学校负责同志组成的卓越法律人才教育培养计划指导委员会、专家委员会,并将正式启动建设北京大学等 20 多所高校与各级法院、检察院、律师事务所、企业等部门共建的一大批法学教育实践基地和 100 多个卓越法律人才教育培养基地。

2018 年,为深入贯彻习近平新时代中国特色社会主义思想和党的十九大精神,贯彻落实习近平总书记在中国政法大学考察时重要讲话精神,根据《教育部关于加快建设高水平本科教育 全面提高人才培养能力的意见》,在卓越法律人才教育培养计划基础上,提出实施卓越法治人才教育培养计划 2.0。

之所以要提出和推进卓越法律人才教育培养计划,是出于以下原因:第一,随着综合国力的不断提升,我国与世界各国的政治经济文化联系日益紧密,参与国际事务的规模和深度不断扩大,亟须具有国际视野,熟悉国际政治、经济、文化、科技等方面的法律和国际规则,具有国际交流能力的高端人才,因此,亟需要以特殊方式培养国际法尖端人才。第二,调查研究显示,基层法院、检察院和城市社区服务单位、农村县乡一级极端缺乏法律人才,特别是西部地区法院检察院急需大量受过正规教育的法律专门人才,解决西部基层法律人才短缺的问题已成非常紧迫的任务。第三,我国高等法学教育还不能完全适应经济社会发展需要，还存在社会主义法治理念教育不够深入、人才培养模式相对单一、学生实践能力不强等一些不容忽视的问题。①

卓越复合型法律人才与传统法律人才的区别在于复合，即学科间的交叉、融合、渗透。教育部、中央政法委印发《关于实施卓越法律人才教育培养计划的若干意见》顺应了法学教育职业化转向的趋势，对法学高等教育面向社会需求培养人才，调整人才培养结构，提高人才培养质量，推动法学教育向法律职业教育的转变，具有十分重要的示范和引导作用。从我国目前来看，金融、房地产、知识产权、高科技开发等法律业务和涉外法律业务日益增多，然而能胜任这些跨专业法律业务的法律工作者却少之又少。即通晓法律知识的人不懂其他专业知识，通晓其他专业知识的人不懂法律。另外，法律问题通常也是社会问题，要解决这些问题往往需要多方面的专业知识。可以说，复合型法律人才培养不仅是时代发展之必然选择，是常规教育和职业教育的融合，也是社会发展的重要因素之一。②

全球化背景下法律人才的类型划分反映了法学教育受到的严峻挑战。一方面，传统封闭在主权国家内的法学教育产出的法律人才，已经不能够有效处理越来越复杂的法律特别是跨国法律问题；另一方面，全人类正在经历一些共同性的难题，如金融危机、经济和社会发展不平衡、生态危机、医疗伦理等，这要求建立新的全球规则和共同治理机制，培养治理类法律人才。所以，必须探索一条行之有效的路径，切实推进国际化战略的卓越法律人才培养。③

1. 培养卓越法律人才是对法律精英培养需求的审思

改革开放以来，市场经济的迅速复苏和社会冲突的频繁多发，

---

① 高法文：《创新机制　共同培养卓越法律人才》，载《中国高等教育》2012 年第 Z3 期。

② 董万程：《对实施卓越法律人才教育培养计划的探讨》，载《行政与法》2012 年第 7 期。

③ 杨清望：《卓越法律人才的基本类型与培养路径探析》，载《现代大学教育》2012 年第 3 期。

催发了大量行政、民事、商事、经济案件不断涌出，违法、违约、犯罪现象也一定规模存在。这种社会变迁要求更多的各类质量的法律服务，而经济的发展最可能将这种潜在的需求一步步转化为有支付能力的实在的需求。[①] 为此，我国需要一大批高端人才，其中也必然包括能够治理国家、管理社会、驾驭复杂局面的"治理类"卓越法律人才[②]。

2. 培养卓越法律人才是对应用型人才定位的反思

在教育领域，我国长期存有学术型和技能型模式的争议。改革开放之初，为填补法学空白，法学教育偏于基础的、抽象的、理论的知识传输。现如今，务实教育、职业教育、技能教育的呼声水涨船高，风行一时。究其原因，在于作为法律人或后备法律人的"人"，是法律制度的实践者，是国家运行的工程师，是发展法治文明的改革家。实现从"研究型院系"向"应用型院系"的转型，已成为时代所趋。

3. 培养卓越法律人才是对法科人才能力培养的深思

虽然"应用型法律人才培养模式"已使法学教育的中心工作发生转移，但法律职业技术的把握绝非让学生仅仅"读几个法条""举几个案子""写几个状子"就能完成。因此，目前流行的"工匠式"育人方式令人忧思。现代高校必须关涉下列学生能力的培养：汲取能力、分析能力、选择能力、创新能力、实践能力、运用法律方法能力的培养。这些能力的培养需要卓越法律人才培养计划的实施。

4. 培养卓越法律人才是对法律思维养成教育的构思

法律思维，包括法律思维形态、思维习惯、思维定式，指"依循法律逻辑，以价值取向的思考、合理的论证，解释适用法律"的理性和方法。[③] 推之法学教育方案的确定，需要为培养优秀的法律人格、学术范式和心理素质而精心思谋。正因为如此，人才培养的基本思路，就是解放思想，以培养具有卓越法律素养、实践能力和人文精神

---

① 苏力：《中国法学教育面临挑战》，载法制网2008年4月22日。

② 赵玎玎：《五大法学名校"掌门人"纵论锻造"卓越法律人才"》，载《法制日报》2011年7月13日，第12版。

③ 王泽鉴：《法律思维与民法实例》，中国政法大学出版社2006年版。

的法律职业群体为重任。而通过综合素质的养成教育，学生才能储备知识、启迪思维、历练品质，为人民争权利，为国家求法治，为社会谋福利。①

从总体上看，实施“卓越法律人才教育培养计划”，是提高我国法律人才培养质量的重大举措，是全面实施依法治国基本方略、贯彻落实教育规划纲要、培养法律紧缺人才的迫切需要，是加快社会主义法治国家建设，切实提高法律人才培养质量，逐步提升中国在国际法律事务中的话语权的迫切需要，是确保我国法治道路中国化、推动法学理论实践化、推动法律人才走向国际化的重要举措。

第二节　卓越法律人才教育培养计划的内容与实施

卓越法律人才教育培养要坚持以马克思主义法学思想和中国特色社会主义法治理论为指导，围绕建设社会主义法治国家需要，坚持立德树人、德法兼修，践行明法笃行、知行合一，主动适应法治国家、法治政府、法治社会建设新任务新要求，找准人才培养和行业需求的结合点，深化高等法学教育教学改革，强化法学实践教育，完善协同育人机制，构建法治人才培养共同体，做强一流法学专业，培育一流法治人才，为全面推进新时代法治中国建设提供有力的人才智力保障。

卓越法律人才教育培养计划经过5年的努力，建立起凸显时代特征、体现中国特色的法治人才培养体系。建成一批一流法学专业点，教材课程、师资队伍、教学方法、实践教学等关键环节改革取得显著成效；协同育人机制更加完善，中国特色法治人才培养共同体基本形成；高等法学教育教学质量显著提升，培养造就一大批宪法法律的信仰者、公平正义的捍卫者、法治建设的实践者、法治进程的

---

① 汤唯、房绍坤、金福海：《国家特色专业建设中的卓越法律人才培养方案及其实施》，载《中国大学教学》2012年第5期。

推动者、法治文明的传承者，为全面依法治国奠定坚实基础。

一、卓越法律人才教育培养计划的改革任务和重点举措

第一，厚德育，铸就法治人才之魂。注重培养学生的思想道德素养，大力推进中国特色社会主义法治理论进教材进课堂进头脑，将社会主义核心价值观教育贯穿法治人才培养全过程各环节。结合社会实践，积极开展理想信念教育、社会公益教育、中华优秀传统法律文化教育，让学生在感悟法治进步中坚定理想信念，在了解群众疾苦中磨练坚强意志，在奉献社会中增长智慧才干。加大学生法律职业伦理培养力度，面向全体法学专业学生开设“法律职业伦理”必修课，实现法律职业伦理教育贯穿法治人才培养全过程。坚持“一课双责”，各门课程既要传授专业知识，又要注重价值引领，传递向上向善的正能量。

第二，强专业，筑牢法学教育之本。重点建设120个左右国家级一流法学专业点，引导高校主动适应法治国家建设需求，紧密结合自身特色优势，明确本校法学专业培养目标和建设重点，不断提高专业建设与社会需求的契合度。重点打造200门国家级一流线上线下法学专业课程，推动高校健全课程体系，优化课程结构。鼓励高校开发开设跨学科、跨专业新兴交叉课程、实践教学课程，形成课程模块（课程组）供学生选择性修读。鼓励高校深入实施主辅修制度，丰富学生跨专业知识，培养学生跨领域知识融通能力和实践能力。推进法学学科体系、学术体系、话语体系创新，鼓励高校组建跨专业、跨学科、跨学院教学团队，整合教学资源，积极探索新型教学模式，编写出版一批具有创新性、交叉性的教材，实现跨专业的师资交叉、资源共享、协同创新。鼓励跨学院、跨院校培养能够熟练运用至少一门少数民族语言文字从事法治实务工作的双语法治人才。

第三，重实践，强化法学教育之要。要着力强化法学专业知识教育，将中国法治实践的最新经验和生动案例、中国特色社会主义法治理论研究的最新成果引入课堂、写进教材，及时转化为教学资源。要着力强化实践教学，进一步提高法学专业实践教学学分比例，支持学生参与法律援助、自主创业等活动，积极探索实践教学的

方式方法，切实提高实践教学的质量和效果。要着力推动建立法治实务部门接收法学专业学生实习、法学专业学生担任实习法官检察官助理等制度，将接收、指导学生实习作为法治实务部门的职责。

第四，深协同，破除培养机制壁垒。切实发挥政府部门、法院、检察院、律师事务所、企业等在法治人才培养中的作用，健全法学院校和法治实务部门双向交流机制，选聘法治实务部门专家到高校任教，选聘高校法学骨干教师到法治实务部门挂职锻炼。在法学院校探索设立实务教师岗位，吸收法治实务部门专家参与人才培养方案制定、课程体系设计、教材编写、专业教学，不断提升协同育人效果。

第五，强德能，加强法学师资队伍建设。建设全国法学专业教师培训基地，举办中国特色社会主义法治理论与实务研修班，用习近平新时代中国特色社会主义思想武装教师头脑，坚定教师理想信念，带头践行社会主义核心价值观。健全师德考核，强化师德监督，引导教师以德立身、以德立学、以德施教。组织开展专题研修，开展法治中国国情教育活动，引导广大教师深入了解法治实践，提升教师专业能力和综合素质。

第六，拓渠道，发展“互联网＋法学教育”。适应教育信息化与法治建设信息化的新形势，推动法学专业教育与现代信息技术的深度融合，打破校园与法治实务部门间的时空屏障，将社会资源引进高校、转化为优质教育教学资源，建立覆盖线上线下、课前课中课后、教学辅学的多维度智慧学习环境。法治实务部门要向法学院校开放数字化法治实务资源，将法庭庭审等实务信息化资源通过直播等方式实时接入法学院校。重点建设校际优质在线课程资源共建共享平台、30 个左右信息化课堂教学平台、50 个左右庭审直播实践教学平台。

第七，促开放，构建涉外法治人才培养新格局。进一步拓宽与国际高水平大学和国际组织合作交流渠道，深化与国际高水平大学学分互认、教师互换、学生互派、课程互通等实质性合作，积极创造条件选送法学专业师生到国际组织任职实践，培养一批具有国际视野、通晓国际规则，能够参与国际法律事务、善于维护国家利益、勇于推动全球治理规则变革的高层次涉外法治人才。服务“一带一路"建设,着力培养熟悉"一带一路"沿线国家法律制度的高素质专门法治人才。

第八,立标准,建强法学教育质量文化。要紧密结合新时代高素质法治人才成长需要、紧扣应用型复合型创新型法治人才培养目标、紧跟法治中国建设新进程新需求,建设高等法学院校质量文化,构建中国特色、世界水平的法学教育质量保障体系。制定法学专业认证三级标准和认证办法,开展法学专业认证,推动高校全面参与。以专业认证为抓手,明确质量目标,细化质量标准,强化过程监控和质量评价,切实推动法学教育内涵式发展和法治人才培养能力稳步提升。

二、卓越法律人才教育培养计划的组织实施

第一,构建三级实施体系。教育部会同中央政法委协调解决计划实施过程中重大问题。各地教育部门、政法部门要根据实际情况,制定实施省级卓越法治人才教育培养计划,建立健全相应组织实施机制。各高校要明确具体实施方案,确定重点建设领域和方向,明确路线图、时间表、责任人。

第二,加强政策经费保障。教育部会同中央政法委在专业设置、人员聘用与评价、国际合作交流等方面给予计划参与高校统筹支持。中央高校应统筹利用中央高校教育教学改革专项等中央高校预算拨款和其他各类资源,支持计划实施。各地教育部门、政法部门要加强省域内政策协调配套,提供有力的政策保障,统筹地方财政高等教育资金和中央支持地方高校改革发展资金,引导支持地方高校实施好本计划。各高校要根据本校计划具体要求,加大国家、省、校政策的衔接、配套、完善、执行力度。

第三,强化监督检查。教育部会同中央政法委适时开展卓越法治人才教育培养计划实施情况绩效评价。各地教育部门、政法部门要加强计划实施过程跟踪,加强实施过程管理,强化动态监测,组织开展多形式的经验交流活动。各高校要主动发布自评报告、进展情况及标志性成果,确保各项改革举措落到实处、取得实效。

第十章　中国法科研究生教育改革研究

第一节　我国法科研究生教育现状及其反思

新中国成立70年多来，法学教育从引进初创到挫折停滞，从恢复重建到持续改革和繁荣发展，已经形成了具有较大规模、结构相对合理、教育质量逐步提高的法学教育制度，中国特色的法学教育模式已经初步形成[①]，特别是形成了法学硕士、法律硕士、法学博士，以及全日制、非全日制的具有鲜明中国特色社会主义法学教育模式[②]的法科研究生教育格局，在依法治国、建设社会主义法治国家中，发挥了极其重要的作用。但是，我国法科研究生教育在不断优化、不断解决出现的弊端的同时，也出现了一些新的问题，如培养定位与培养现实存在偏差、培养模式混杂、培养机制偏离实际、同质化倾向明显、“供”不应“求”等。当下，在开启全面建设社

---

① 张文显：《法学教育中国模式已成》，载《光明日报》2010年10月5日，第4版。冀祥德：《法学教育的中国模式》，中国社会科学出版社2010年版，第23—35页。

② 冀祥德：《中国特色社会主义法学教育模式的基本特征》，载《河北法学》2011年第12期。

会主义现代化国家新征程中,如何科学把握发展新阶段,深入贯彻新发展理念,加快构建新发展格局,推动法科研究生研究高质量发展,亟需面对社会对法学人才的多元化的需求,优化恒定法科研究生培养定位,开放拓展培养方式和机制,科学调整培养模式,对法科研究生教育制度作出体系性改革。

2014 年 11 月《中共中央关于全面推进依法治国若干重大问题的决定》中明确提出,要“创新法治人才培养机制”。2017 年 5 月,习近平总书记在中国政法大学的重要讲话中指出,“法治人才培养是全面依法治国重要的一环”。2020 年 10 月,中国共产党第第十九届中央委员会第五次全体会议审议通过了《中共中央关于制定国民经济和社会发展第十四个五年规划和二〇三五年远景目标的建议》,提出了到 2035 年基本实现社会主义现代化远景目标,其中,基本实现国家治理体系和治理能力现代化,基本建成法治国家、法治政府、法治社会,与法学教育直接相关。当下,法学教育如何培养塑造熟悉并坚持中国特色社会主义法治体系的法治人才及后备力量,推动法治国家、法治政府、法治社会建设,亟需法学教育研究者和实践者全面检视我国法科研究生教育的历史,反思当下存在的问题,立足我国社会发展对法科研究生教育的现实需要,谋划法科研究生教育高质量发展之路。

一、我国法科研究生教育现状

(一)法科研究生的种类

1. 法学硕士、法律硕士与法学博士、法律博士

根据学位的不同,法科研究生分为法学硕士、法律硕士与法学博士、法律博士,其中,以本科阶段所学专业是否为法学,法律硕士又可以分为法律硕士(法学)(以下简称法本法硕)与法律硕士(非法学)(以下简称非法本法硕)。

2. 全日制硕士与非全日制硕士,全日制博士与在职博士

根据培养方式的不同,法科硕士研究生可以分为全日制硕士研究生和非全日制硕士研究生,法学博士又可以分为全日制法学博士与在职法学博士,其中,全日制培养方式是指将研究生的档案转入学校,学

校对学生发放助学金的培养方式;非全日制及在职培养方式是指研究生的档案留在原工作单位,学校不对研究生发放助学金的培养方式。

(二)法科研究生教育发展沿革

1978 年,我国恢复招收法学硕士研究生。1982 年,开始招收法学博士研究生。1996 年,首批法律硕士的 8 个学位点开始招生。2000 年,法律硕士不再面向法学本科毕业生,仅面向非法学本科毕业生招生。2009 年,法律硕士(法学)重新恢复招生。2016 年,教育部办公厅印发《关于统筹全日制和非全日制研究生管理工作的通知》,明确自 2017 年起,全日制和非全日制研究生由国家统一下达招生计划,以相同政策和标准招收。2020 年 9 月 30 日,国务院学位委员会第三十六次会议审核通过《专业学位研究生教育发展方案(2020—2025)》,指出将硕士专业学位研究生招生规模扩大到硕士研究生招生总规模的 2/3,大幅增加博士专业学位研究生招生数量。2022 年 9 月,国务院学位委员会,教育部发布《研究生教育学科专业目录(2022 年)》新增法律博士学位,于 2023 年起实施。

截至 2020 年 1 月,全国拥有法学硕士一级学科授权点 147 个,法律硕士专业学位授权点 247 个[①],实现了除港澳台地区外,全国各省(区/市)法科硕士学位授权点的全覆盖。全国法学博士一级学科授权点 52 个,除港澳台地区外,目前全国共有 25 个省份拥有法学博士一级学科授权点,仍有西藏、甘肃、青海、广西、内蒙古、宁夏等 6 个省份(自治区)尚未实现法学博士一级学科授权点零的突破。[②]

二、我国法科研究生教育反思

(一)学硕与专硕同质化倾向明显

法学硕士与法律硕士教育的同质化是我国当前法科研究生教育的主要问题之一。所谓同质化,简单来说就是我国的法学硕士与法律

① 参见教育发展统计公报,http://www.moe.gov.cn/jyb_sjzl/sjzl_fztjgb,2020 年 10 月 11 日访问。

② 参见教育部统计数据,http://www.moe.gov.cn/s78/A03/moe_560/jytjsj_2020,2020 年 10 月 26 日访问。

硕士、法本法硕与非法本法硕的培养模式与成果,即毕业生,在各方面存在严重趋同的现象,这种同质化主要表现在以下三个方面。

1. 培养方式同质化

不论是法学硕士还是法律硕士,在课程设置和培养方式上都以法学理论教育为重点,着重基础学科知识的学习。仿佛法学硕士与法律硕士只在学习法律的年数,知识的广度与深度上存在差别,而知识结构与素质能力几乎是一样的。对于法律硕士的培养方案更是仅停留在类似法学本科的通识教育课程设计,学生只能学习到各法学二级学科的基础理论知识,没有做到根据培养方向的区分为学生提供一套能够深入系统学习某一具体领域理论知识的课程体系。

特别是法律硕士研究生教育中的应用导向、实务导向不明显,反而充斥着学术特点。各高校法律硕士的任课教师由于长期从事学术研究或者从事针对本科、法学硕士研究生教学的方法和经验难以做到完全满足法律硕士的教学需要,过度理论化、简单重复本科教学内容等现象屡屡浮现,[①]这导致法律硕士对于法律知识的理解和掌握主要以基础和广泛为特点,缺乏对法律问题深入思考和研究的能力。

2. 学位论文同质化

虽然大部分高校允许法科研究生的学位论文采用多样形式,例如专项调查、研究报告、案例分析等,但是不能否认的是,法科研究生的学位论文都以学术性论文为主,强调学生的学术研究水平而忽略实践能力与职业能力,也没有基于不同的学位设置不同的评价体系,法学硕士与法律硕士的培养目标(学术型与应用型)及学位区别(学术学位与专业学位)的体现不明显。

3. 法学院系同质化

法学硕士在入学考试中已区分出二级学科,法律硕士在入学后也会区分学科方向,但是大部分法学院校(系)在培养方式上没有针对不同学生的学科方向对课程进行划分,缺乏专业特色,使二级学科与专业方向的划分没有得到充分体现,不同学科方向学生的专

---

① 冀祥德、王崇华:《规范与特色:中国法本法硕培养反思》,载《西部法学评论》2010年第4期。

业特色不突出。此外,我国设有法法学硕士学位点与法律硕士学位点的高校与科研机构共 247 个,其中不乏综合性大学、理工科大学、师范类大学和财经类大学,但是在法科研究生的培养方式与教学内容上却同质化严重,没有体现出各自的优势与特点。

(二)法科硕士培养定位与现实严重偏差

从这些年我国法科研究生培养情况来看,法科硕士培养定位与现实培养情况有很大的差距,“学硕不学,专硕不专”的现象普遍存在。法学硕士本应作为法学博士的过渡性学位或者科研及高校教师的后备力量,而根据教育部公布的数据来看,现实中大部分法学硕士不仅没有转向学术型与研究型道路,而是首先选择进入法律实务部门参加工作。没有需求就没有市场,法学硕士的就业选择与用人市场的实际情况不无关系。笔者对“2021 年度某省党政机关选调应届优秀大学毕业生职位计划表”①进行了数据分析,在招考法学类专业的 141 个职位中,要求学历为硕士及以上的职位为 89 个(其中硕士为 85 个,博士为 4 个),约占 63%,对于仅招收硕士的 85 个职位,在不区分二级学科的情况下,专业要求为法科硕士的占 100%,其中仅要求法学硕士的为 69 个,占 81%。(见图 1、图 2)

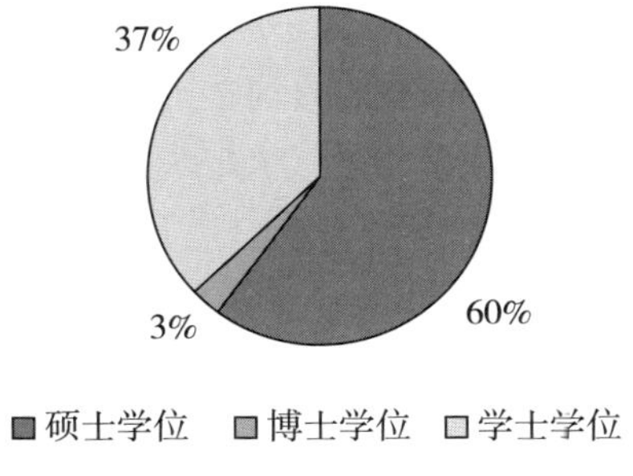

图 1　职位与学位分布

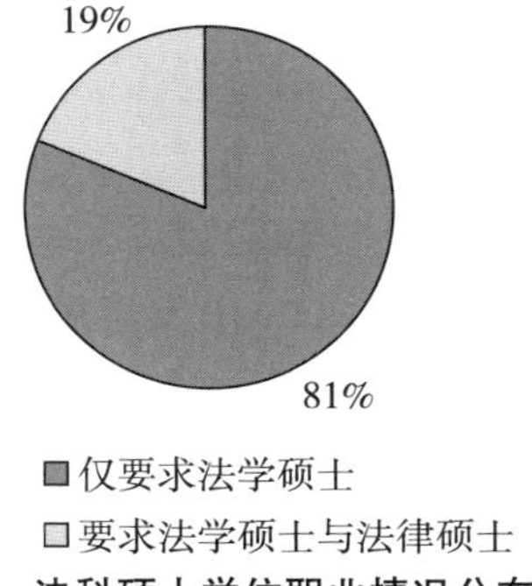

图 2　法科硕士学位职业情况分布

反观高校及科研机构的招考要求,其中绝大多数进行法学专业教师或研究工作者招聘时,清一色要求博士学位,许多高校还要求

---

① 浙江省人事考试网:《2021 年浙江省党政机关选调应届优秀大学生毕业生公告》,http://www.zjks//480_2588 - 5ad = 018842. gov. cn,2020 年 10 月 15 日访问。

应聘者有不少于一年的海外留学经历,这使法学硕士进入高校及科研机构的机会十分渺茫。在如此巨大的需求悬殊之下,法学硕士选择法律实务部门工作也就不足为奇了。

法律硕士的就业现实与培养定位的偏差也同样显著。根据国务院学位委员会转发的《法律硕士专业学位研究生指导性培养方案(2017)》的要求,法本法硕主要培养"立法、司法、行政执法和法律服务领域德才兼备的高层次的专门型、应用型法治人才",非法本法硕主要培养"立法、司法、行政执法和法律服务及各行业领域德才兼备的高层次复合型、应用型法治人才"。法律硕士专业设立之初,有学者还曾强调,"创立 JM 教育是政法队伍建设的必然要求"①,而实际情况中,立法、司法等部门招录法律硕士的岗位比例很小,更多招录法律硕士的是行政岗位,此外,一部分法律硕士在毕业后选择了升学道路,这是制度创设之初没有重点考虑的。

(三)重法学硕士、轻法律硕士,重全日制、轻非全日制

1. 重法学硕士,轻法律硕士

依据全国法律专业学位研究生教育指导委员会(以下简称法律教指委)提供的数据,从 1998 年授予法律硕士学位 66 人,到 2001 年达到 1375 人,2004 年迅速增加到 4282 人,2010 年达到 10,361 人,从 2011 年开始每年授予法律硕士学位的人数均在 17,000 人左右。近年来,全国法律硕士每年招生规模均在 2 万人左右,累计授予法律硕士专业学位 17 万余人。仅以上述数据与对应年份教育部教育统计数据②中法科硕士研究生毕业人数进行简单比较,2001 年法律硕士占比超过 30%,2009 年达到 51%,近年来一直保持 45% 左右。

从以上数据来看,法律硕士研究生是目前法科研究生的主体,应当是法律实务部门所需人才的主要供给渠道,也是法学高等院校

① 霍宪丹:《中国法律硕士专业学位教育制度的实践与反思》,载《河南省政法管理干部学院学报》2008 年第 5 期。

② 教育部教育统计数据,http://www.moe.gov.cn/s78/A03/moe_560/jytjsj,2020 年 10 月 17 日访问。

人才培养的重心。但实际情况并非如此，在高校法科研究生中，法律硕士似乎低人一等，从高昂的学费到师资配备再到后勤保障往往都得不到重视（上海某知名高校将非法本法硕 3 年学费从 9.9 万元调整到 12.6 万元，法本法硕 2 年学费从 6.6 万元调整到 8.4 万元。众多高校不为法律硕士提供宿舍[①]）。另一方面，在专业竞争力的问题上，即使在其他条件相差无几的情况下，大部分的用人单位会优先考虑录用法学硕士，然后是法本法硕，最后考虑录用非法本法硕。即使在公务员录取上，用人单位对法律硕士的轻视也显而易见，从图 1、图 2 就不难看出，法学硕士在进入党政机关时的选择范围远大于法律硕士。进一步分析以上数据，在仅有的允许法律硕士报考的 16 个职位中，还有 4 个职位不允许非法本法硕报考。（见图 3）

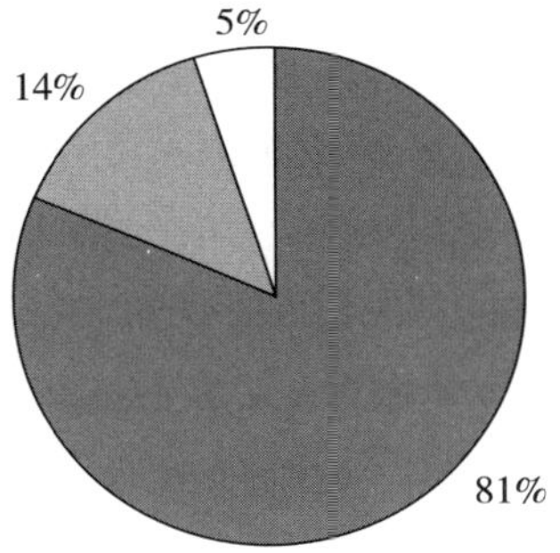

图 3　法学硕士、法本法硕、非法本法硕职位分布

由此可见，在法律硕士之中，非法本法硕在就业时的选择范围更加狭窄，这与当前法科硕士培养模式的转型，以及法律硕士已经成为法科研究生教育的主要部分的现状严重不相适。

2. 重全日制，轻非全日制

2016 年，为推进全日制和非全日制研究生教育协调发展，教育部颁布《关于统筹全日制和非全日制研究生管理工作的通知》，明

---

① 法硕联盟论坛：《复旦法硕学费涨到 12 万还没有宿舍？盘点更多学费昂贵还不提供住宿的法硕名校》，http://www.fashuounicn.com/forum.php?mod=viewthread&tid=58725&page=2#lastpost，2020 年 10 月 17 日访问。

确界定全日制研究生与非全日制研究生的概念。该项改革打破了原本的“双证”与“单证”研究生双轨并行的局面，在职攻读硕士专业学位的研究生由单独考试、单独招录变为与全日制研究生统一考试统一招录，统筹全日制与非全日制研究生教育协调发展，坚持同一标准，保证同等质量，实现将非全日制研究生纳入国民教育序列。[①] 但就现实情况来看，培养单位对非全日制法科研究生不够重视，培养模式与非全日制的特点不符；用人单位在招录人员时普遍将非全日制研究生排除在外，非全日制研究生只能以本科生的身份和专业参加招录，这使得非全日制研究生在就业选择上处于尴尬境地。

（四）法科研究生理论与实践教育脱节

1. 理论教育未真正立足实践

美国法学家霍姆斯曾说：“法律的生命不在于逻辑，而在于经验。”[②]美国、德国、法国、日本等众多国家在法学教育，尤其是研究生阶段的法学教育中都重点培养学生的职业能力与实践能力。法学研究不仅来源于理论，更来源于法律实践，法律实务中产生的问题不仅需要通过实务来解决，更应当成为法学研究的对象。[③]而目前我国法科研究生的教育仍然以通识教育为主，各法学高校中的任课教师大部分以理论知识见长，很少参与实务及法律实践，因此更倾向于向学生讲授抽象理论，讲授实务操作就显得力不从心了。

2. 实践教育、职业教育没有抓住根本

根据国务院学位委员会转发的《法律硕士专业学位研究生指导性培养方案（2017）》的要求，法律硕士专业学位研究生应当开设法律文书、法律谈判、法律实践等课程，并进行模拟法庭训练，以使研

---

① 参见教育部办公厅：《非全日制研究生招生工作管理规定》，http://www.moe.gov.cn/srcsite/A22/s7065，2020年10月18日访问。

② ［美］霍姆斯：《普通法》，冉昊、姚中秋译，中国政法大学出版社2006年版，第52页。

③ 参见胡巍：《复合型法律职业人才培养模式研究》，载《河南教育学院学报（哲学社会科学版）》2020年第2期。

究生较熟练地把握各类诉讼程序，能够主持诉讼程序，进行调查与取证，熟练地从事代理与辩护业务，从事非诉讼法律事务以及法律事务的组织与管理，并取得起草规范性法律文件的一般经验。[①] 但从实际来看，很多高校的实践教育经常流于表面化、形式化，不重视调动学生兴趣，学生参与度偏低，知识的转化与吸收困难，很难达到应有要求。

此外，法科研究生还存在缺乏职业教育的问题。在教育方式上，一般都是由教师在课堂上进行理论讲授，结课方式以撰写论文、考试为主，缺乏实践及职业培养。当前高校普遍不够重视法科研究生职业教育，从课程设置上来说，只有少数高校推行诸如法律诊所之类的法律职业教育，大部分法科研究生的职业教育来自外出实习，但目前法科研究生的实习机会大部分由学生自己取得，学校缺少实践教育平台和广泛的实习渠道，难以满足法科研究生普遍、多样化的职业教育需求。

（五）法科研究生学位体系不完善，法科博士专业学位亟待完善

2022年9月13日，国务院学位委员会，教育部发布的《研究生教育学科专业目录（2022年）》新增法律博士学位，相关制度亟待完善。当前我国社会中博士层次的应用型法治人才存在较大缺口，同时法律硕士及广大法律职业者也有着进一步深造的现实需求，我国现有法科研究生学位体系发展滞后，不能满足社会需要，无论是为了建设更高素质的法治工作队伍还是我国法学教育学位体系，以及进一步深化法律硕士改革，都迫切要求设立更高层次的法学类学位。

教育部相关统计显示[②]，近年来我国法学博士按期毕业人数仅占毕业生人数的1/3左右。这其中存在种种原因，但不能否认的是，我国此前仅存在法学博士一种博士学位也是其中的重要原因之

---

① 教育部高校法学类专业教学指导委员会：《全日制法律硕士专业学位研究生指导性培养方案》，http://www.yjsy.cupl.edu.cn/site/index_3.aspx? id=F0675DC，2020年10月15日访问。

② 参见教育部统计数据，http://www.moe.gov.cn/s78/A03/moe_560/jytjsj_2020，2020年10月26日访问。

一。正因为只存在一种博士学位,导致大量在法律职业中需要进一步深造的人士也只能选择攻读与自身研究能力与职业需求不匹配的法学博士,从而导致了低毕业率的出现。

2013 年教育部、国家发改委、财政部在《关于深化研究生教育改革的意见》中要求“稳步发展博士专业学位研究生教育”。2017 年教育部在《学位与研究生教育发展“十三五”规划》中提出加强博士专业学位的论证和设置工作。2018 年教育部工作要点也提出:实施博士研究生教育综合改革试点……修订印发高等学校和科研机构联合培养博士研究生工作实施办法,推进科教融合。2020 年 9 月 30 日,国务院学位委员会审议通过了《专业学位研究生教育发展方案(2020—2025)》,其中指出要加快发展博士专业学位研究生教育,同时明确提出“博士专业学位类别设置的重点是工程师、医师、教师、律师、公共卫生、公共政策与管理等”。由此可见,国家对于设置法律博士的必要性已经有了充分认识,探索法律博士学位培养已经提上议事日程。

(六)法科研究生“产品”不能适应社会需求

目前我国法治建设进入快速发展阶段,各领域对于法治人才都有着巨大需求,法科毕业生就业市场远未饱和,这是不争的事实。但与此同时,法科毕业生就业率偏低,甚至在一些年度成为最难就业的专业,这样看似矛盾的现象实际上体现了我国当前法学教育中存在的法治人才培养与市场需求严重不匹配问题。从制度层面来看,我国至今没有制定统一的法学教育准入制度,既缺乏规范的准入条件,也没有制度化的退出机制,更缺乏完善的监督管理与考核评价机制。一方面,专业设置泛滥使法科研究生教学质量和水平良莠不齐;另一方面,经济导向使法学研究生教育在招生方面出现了“劣币驱逐良币”的现象,部分学校实际教学资源并不充足,不充分,设置法律硕士专业完全是为了“创收”,而学生又以“好考”“性价比高”作为择校标准,看似“互利共赢”的局面,实则对法科研究生教学质量和学生水平产生了重大不良影响。另外,我国至今没有专门的法学教育管理机构。历史上的一段时期由司法部主管法学教育,其后机构职能改革去掉了司法部主管法学教育的职能,以教育部作为全国所有高等教育专业的统一管理部门,由教育部下属的法学类教学指导委员会指导法学硕士法学博士教育,由法律专业学位研究生教育指导委员会指导法律硕士教育,这导致法科研究生教育缺乏统一有力的管理机构[①]。

法科研究生出现就业难的现象并不是由于学生数量多,而是由于培养结构无法匹配用人单位的需求。“法学教育的根本目的是培养高素质的、符合社会需要的法律人才,我们未完全按照社会需求来培养人才,是导致目前毕业生就业难的根本。”[②]长期以来,我国法科研究生培养工作的变化相对于行业人才需求具有滞后性,尤其是科技发展日新月异的今天,新经济新产业不断涌现,对法学人才的要求呈现多元化趋势。主要表现在:一方面,当前的课程设计无法满足用人单位对于具有扎实理论功底的高质量法治人才的需求。另一方面,各院校对于复合性法治人才的理解与行业需求产生偏差,大多数院校未能将非法本法硕的培养与其本科知识体系进行有机衔接,缺乏实质的知识复合、能力复合机制[③],简单、表面的知识复合人才与用人单位所期待的具有高水平知识复合应用的人才存在较大差距。

三、解决我国法科研究生培养问题之道

(一)优化恒定法科研究生培养定位

包括优化法科研究生培养定位和恒定法科研究生培养定位两方面的内容。

1. 优化法科研究生的培养定位

应当通过法律法规的形式明确当前各类法科研究生的培养定位。对于法学硕士学位研究生培养定位,应确定为学术教育,主要

---

① 王新清:《论法学教育“内涵式发展”的必由之路——解决我国当前法学教育的主要矛盾》,载《中国青年社会科学》2018 年第 1 期。

② 黄泽群:《沈家本法学教育思想与应用型法学人才培养》,载《江西社会科学》2016 年第 11 期。

③ 郑春燕、王友健:《非法本法律硕士培养模式的体系性再造》,载《研究生教育》2020 年第 5 期。

招收法学本科专业毕业生,其培养定位是法学研究者和高校教师教学为导向,是学术法律人,而非实务法律人。① 对于法律硕士学位研究生培养定位,应定位为职业教育,目标是培养具有社会主义法治理念、德才兼备、高层次的复合型、应用型、实务型法治人才。法律硕士又分为法本法硕和非法本法硕。其中,法本法硕招收法学本科专业毕业生,其培养定位为以法律职业素质养成为导向,为法律实务部门培养专业型、实践型高级法律人才。非法本法硕主要招收非法学本科专业毕业生,其培养定位为以法律职业素质养成为导向,为有关部门培养复合型、应用型法律人才。② 对于法学博士学位研究生培养定位,应确定为高端研究型法学人才培养,主要招收法科硕士专业毕业生,定位为以学术研究能力培养为导向,以法学理论创新为培养目标,培养精英型法律人才,锻造其创造性思维与创新性能力,以适应法律科学研究与社会高端管理之需。③ 同时,鼓励类型不同的培养单位设定特色法科研究生培养定位。

2. 恒定法科研究生培养定位

之所以讲要恒定法科研究生培养定位,是因为我国有的研究生培养定位已经确立,但是并没有落到实处,如非法本法硕的培养,设立之初并不是为政法机关培养人才,而是为政法机关以外的机关、团体、企业、事业培养复合型、应用型法律人才,但是,在培养具体实践中却混同于法律硕士(法学),培养定位与培养现实出现了极大反差。所以,主管部门要提出恒定法科研究生培养定位的明确要求,培养单位要切实按照培养定位设置法科研究生的培养方案,将培养定位落实到位。

---

① 冀祥德:《论中国法科研究生培养模式转型之必要——从以培养法学硕士为主转向以法律硕士为主》,载《环球法律评论》2012 年第 5 期。

② 参见教育部高校法学类专业教学指导委员会:《全日制法律硕士专业学位研究生指导性培养方案》,http://www.yjsy.cupl.edu.cn/site/index_3.aspx? id = F0675DC,2020 年 10 月 15 日访问。

③ 冀祥德:《法学教育的现状及展望 · 中国法治蓝皮书——中国法治发展报告 No.7》,社会科学文献出版社 2009 年版,第 332 页。

(二)科学调整法科研究生培养模式

1. 调整全国法科研究生培养模式

在法科硕士研究生培养模式上,从以培养法学硕士为主转向以法律硕士为主,是我国法科研究生培养模式转型之必然趋势。① 在操作层面,可将部分法学硕士研究生招生计划调整为法律硕士研究生招生计划。同时,教育主管部门应当加强对于法律硕士及非全日制法科研究生的平等关注,鼓励用人单位招收法律硕士和非全日制法科研究生。此外,监管部门也应主动监督,推进法科研究生教育、培养、就业公平。

2. 调整法学硕士培养模式

法学硕士的培养初衷是学术科研工作者,因此在培养中要加强对法学硕士的学术指导,为其安排更多的学术训练,在课程设置上要注重培养法学硕士的学术素养、增强其科研能力。

当然,重视法学硕士学术研究能力的培养,并不意味着法学硕士只进行单一的法学理论研究,只研究理论而不结合实际,知识就成了无根之木、无源之水,因此高校更应当同时重视培养法学硕士从实践中发现问题,研究社会热点法律问题,同时倡导基础法学和对策法学研究。

3. 调整法律硕士培养模式

第一,调整法本法硕培养模式。

对于法本法硕,针对其高级应用法治人才的定位,在研究生教育阶段不需要过分强调法学基础理论的重复学习,更应当进行精细化培养,既可以根据法学二级学科设置专业,也可以根据实务领域类型设置不同培养方向,如法官、检察官、律师等,甚至将其进一步细化到民事法官、刑事法官、商事法官等,从职业教育出发设置课程,才能提升培养质量,更好地适应社会现实需求。

第二,调整非法本法硕培养模式。

非法本法硕由于在本科时期没有对法学相关学科进行系统学

---

① 关于该问题之详论,参见冀祥德:《论中国法科研究生培养模式转型之必要——从以培养法学硕士为主转向以法律硕士为主》,载《环球法律评论》2012 年第 5 期。

习，因此对其培养的过程，首先，应始终贯穿法学基本原理教育，提升其法学知识水平；其次，根据其复合型、应用型法治人才的培养定位，培养单位应当注重建构非法本法硕的特色培养体系和"本硕连贯"的复合型法治人才培养机制，结合学生本科所学专业及职业方向对学生区分设置培养方案，如本科为财经类专业的学生可以向经济法、商法职业方向培养，本科为管理类专业的学生可以向行政法、政府法律顾问方向培养，真正实现本科知识与法学知识的有机复合。

4. 调整非全日制法科研究生培养模式

教育主管部门和培养单位应当共同直面非全日制法科研究生招生和培养过程中出现的问题，在培养方案、教学课程设计、论文撰写、培养过程监督等方面针对非全日制法科研究生的特点，对传统的教学和培养模式进行改进。对此，笔者受疫情期间线上授课的启发，建议培养机构在对非全日制法科研究生授课时可以采用线上与线下相结合的方式，借助线上教学平台为在职人员接受更高层次的教育提供现代化的平台和条件，运用线上公开课等手段，在注重培养质量的同时创新培养方式，这对于非全日制法科研究生开拓法治视野具有积极作用，有助于提高社会大众对非全日制研究生教育的认可，让培养和就业都处于"尴尬"境地的非全日制法科研究生有了走出困境的可能。

（三）开拓创新法科研究生培养机制

1. 建立法学硕士和法学博士衔接培养机制

建议强化法学硕士学术性培养力度，将法学硕士作为法学博士的过渡学位，普遍建立硕博连读和本硕博连读机制，保持法学科学学位教育的连续性和递进性，提高培养人才的学术质量。[①] 同时，对于学术能力不达标的法学硕士，可在学习期间主动申请或经学校考察决定转为法本法硕，转化为实践型、应用型高级法律人才培养。

---

① 冀祥德：《对中国法学教育全面反思与展望》，载《中国政法大学学报》2010 年第 4 期。

2. 创设法律博士专业学位

2010 年，国务院学位委员会第 27 次会议审议通过《硕士博士学位设置与授权审核办法》，其中明确规定设置硕士、博士专业学位应具备的基本条件是：①具有明确的职业指向，所对应职业领域的人才培养，已形成相对完整、系统的知识体系；②对应职业领域已形成相对独立的专业技术标准，以及相对成熟的职业规范和特定的职业能力标准；③对应职业领域的人才需求有较大规模。在法律硕士专业学位设置并招生培养 20 余年经验基础之上，法律专业学位指向更加明确，法学知识体系更加完整、系统，法律职业规范和职业能力日趋成熟，特别是社会对于更高层次法治人才有着更高的需求。此时设置法律博士学位已经完全符合以上三个条件。2022 年 9 月，在新发布的《研究生教育学科专业目录（2022 年）》中已新增法律博士专业学位。

不同于美国的法律博士（J. D），我国法律博士专业学位报考者应当仅限于已经获得法学硕士或法律硕士学位的人，非法科硕士不能报考，这是因为美国的法律博士实际上相当于我国的法律硕士学位，而我国法科专业博士学位是法律实务界具有较高理论与实务水平的标志和象征，具有很强的职业性和专业性特点，非法科硕士没有经过基本的理论和实务训练，不具备相应的专业基础。此外，法学硕士也不应成为法律博士的主要招生对象。

结合法学研究生教育发展现状，借鉴现有专业学位博士运行经验，建议法律博士的设置可以兼采工程博士和教育博士培养方案，即与行业联合培养为主，以高校自主培养为辅，主要招收法律实务部门在职人员，以造就法律实务领域的应用型、职业型的高级专门人才为目标，集中并结合行业部门的优势资源，实现培养单位与行业部门联合培养。

从专业学位自身定位来看，法律博士应当具有鲜明的实践特性和职业指向，应当区别于法学博士的学术型、研究型定位。法律博士主要面向法治实务部门培养“研究型专业人员”，使已具有较丰富法律实务经验和取得优秀法律实务工作业绩的法律工作者综合掌握各种知识和方法，发展从事法治实务工作的素质和能力，养成通过研究解决实际问题的意识和方法，创造性地解决法治实务领域中的关键问题，其基本定位是“实践型”，主要培养“实践反思型法律工作者”①。

实践操作上，可以在具有优秀师资和长期法律硕士培养经验，并且与法律实务部门已经建立联合培养法治人才机制的法律硕士培养单位中遴选出试点院校。其中，拥有法学博士一级学科授予权、参加过法律硕士专业学位综合改革试点的高等院校、科研机构应当优先列为法律博士试点院校。

3. 成立法科研究生专门指导机关

针对当前法科研究生缺乏统一有力的中央指导机关的问题，建议中央政法工作委员会可联合教育部、司法部等部门，成立一个能够统一规划整个法科研究生教育的“全国法科研究生教育指导委员会”，在中央政法工作委员会的领导下，规划、指导、监督、评估全国的法科教育工作，制定法科研究生学位点的学科考核评价制度，设立准入与退出机制，运用评估考核制度实现法科研究生培养单位的“优胜劣汰”。

（四）开放拓展法科研究生培养方式

1. 建立法律硕士多元培养方式

各院校应根据自身的教学资源情况及学生个人情况，为法律硕士制定多元的培养方案和培养方式，探索符合教育规律和社会需求的特色教育模式，使教育能够对接实践与职业需求，特别是非法本法硕的培养，要做到契合 2018 年 10 月教育部与中央政法委联合下发《关于坚持德法兼修实施卓越法治人才教育培养计划 2.0 的意见》中提出的“找准人才培养和行业需求的结合点，深化高等法学教育教学改革”的总体思路。

2. 完善“双导师制”培养方式

目前，由校内学业导师与校外实践导师联合完成法科研究生培养“双导师制”，主要存在五个问题：一是没有建立校外导师遴选机

---

① 袁钢：《我国法律博士专业学位设置的必要性和可行性》，载《中国高教研究》2020 年第 1 期。

制；二是对校外导师缺乏导师基本素养培训；三是培养单位对校外导师指导学生失控；四是校外导师教学指导随意性大；五是校内学业导师与校外实践导师缺乏有效的沟通与联合。培养单位可以与法官协会、检察官协会、律师协会等法律职业协会展开合作，从中聘请符合条件的专家担任法科研究生实践导师，并进行岗前培训。

3. 实施"产教融合"培养方式

在课程设计上，应当结合培养方向设置对法科研究生的专业课进行模块化设计，使学生在理论学习的基础之上，能够根据自己的培养方向选择适当的模块课程就某一实务领域的法学知识进行体系性学习。在实习机会上，高校应进一步加强校地、校企合作，尽可能提供给学生多样化的实习形式，包括多样化的实习周期、实习单位等，此外，可以通过协议方式来规范实习单位对学生实习的内容安排、过程指导和成绩，避免实习流于形式。在校内实训平台上，应当大力推广法律诊所教育[①]。诊所法律教育作为融合模拟法庭、法律谈判、法律文书写作等实训课程的科学教育方式，一方面，其小班化、实战化的授课模式提高了学生应用型学习的质量；另一方面，法律诊所还为学生参与立法论证、法律咨询特别是真实案件处理搭建了实务训练平台，使学生在参与课题项目、案件处理过程中提升知识运用能力。[②]

4. 采取"量身定做"的培养模式

对于社会日益增长的多元化、高层次、高质量法治人才需求，要实现针对行业需求的法治人才高质量产出，培养单位应该探索按照用人单位需求定向培养法科研究生的新模式，与用人单位展开合作，精准对接特定层次的行业用人需求，针对性设置符合人才定位与用人单位要求的法科研究生培养方案，实现法治人才供给与需求的高精度契合，以"育市场所需，为市场所用"。

70 多年来，经过几代人的接续不懈地努力，法学教育的中国模

---

① 关于该问题之专论，详见冀祥德：《以诊所法律教育统领法律实践教育：可行性及制度设计》，载《山东大学学报（哲学社会科学版）》2017 年第 5 期。

② 参见冀祥德、李庆明：《诊所法律教育：中国法律硕士培养制度改革的基本方向》，载《法学杂志》2011 年第 2 期。

式已经初步形成，与以美国法学教育为代表的法律职业教育模式和以德国为代表的法律素质教育模式呈现出三足鼎立之势。[①] 法科研究生作为我国高素质法律人才的核心与骨干，是创新法治人才队伍建设中不容忽视的部分，而我国当前的法科研究生教育培养机制仍然以粗放型、程式化、统一化作为主要特征，这与当前法律行业发展精细化、多元化，以及人才需求专业化、层次化的现状极不匹配，这就要求我们必须对人才培养模式作出及时调整升级，使法治人才培养能够真正符合国家治理能力和治理体系现代化的要求。

第二节　我国法科研究生培养模式之转型[②]

2009年全日制法律硕士（法学）专业学位研究生的恢复招生，带来了法科研究生的结构性调整和变化，引起了中国法学教育的重大变革。然而，这样一个重大的结构性变革并没有引起学界应有的重视，与迅猛发展的法科研究生教育实践相比，相关方面的理论研究并没有及时跟进，还处于相对滞后的境地。以下为笔者近些年来就这一问题所进行的思考以及所形成的基本观点。

一般认为，在传统的两大法系的法学教育模式中，以美国为代表的普通法系的法学教育定位为法律职业教育模式，以德国为代表的大陆法系的法学教育定位为法律素质教育模式。但是，法学教育具有深刻的时代特征，它伴随着社会的变化和需求而不断变革。在德国，学术性的法学教育日渐不能满足社会发展的需要，特别是法律职业对法学教育的要求，所以，有关大学不断探讨对法学教育的改革，从21世纪初开始至今，法学教育改革的目标就是强化法律职业教育。由于日本的法学教育借鉴德国较多，同样存在重学术教育轻职业教育的现象，所以，日本从20世纪末开始参照美国法学教育

---

① 冀祥德：《论法学教育中国模式的初步形成》，载《法学论坛》2011年第5期。

② 冀祥德：《论中国法科研究生培养模式转型之必要——从以培养法学硕士为主转向以法律硕士为主》，载《环球法律评论》2012年第5期。

的模式,通过法科大学院改革等方式,不断加大实践性法律教育力度。

在近年中国社会的转型中,法学教育作为构成元素之一也在自觉或者不自觉地进行着转型。这种转型,一方面,系中国法学教育多年来自身改良与发展的内在需求;另一方面,系顺应世界法学教育变革之趋势,参考与借鉴一些法治发达国家的经验。

笔者认为,在法学教育中国模式的形成中,就法科研究生培养而言,正在进行着从以培养法学硕士为主到法律硕士为主的转型。

在中国,2009 年全日制法律硕士(法学)专业学位研究生的恢复招生,打破了十多年来只能由非法学专业本科毕业生报考全日制法律硕士专业学位研究生的局面。这一突破性的变化引起了中国法学教育的重大变革,带来了法科研究生的结构性调整和变化,形成了法学硕士与三种类型法律硕士[全日制法律硕士(非法学)、全日制法律硕士(法学)、在职法律硕士]并存的新局面,标志着法科研究生从以培养法学硕士为主转向以法律硕士为主。

笔者认为,在未来中国法科研究生的发展和培养方向上,政法系统在职攻读法律硕士专业学位(以下简称在职法硕)已经完成了其历史使命,应当停招或者进行招生及培养的制度性改革;全日制非法本法硕应当将培养目标定位于复合型、实践型高级专业人才,主要为机关、团体、企业、事业单位培养法律知识与相应系统专业知识复合的实践应用人才;全日制法本法硕应当将培养目标定位于专业型、实践型高级法律人才,主要培养法官、检察官、律师和高级警官;法学硕士的培养目标定位于学术型、研究型高级法律人才,主要为法律高等院校、科研机构等单位培养教师和科研人员。

一、在职法硕的当下定位

中国法律硕士教育经历了一个从法学本科生与非法学本科生兼招(1996 年),到限于招收非法学本科生(2000 年),再到法学本科生与非法学本科生兼招(2009 年)的过程。从 1996 年试办,到 2006 年实现"转正",目前基本涵盖了中央和地方所属的以及综合性、政法、财经、师范、民族、军事等不同类型、不同行业特色的高校和科研机构,囊括了中国高水平的、有培养法律专门人才优越条件和办学实力的高校和科研机构。中国实行的全日制与在职攻读)双轨并行的法律硕士教育二元结构体制,收到了良好的效果。特别是培养的在职法硕,绝大多数已经成为各地各级司法机关、法律服务机构、党政企事业单位和社会管理机关的领导或者骨干,为促进当地经济、政治和社会的发展,为维护社会稳定,作出了相当突出的贡献。

笔者认为,中国法律硕士教育发展到今天,伴随着社会对于法律人才的需求变化,特别是法律职业资格考试制度实施后,新任法官、检察官、律师几乎都是研究生以上学历,在职法硕教育已经基本完成了其历史使命——在职法硕地位不断下降,生源趋于枯竭,就是例证。在职法硕招生报考从原来的择优推荐名额制,到 2004 年开始的“来者不拒”;报考条件从原来的“工作满 5 年的政法系统业务骨干”,到 2006 年开始的“工作满 3 年”,再到 2008 年开始的取消工龄条件、仅要求“取得本科学历满 3 年”,准入门槛不断降低。与之相随的是,培养院校对在职法硕的重视程度和在职法硕的学习主动性与积极性的下降都在不同程度地影响着其培养质量。有人慨叹,如同现在的法律专业自学考试与设立之初已经是天壤之别一般,当今的在职法硕也已经不再是竞争报考名额、学习如饥似渴的过去了,近年在职法硕入学与毕业门槛的不断下降已经严重影响到历史对其的综合评价。为此,笔者建议,在职法硕应当在近年内停止招生,或者进行招生及培养的制度性改革。

二、法学硕士培养目标的重新调整

除在职法硕外,现阶段中国法科研究生的培养主要有三种学位:法学硕士、法本法硕、非法本法硕(前者称为科学学位,后两种合称法律硕士为专业学位)。法学硕士学位是三个学位中最先设立的。自 1978 年恢复硕士研究生培养制度以来,中国的法学硕士教育已有 40 多年的历史与发展经验。法学硕士培养教育由 20 世纪 80 年代的培养单位少、招生数量小的状况,发展到近年来众多高校和研究机构纷纷设立法学院系及法学硕士点,法学硕士的招生数量的不断上扬,其培养和毕业后去向正面临着多重危机。

首先,培养对象数量过剩,甚至达到一所院系的“极限容量”,与之相对应的便是教学资源的短缺与就业压力的增加,势必影响教学质量与法学硕士接受培养期间的自我塑造。客观地说,时下的法学硕士培养,已经悄然改变了为国家法学教育和法学研究输送具备深厚法学专业理论的学术性人才的初衷。

其次,受近年来法律硕士专业学位发展的冲击,法学硕士的办学逐渐失去特色。在比较法的视角中,很多国家的法科硕士研究生都有学术型法科硕士研究生和职业型法科硕士研究生之分,二者在准入条件、培养目标和培养方式上具有明显差异。中国法科硕士研究生学位教育自 1996 年以来,便步入了法学硕士与法律硕士学位独立培养的“双轨制”的体制。然而事实上,运行了十多年的法科研究生双轨制培养模式,已经背离了初衷,偏离了方向,出现了混同趋势。为此,两种硕士研究生的培养质量均在某种程度上受到了影响。

根据笔者的观察,在双轨制法科硕士研究生培养中,最大的问题是法学硕士和法律硕士的培养都处在了一个尴尬的境地:其一,法律硕士的应然定位是培养实践型、复合型法律人才,但是多数院校在讲授内容上对于法律硕士与法学硕士无所区分,法律硕士的“实践性”与“复合性”并没有得到体现。其二,由于法律硕士学位诞生后,法学硕士不仅没有转向学术型与研究型道路,仍是把进入法律实务部门工作作为就业的第一选择,特别是随着法学硕士招生规模的扩大,在每年的就业“大军”中,越来越多的法学硕士成为法律硕士最强有力的竞争对手,也希冀通过法律职业资格考试或者公务员考试成为法律职业群体的组成部分。如此,法学高等教育的大众化正在导致法学学术发展的贫穷。① 其三,在高校法科硕士研究

① 由于法律硕士与法学硕士相比,缺少了 4 年的本科法学教育,往往理论基础较为薄弱,所以在法律实务业界,大多认同法学硕士,而不愿意接受法律硕士。2007 年 12 月,在南京召开的中国法学会法学教育研究会 2007 年年会暨中国法学教育论坛上,就有一位中级法院院长将任职以来拒绝接受法律硕士、仅录用法学硕士作为队伍建设的经验予以介绍。

生中，法律硕士似乎低人一等，从师资配备到后勤保障往往都得不到重视。其四，与法学硕士、甚至是与法学学士混同的培养模式，使得三年结束后，法律硕士被培养成“法学基础知识懂一点”“法学前沿知识懂一点”“中国法律知道一点”“外国法律知道一点”的“样样通”“样样松”的“法律夹生品”，法律硕士的培养质量无法保障。其五，由于在培养内容上法学硕士与法律硕士的教学方法相混同，[①]教师在日益繁重的教学任务中，无法实现对法学硕士的精心指导，学生得不到严格的学术锻炼，法学硕士学术质量差的直接体现，便是作为重要学术风向标的硕士学位论文水平整体大幅下滑。

为了重新实现法学硕士学位设立的初衷，真正培养潜心法学教育、热衷学术研究的专门学术人才，必须限制法学硕士的招生数量，提高法学硕士培养的学术质量。

我国硕士生招生规模从 1999 年至今急剧增长 10 倍多。目前，我国硕士研究生教育存在一个突出问题，就是人才培养结构失衡，培养模式单一，即主要以培养学术型研究生为主，应用型人才培养重视不够。从全国情况来看，学术性硕士研究生规模过大，专业学位研究生培养规模过小，[②]专业学位类型和涉及职业领域还比较少，与社会经济发展对高层次应用型人才的迫切需求之间存在严重脱

---

① 需要指出的是，纵观各国的学术型法科硕士研究生和职业型法科硕士研究生的培养方式，双轨制法科硕士研究生主要体现了培养目标、教育模式和学生自我塑造的不同。法学硕士学位教育与法律硕士学位教育在培养目标上虽有不同，但是在培养方法和培养内容上也有相同之处。因为，即便是学术型的法学硕士，也需要了解法律实务，而职业型的法律硕士也需要有较深厚的法学理论功底。中国目前对法律硕士学位教育的重点，应放在探讨在短时间内使法律硕士培养出扎实的法学理论基础、熟练的法律思维方式及良好的法律实务技能的方式。

② 在美国，至 20 世纪 90 年代，专业硕士学位获得者的比例已占整个硕士学位获得者人数的 55% 以上。哈佛大学 2007—2008 年度共授予了 3487 个硕士学位，其中学术性学位占 25.4%，专业学位占 74.6%。在英国，从在读情况来看，每年在校专业学位研究生占在校研究生总数基本保持在 84% 左右；从授予学位比例来看，每年授予专业学位研究生学位资格占研究生总数的比重在 75% 左右。法国 1990—2006 年的 16 年研究生仅增长 28%，而专业硕士学位授予数量占授予硕士学位总数的比例逐年上升，增长十分迅速，到 2006 年，已经占到总数的 69%。法国已经建立了体系完备的专业学位教育体系，硕士专业教育已经成为法国硕士教育的主体。中国 2008 年计划统招硕士研究生科学学位 365，013 人，占研究生招生人数的 93.95%，专业学位 23，487 人，仅占 6.05%。

节。因此,必须重新定位硕士研究生教育的培养目标,改革硕士研究生培养模式,推进和完善研究生培养机制,优化硕士研究生教育结构,大力发展专业学位教育,积极、稳妥地实现硕士研究生教育从以培养学术型人才为主,向以培养应用型人才为主的战略性转变。①

与此同时,应当重新认识法学硕士的培养目标,认清法学硕士主要面向学术专业需求、培养在高校和科研机构从事法学教学和研究的专业人才,其目的重在学术创新,培养具有原创精神和能力的专门人才。当然,法学硕士也可以培养应用型法律人才,但是其根本任务是培养研究型法学人才。

笔者认为,当下法学硕士 2—3 年的培养时间,一般还不能满足未来从事法学教学和研究的需要,应该考虑把法学硕士和法学博士的教育有机统一起来,普遍建立硕博连读和本硕博连读机制,保持法学科学学位教育的连续性和深入性,提高培养人才的学术质量。

三、法律硕士培养制度的发展方向

中国当初决定设立法律硕士教育,主要是考虑司法活动范围越来越广泛,面对的问题越来越复杂,任务越来越繁重,要求越来越高,迫切需要一大批高层次的应用类法律人才。同时,发展市场经济、建立社会主义市场经济体制需要大批高素质律师,而且各行各业都将逐步纳入法治的发展轨道,也急需一大批既懂本行业专业知

① 眼下,中国正处在工业化、信息化、城镇化、市场化、国际化进程中,迫切需要大量的专业性人才。因此,要调整学术型学位和专业型学位的比例,积极发展符合我国产业结构特点的专业学位,改变全日制硕士研究生攻读学术型学位为主的局面,为各行各业培养一线专业人才。所以,从 2009 年,国家决定增招 5 万名硕士研究生,全部用于应届毕业生全日制攻读专业学位;并决定从 2009 年起,所有专业学位都招收全日制硕士专业学位研究生,专业学位研究生的招生比例从 2008 年的 6.05% 提高到 16.29%;相应的,科学学位研究生招生比例则从 2008 年的 93.95% 下降到 83.71%。2010 年,教育部要求新增招生计划全部用于全日制硕士专业学位研究生招生,同时,要求具有专业学位授权的招生单位按 5%—10% 减少学术型招生人数,减出部分全部用于增加专业学位研究生招生。2010 年全日制硕士专业学位招生 11 万名左右,招生比例由 2009 年 16.29% 提高到 24% 左右。2011 年,全国招收硕士 49.5 万人中,专业学位硕士 14.8 万人,比上年增加 3.7 万人。

识,又具备法律专业知识的复合型人才。[①] 因此国务院学位委员会和教育部及司法部于 1995 年,参照美国培养“法律博士”(Juris Doctor,J. D.)人才培养模式批准设立法律硕士(Juris Master,J. M.)专业学位教育。

中国创立法律硕士教育制度的主要目的,就是担当法学教育直接服务于法律职业的重任。[②] 然而,经过十几年的发展之后,除在职法律硕士教育外,全日制法律硕士教育并没有完成其使命,反而其声誉有江河日下之虞。究其原因是多方面的,但有一点不容置疑,那就是法律硕士的培养方案和培养方法与法学硕士并无多大区别,法律硕士教育应有的实践性特征明显不足。

2000 年 9 月,为适应中国法学教育改革的需要,部分院校借鉴美国诊所法律教育(Clinical Legal Education)的经验,开设了诊所法律教育课程。在有丰富法律实践经验的教师指导下,通过让学生参与诊所课程的学习,特别是参与实际案件的处理等系列法律活动,为学生提供一个传统课堂教学无法提供的真实环境——“法律诊所”(Legal Clinic),促进学生对法律的深入理解,培养学生从事实际法律工作的能力和综合素质,了解和树立良好的法律职业道德,推动法律教育的职业化进程。通过 20 多年的实践,这种新的教育模式在全国迅速推广并收获了丰硕的成果。

虽然诊所法律教育在中国的实践、特别是在法学本科教育中的试验难说成功,但是,却在法律硕士教育中探索出了开展诊所法律教育的成功范例,而此,又恰恰契合了从单一的法律知识型人才培养转变为法学应用人才、法学研究人才和社会管理人才的共同培养的法学教育目标,符合了法学教育肩负为法律职业部门和全社会培养高素质法律人才的历史使命。这无疑为已经备受争议、亟待改革

---

① 霍宪丹:《不解之缘——二十年法学教育之见证》,法律出版社 2003 年版,第 213 页。

② 国外法律职业教育模式主要有三种:一是以美国为代表的 J. D. (Juris Doctor)法律教育模式;二是以英国为代表的法律深造文凭 P. C. LL(the Postgraduate Certificate in Laws)法律教育模式;三是以日本、德国为代表的法律教育所(Legal Training)法律教育模式。中国的法律硕士专业学位培养模式是在参考、借鉴国外各种法律职业教育模式特别是美国 J. D. 模式的基础上,根据中国法学教育现实需要自主设计和逐步发展起来的。

的法律硕士培养制度找寻到了“柳暗花明又一村”的发展径路。

基于对法律诊所教育及其在中国的实践和中国法律硕士培养制度的调查研究，笔者认为，一方面，将诊所法律教育引入法律硕士教育，可以直接实现中国法律硕士的教育理念和教育目标；另一方面，诊所法律教育成为法律硕士教育必修环节，可以保障诊所法律教育的可持续发展。

1. 诊所法律教育与法律硕士教育理念、目标、方法相契合

法律硕士教育主要是培养复合型、实践性高级法律人才，因此在教学中必须更多地与法律实践相结合，以实践为导向。诊所法律教育就是一个重要的途径。在美国，法律教育都是研究生教育，与中国的法律硕士教育有相似之处。美国的法学院也都开设了诊所法律教育，因此，中国完全可以而且应该将其纳入法律硕士教育。

长期以来，中国的法学教育过于注重对法条的注释和对法学理论的解析，在培养学生对于真实案例的实际操作能力方面缺乏足够的重视，尤其在考试中体现的更加明显：它更多的是对记忆而不是对分析能力、推理能力的测试，这很难培养学生思辨和独立思考的能力。因此，学生走上工作岗位后，也无法得心应手地运用法律知识去解决具体问题。相比之下，在诊所法律教育中，主要采用亲身体验教学法、角色模拟教学法、合作教学法等，通过让学生深入法律实践以培养其职业技能与职业道德，同时还能消除毕业实习之弊，这无疑是对传统法学教育的有力挑战。

首先，通过法律实践培养职业技能。诊所法律教育的形式借鉴了医学院让学生花费较多时间从事临床实习从而学会诊疗疾病的模式。法学教育引用了“诊所”的称号，学生在教师的指导下为处于困境中的委托人提供咨询，“诊断”他们的法律问题，开出“处方”，并亲自为他们提供法律服务。这一做法不但能够弥补传统“说教式”教学忽视培养学生分析、解决能力的空缺，使其从实践和经验中学习法律职业技能，而且结合证据规则（文本中的法律）具体实践事实调查及其步骤、技巧以及所引起的职业道德问题，克服了“案例式”教学当中案件事实现成、清晰、固定的先天不足，实实在在地培养了学生事实调查的实践能力。同时，不同与传统法律教

育,诊所法律教育重视培养法律研究与推理能力。如美国各大法学院都开设的 Legal Research 课程即旨在教会学生科学系统地检索法律信息并将其运用于具体案件的方法;而法律推理"常见的工作方式是从现存事实入手,逐渐展开分析过程,在这个过程,发现事实与分析法律交替进行,最终实现'从结论到根据'的逻辑推理"。[①] 此外,在会见当事人、证人、给予咨询意见,参与调解、谈判、出席法庭等这些具体的律师技能培养上,诊所法律教育不可替代的作用是显而易见的。

其次,通过法律实践培养职业道德。诊所法律教育所实践案件的性质皆为法律援助。在中国,法律援助面临的重要问题之一便是承担此种职能的机构数量不足。诊所法律教育性质的院校的法律援助中心,能够有效地弥补这一缺失。同时,学生在从事法律援助的过程中也能接触到书本和课堂上接触不到的法律实施的种种现实、甚至非正义,促进学生对正义的理解与追求。[②] 另外,人才的培养强调德才兼备,诊所法律教育有助于将学生培养成有责任感、有悲悯之心的法律人。

最后,诊所法律教育可以消除毕业实习期限短、学生不能接触业务知识、不能学习职业技能等方面的弊端。以诊所法律教育来取代传统的毕业实习,可以最大限度避免时间冲突,更好地促进学生能力的培养。

2. 成为法律硕士教育的必修课,是诊所法律教育可持续发展的现实需要

诊所法律教育在中国经过 20 多年的发展,已经走到一个十字路口。地位边缘化、师资不足、教师的工作量大而又得不到承认、资金和其他教学资源投入的非常规性等因素,直接影响着诊所法律教育本土化和可持续发展。我们也不可能一直依靠外部资金的资助来给诊所法律教育"续命"。诊所法律教育必须自己成长起来,走

---

① 李傲:《互动教学法——诊所式法律教育》,法律出版社 2004 年版,第 192 页。

② 参见 Jane H. Aiken:《正义的激发者》,载李傲、Pamela N. Phan 编:《实践型法律人才的培养——诊所式法律教育的经验》,法律出版社 2005 年版,第 3 页。

向独立。

3. 在法律硕士教育中引入诊所法律教育具有现实可行性

笔者经过调查认为，在已经开设法律诊所的院校和科研机构，完全有可能将现有的以法学本科教育为主的法律诊所应用到法律硕士教育中；没有开设法律诊所的院校和科研机构，可以为法律硕士教育创造条件设立。事实上，有的法律硕士培养单位已经在培养制度中引入了诊所法律教育并取得了成功的经验。[①]

4. 现行法律硕士培养方案与诊所法律教育能够且应当有机地结合起来

在调整对中国法学教育从通识教育向通识教育、专业教育与精英教育相结合功能定位的转化中，法律硕士教育一直定位于培养立法、司法、行政执法、法律服务与法律监督以及经济管理等方面需要的复合型、实践型法律人才。在全日制法律硕士培养中，教育行政主管部门不断强调其宗旨的重要性并加大实践教学实施力度。笔者认为，法律硕士这一培养目的与诊所法律教育完全适配。目前在一些院校的法律硕士培养中，也有成功的尝试。此外，在一般的课程教学中运用诊所法律教育的方法，也有助于法律硕士的学习。例如鼓励形成法律上的洞察力、加强对实体法与法律原则和学说的理解。[②]

通过上述论证，我们发现，将诊所法律教育作为中国法律硕士教育的必修课不但是必要的，也是可行的。因此，教育主管部门应适时将诊所法律教育纳入法律硕士培养方案，将诊所法律教育规定为法律硕士教育的必修环节，以切实保障培养复合型、实践型高级专业人才目标的实现。

---

① 中国社会科学院研究生院法学研究所在全国率先实践了专门以法律硕士研究生为学员的法律诊所教育模式，取得了良好的教学效果与社会效果。法学研究所在法律硕士的培养方案中，已经将诊所法律教育作为学生12个学分的必修环节，要求所有的法律硕士研究生都要经过法律文书、模拟法庭、法律谈判和法律实践培养，而且均通过诊所法律教育的方式来实行，探索出了诊所法律教育初级班、中级班、高级班三层次教育模式，深受法律硕士研究生欢迎。从中国社会科学院法学研究所培养法律硕士的经验来看，将诊所法律教育作为法律硕士研究生的必修课程，其可行性毋庸置疑。

② 参见陈建民主编：《实践性法学教育讲义——把课堂当作社会》，清华大学出版社2009年版，Eleanor W. Myers的序言，第2—3页。

四、法本法硕的特色与目标

"教育是一个国家发展的基石，教育改革和发展是关系国家和民族未来的大事，也是每个家庭和学生关心的大事。"①其实，教育在影响国家未来发展的同时，也深深地受着整个社会环境的影响。法本法硕教育，乃至整个中国法学教育的产生和发展，无不受到社会需求这一根源性的因素的作用。

（一）发展与变革：法本法硕对中国法学教育的意义

1. 法学教育的发展和法本法硕的昙花一现

在法学研究和法学教育繁荣的最初阶段，法制的作用开始受到重视，这时法学研究生教育的目的，被定义为培养学术型、理论型人才，同时认为实践型法律人才的培养由本科、专科、大专等低层次教育即可完成。转业军人进法院的现象就是法律职业没达到高层次和专业化的真实写照。后来，当人们逐渐认识到了"法制"与"法治"的区别，在力图提高立法质量的基础上更加关注法律的实效，真正把法律作为社会管理和解决纠纷的工具的时候，相比理论研究人员而言，市场经济社会对于能够运用法律知识和技术解决实际问题的实务型人才的需求更为旺盛。于是，为了回应和引导社会发展的需求，国务院学位委员会于 1995 年批准设立法律硕士专业学位，并于 1996 年正式招生。1996 年至 1999 年，中国法律硕士并没有限制法学本科毕业生的报考。然而法本法硕教育只是昙花一现。自 2000 年起，中国全日制法律硕士招生改为只面向国民教育序列的大学非法学专业本科毕业生报考（个别学校允许符合一定条件的大专毕业生报考），而在职攻读法律硕士可以招收法学或非法学本科毕业的有一定工作经历的在职人员。一般认为，这次的变革是借鉴了美国法律博士②教育的经验，它体现了法律科学的实践性和经验

---

① 吴晶：《征求对〈国家中长期教育改革和发展规划纲要〉的意见和建议》，载《人民日报》2010 年 2 月 8 日，第 1 版。

② 美国法律博士（J. D.）的概念对于中国人来说容易产生误解。因为美国没有法学本科教育，取得大学本科学历的学生可以报考法律博士，并以此为跳板从事法律行业。所以美国的法律博士属于法律基础教育，同时也是职业教育。

属性，将学历教育与职业教育完美地结合起来。无论是从本科非法学专业学生在其所掌握某一学科领域知识的基础上能够对法律规则的设计和应用有更深层次的理解，抑或是从在职硕士在学习过程中联系自身工作经验解决实际问题来看，这种充电式的继续教育依然带有很强的职业倾向。

2. 法本法硕的死而复生和中国法学教育模式的转型

法科硕士专业引入职业教育理念是可喜的，但制度的设计却疏忽了一个至关重要的因素。不同于美国的法律教育，中国存在着数量庞大的法学专业本科毕业生，他们中的大多数也是要从事法律相关职业的，而他们的职业教育却无人问津。法学专业属于高考的热门专业，但每年却有大量的毕业生无法就业。法学大类毕业生就业率长期排名倒数，许多的法学大类本科毕业生没有从事与法律直接相关的工作。法学毕业生的实践能力普遍较差是法科学子就业难的重要因素之一；同时，除非换专业，否则法学硕士专业是希望读研深造的法本毕业生的唯一选择，而以理论研究为培养重点的法学硕士教育，很难培养出实务部门真正需要的专业型、实践型高级人才。

中国早在 1991 年就开始实行专业学位教育制度，但每年招收专业学位研究生仅占招收硕士总数的 10%，全日制攻读的比例更低。2008 年全国招收法学硕士生 13192 人，法律硕士（含全日制和在职）8705 人。① 为扭转这一局面，2009 年国务院学位办新设了法律硕士（法学）专业学位。第一届的法本法硕都是扩招的名额，录取的方式是从报考法学硕士未被录取的学生中调剂录取。同年，教育部发布了《2010 年全国招收攻读硕士学位研究生简章》，首次提出了“学术型硕士”与“专业学位硕士”的区别。法本法硕招生开始走向正轨，面向法学本科毕业的应届或非应届毕业生招生，学制为两年。② 新学位的出现，表面上看是为了应对金融危机对就业形势的影响，但实际上却是中国法学教育模式的转型。也许此次转型的

---

① 王健：《法学教育改革与发展的新动向》，载《法制日报》2009 年 11 月 4 日，第 9 版。

② 参见教育部（教学[2009]12 号）《做好 2010 年招收攻读硕士学位研究生工作通知》。

最终效果还有待时间的检验，但它的出发点和所指明的方向却是科学的、合理的。把法科研究生的培养重点由理论教育转向职业教育符合社会发展的规律。同时，法本法硕的死而复生也造就了法科研究生的结构性调整和变化——不仅使得法学专业的本科生在考研这条道路上又多了一种选择，而且形成了法本法硕、非法本法硕和在职法硕三种类型并存的新局面。法学教育的改革不但不会停止，还将更加深入。

（二）目标与现实：中国法本法硕培养现状检视

1. 法本法硕教育的培养目标

法本法硕的培养目标是为法律实务部门培养具有社会主义法治理念、德才兼备的专业型、实践型高级法律人才，其教育理念注重法律职业素质的养成。笔者认为，法本法硕的教育目标要放在整个法学教育的参照系下来理解。法本法硕教育除了要满足社会发展对高水平职业人才的需求，更要协调与法学类其他教育的关系，特别是与法学本科教育的衔接和与同层次的硕士学位教育的配合。本科教育应该以通识教育为主、职业教育为辅的原则实施。“学生从大学所获得的，不是零碎知识的供给，不是职业技术的贩售；而是心灵的刺激与拓展、见识的广博与洞明……如此，学生就会发展和珍视伦理的价值、科学的类化、审美的态度，以及各种政治、经济和社会制度所以存在的意义。”①具体到本科的法学教育，学生掌握法律的基础知识、理解法治的理念，对于个人的生存和发展以及对于整个社会都有重大的意义。因此法学本科教育不能过于注重职业技能的培养，而应把这一任务留给其他层次的教育。研究生教育分为硕士和博士两个层次。博士阶段的“教育”更准确地说是引导学生进行研究，而不是一般意义上的传授知识、技艺的“教育”。法学博士的教育是要站在法学研究的制高点和前沿，不但要力求完善法学学科体系和法律体系，更要使学生获得分析问题的智慧和能力。

处于高等教育两端的本科教育和博士教育，都无法将职业能力的培养作为其首要的目标。缺少职业教育的教育体系是不完整的

---

① 黄坤锦：《美国大学的通识教育》，北京大学出版社2006年版，第1页。

教育体系。中专、大专、高职、电大等教育层次,毕竟不能满足高水平法律实践型人才的培养需求。法科硕士研究生的教育必然要担负职业教育的使命,以改变中国法学教育体系的失衡局面。

2. 中国法本法硕教育的现状

从目前的情况看,中国法本法硕教育存在着很大的不足。要么延续着知识传授式的教育,要么是开展了职业教育但却没有把握精髓,这使得法本法硕教育没有形成自己的特色,教学质量也大打折扣。

第一,课程设置没有体现专业方向。尽管各院校的法本法硕教育一般都依照专业型人才的培养思路通过导师制大体划分了专业方向,但是课程设置却普遍没有与之配套,还是以“博学”的思路大量开设必修课程,未能制定出独具特色的培养方案。过多的专业方向外课程,成为学生不必要的负担。

第二,教学内容和教学方式不配套。目前各院校法本法硕的任课教师,以其长期从事学术研究或者针对本科、法学硕士研究生教学的方法和经验,并不能完全满足法本法硕的教学需要,过度理论化、简单重复本科教学内容等现象屡屡浮现。法本法硕教育模式亟待创新。

第三,职业教育环节薄弱。法本法硕教育始终无法摆脱法学硕士和原法律硕士教育制度惯性的影响,培养方式的落后使得职业教育的课程往往“名不副实”。比如很多学校将法律文书写作当成了“应用文写作”范例展示,学生只获得一些“死知识”,至多算是职业教育的“皮毛”;而且多数院校都把职业教育的重头戏放在最后两个学期,以致实习很容易流于形式,传统的毕业论文写作也与职业教育的目标存在差异。

第四,长期以来形成的“法律硕士不如法学硕士含金量高”的观念,仍然影响着法律硕士的招生和就业。类似师资力量配给不公这样的“差别待遇”,也成为法律硕士心中挥之不去的阴影。还有很多院校培养理念和模式的无差别,使得法学硕士和法律硕士普遍把进入法律实务部门工作当作就业的第一选择,这就造成了法律硕士在就业竞争中的劣势。法本法硕教育一定要克服困难,扭转这一不正常的现象；而最有效的途径无疑是通过教育制度规范化和教学理念特色化，打造有竞争力的法本法硕教育品牌。

（三）规范与特色：中国法本法硕培养方式改革的若干建议

一个国家的法学职业教育制度设计是否合理，关键是看其是否能与国家法律职业资格考试等职业门槛相协调、是否能真正培养出社会所需要的人才。法学不仅仅是关于“规则和规制的艺术科学”，[①]更是一门学以致用的社会科学。中国有自己的司法体制和教育体制，无论从改革成本还是实际效果来说，在坚持现有教育框架的前提下，根据法律职业的社会需求和国外的教育经验，对法本法硕教育做适当完善是十分有必要的，也是可行的。

1.统一考试制度，强化法律职业的遴选机制

法律职业资格考试允许应届生在毕业前报考，主要解决了法科学生在毕业后的一段时期内都不能从事法律核心职业（如法官、检察官、律师等）工作的困境。把考试时间定在大四上学期，对于复习考研的法本法硕来说时间略显仓促。笔者认为，可以考虑将法律职业资格考试与法本法硕的入学考试有机统一起来，在不降低选拔要求的同时，减轻考生的负担。

具体制度设计是，教育部在法本法硕入学考试专业课考试项目上适当放权，授权司法部牵头组织专业课考试项目的命题工作。司法部以法律职业资格考试的命题思路设计试卷，并根据考生成绩划出分数线，授予过线考生法律职业从业资格。原有的法律职业资格考试制度不变，应届生也可以报考，只是降低通过率，并把减少的通过名额留给法本法硕考试中通过资格分数线的考生，以维持总的法律职业从业资格准入量。另外，司法部的分数线是国家认可资格的标准，对法本法硕的招生仅具有参考价值。各院校的招生分数线可以高于或低于司法部的分数线，还要遵守教育部关于公共课英语和政治的分数线要求。同时，为了防止单纯为取得法律职业资格而参加法本法硕考试的行为，可以规定职业资格证须 2 年后凭借法本法硕毕业证领取。而试题的内容相比原有法律职业资格考试，可以提

① 刘毅、张陈果：《德国法学教育访谈》，载《社会科学论坛》2007 年第 3 期。

高基础知识和法律条文的比重,甚至取消职业道德和职业技能的考查,把相关内容留给法本法硕教育培养和考察。

这种制度设计不但强化了法本法硕职业化的教育理念,通过多一次取得法律职业资格的机会,来吸引法科学子的报考,改善中国不合理的法学教育结构;而且学生有了一定法条应用基础,有利于法本法硕实践教育的开展。同时还有利于法学本科教育与国家法律职业资格考试的协调,并且强化了法律职业的遴选机制——从德国的经验来看,学生仅经历法学本科教育,即使通过了法律职业资格考试,也不意味着能达到法律职业的要求。① 培养高水平的法律职业人才,还需要通过严格的职业技能训练和培养,这也是法本法硕教育所应努力的方向。

2. 根据学生的职业取向,提供多元化的教育产品

这里的多元化包括职业选择和专业选择的多元化。中国并不存在美国的"职业一体化"现象,从事律师职业并非法律人才发展的必经过程。因此法本法硕教育要兼顾不同的职业技能训练。例如,既要有律师辩护技巧的传授,也要有法官驾驭庭审能力的培养,以及检察官审查起诉等技能的训练。同时,当今社会对专业型人才的需求旺盛,用人单位需要的往往是在某一领域有一技之长而不是"万金油"型的人才。所以,法本法硕教育应重视专业型人才的培养,在课程设置上不能搞"大锅饭"。

各院校应根据自身的教学资源情况,为学生制定不同的选修方向以供选择。我们可以借鉴慕尼黑大学的模式,例如,慕尼黑大学的《法学学习规则》附件 1 中列有 13 个选修方向,其中第 5 选修方向包括指定选修课:犯罪学、少年刑法、刑罚的执行;补充选修课:专题研究报告、课堂讨论或国家考试准备。② 可想而知,如果立志于从

---

① 在德国,取得法官资格(从事律师、法官、检察官等法律职业人员的资格总称)需两次国家考试合格。大学毕业参加第一次国家考试通过后,考生可接受 2 年的职业技能培训。期间,受训者被称为"见习法官",会先后在初级法院或州法院的民事庭或刑事庭、检察官办公室、行政机关、律师事务所实习。见习结束后可参加第二次国家考试,顺利通过才获得从业资格。如果第二次考试未通过,则考生将无法从事法律核心职业,只能在政府、议会、公司等部门从事与法律有关的职业。

② 韩赤风:《当代德国法学教育及其启示》,载《比较法研究》2004 年第 1 期。

事刑事审判工作的学生很可能会选择这一选修方向。同理,我们可以在第一学习阶段按基础学科分出理论法学、民商事法学、刑事法学、国际法学、社会法学等方向,供学生选择,侧重于培养学生解决实际问题的能力,不应空谈理论。如刑事法学方向设置犯罪学、刑罚学、刑事诉讼法学、侦查学等课程。在第二学习阶段作更为细致的分类,尽可能采取案例分析、产品设计等方式来培养学生的职业技能,与社会需求接轨。如公司法务方向,课程包括公司法、证券法、税法、上市公司规范等;税法方向,课程包括税法基础理论、税收实务、审计概论、会计概论、国际税法、税收成案研究等。

3. 实施"引进来、走出去"战略,切实加强学生职业技能的培训力度

一方面,各院校要积极聘请在各自岗位有突出成绩或是丰富工作经验的法官、检察官、律师等从事法律工作的人员作为兼职教授参与课堂教学,教学模式可以采取案例教学、模拟法庭、角色扮演等方式。另一方面,要为学生建立到法院、检察院、律师事务所、行政机关等部门实习的机会,建立校外导师对其进行考核的机制。要做到以上两方面,司法行政机关必须给予法律教育一定的支持,各院校也应与实务部门建立长期的合作关系,使法本法硕教育真正做到与社会需求接轨,为实务部门培养合格人才。

4. 开展法律诊所教育,优化职业教育培养模式

法律诊所教育不是某种特定的形式,而是一种教学思路;不是课程本身,而是贯穿于其中的教学理念。诊所教育传授的绝不仅仅是"技巧",它所要训练的是一种方法,"是一种有关如何在实践过程中总结、积累和运用经验的方法"。[①] 当然,如今的法律诊所教育还有很多不尽如人意的地方,比如说学生人数过多使得"学徒式"教学的效果大打折扣,法律援助量较少以及实务部门对校外培养不够重视等,只是这些不足之处无法掩盖法律诊所教育的优势。

中国的法本法硕教育是一个富有生气的新事物,我们应该勇于

---

① 冀祥德等:《中国法学教育现状与发展趋势》,中国社会科学出版社 2008 年版,第 179 页。

打破陈规、勇于创新,探索出一套符合教育规律和社会需求的特色教育模式。现阶段来说,法律诊所的教育模式应该能够担此重任。法律诊所教育的开展,既能满足法本法硕教育目标的要求,又能为学生提供个性化的培养方案;既能将已掌握的法律知识融会贯通,又能在实践的过程中体会到理论与实践的差距;既能增进学生的社会责任感和对法律科学的崇敬,又能使他们认识到"正义不是必然实现"这样一个残酷的现实。从象牙塔里走出来的学生很容易对法治抱有幻想,认为法律可以使正义之光照亮人类社会的每一个角落。我们需要有心怀理想的法律人,也更需要有能够脚踏实地实践理想的法律人。知识、技能、伦理、理想,这些要素都应该通过法本法硕教育传授给学生,使他们能够真正成长为法律职业共同体的一员,应然状态下如唐三藏式的法律人——"在职业技能上,能降妖伏魔;在职业伦理上能'自我救赎';在职业信仰上,能普度众生;在职业行动上,既能分工又能通力合作"。① 而法本法硕教育的价值就在于夯实学生基本技能的同时,提供一个从象牙塔到社会的过渡平台,使学生能够从容地面对未来的职业挑战。

2010 年 9 月 18 日,国务院学位委员会第 27 次会议审议通过了《硕士、博士专业学位研究生教育发展总体方案》,对包括法律硕士专业学位在内的所有专业学位教育的改革进行了总体规划,要求积极促进学位与研究生教育结构的调整和优化,大力培养适应社会主义现代化需要的高层次应用型专门人才。2012 年,教育部正式启动"卓越法律人才教育培养计划",旨在培养应用型、复合型法律人才,尤其是涉外法律人才和西部基层法律人才。这一计划的实施标志着在法学人才培养领域开启了教育与用人部门共同培养法律人才的全新模式。

专业学位是随着现代科技与社会的快速发展,针对社会特定职业领域的需要,培养具有较强的专业能力和职业素养,能够创造性地从事实际工作的高层次应用型专门人才而设置的一种学位类型。

---

① 蒋大兴:《法律人,那些飘忽不定的理想》,载中国民商法律网,http://www.civillaw.com.cn/article/default.asp?id=49472,2012 年 7 月 10 日访问。

伴随着我国经济社会的发展和研究生规模的不断扩大,重新定位研究生培养目标、转变研究生培养模式、调整和优化研究生培养结构,把研究生培养从以学术型为主转变为以应用型为主,既是国家经济社会发展的迫切需要,又是研究生教育改革的迫切需要。中国法科研究生教育从以培养法学硕士为中心转向以培养法律硕士为中心,不仅是法治社会建设对法学教育的必然要求,更是中国特色法学教育模式初步形成的应有特征。

第十一章　以诊所法律教育统领法律实践教育研究

第一节　以诊所法律教育统领法律实践教育的可行性

作为培养造就依法治国人才及后备力量的法学教育，其改革成败对法治中国建设攸关重要。长期以来，我国法学教育存在的法学教育供出与法律实践需求之间的矛盾一直未得到有效解决，究其原因，不是没有顶层设计，而是顶层设计过多过乱；不是没有探索，而是探索杂乱无序。在培养法科毕业生实践能力的方法改革中，诊所法律教育日渐显示出勃勃生机与活力，正在逐步进入高等法学院校及科研机构的法学教育体系，并向着入主流、规范化、国际化的方向发展，已经形成中国特色的诊所法律教育模式，并将围绕形成中国理论、运用中国方法、解决中国问题的目标进一步发展完善。笔者认为，在党的十八届四中全会《关于全面推进依法治国若干重大问题的决定》（以下简称《决定》）提出培养造就熟悉和坚持中国特色社会主义法治体系法治人才及后备力量新要求下，总结近年来法律实践性教育的经验与不足，在法学教育改革中全面推行中国特色诊所法律教育的时机和条件已经成熟,法学教育改革顶层设计中,应当把诊所法律教育纳入改革核心体系。

《决定》将法学教育作为依法治国的一项重要内容,明确指出:"坚持立德树人、德育为先导向,推动中国特色社会主义法治理论进课堂进头脑,培养造就熟悉和坚持中国特色社会主义法治体系的法治人才及后备力量。建设通晓国际法律规则、善于处理涉外法律事务的涉外法治人才队伍。"同时,在全面推进依法治国的背景下,以习近平同志为核心的党中央对法治人才的培养提出了新的要求。2017 年 5 月 3 日,习近平总书记在考察中国政法大学时强调:"全面推进依法治国是一项长期而重大的历史任务,要坚持中国特色社会主义法治道路,坚持以马克思主义法学思想和中国特色社会主义法治理论为指导,立德树人,德法兼修,培养大批高素质法治人才。"同时,习近平总书记还指出:"建设法治国家、法治政府、法治社会,实现科学立法、严格执法、公正司法、全民守法,都离不开一支高素质的法治工作队伍。法治人才培养上不去,法治领域不能人才辈出,全面依法治国就不可能做好。"[①]可以说,法学教育如何培养和塑造熟悉和坚持中国特色社会主义法治体系的法治人才及后备力量,推动法治中国的发展,作为一个崭新的顶层设计命题,摆在每一个法学人和法律人的面前,特别是值得每一个法学教育研究者与实践者认真思考与深入研究。

我国法学教育经过 70 多年的发展,中国特色的法学教育模式已经初步形成并将逐步完善。近年来,我们虽然在法学教育方面几经探索,形成了诸如案例教学、模拟法庭教学、实践教学、诊所法律教育等方法,但是这些探索大都是零星而片面的,甚至有的是"换汤不换药"的形式主义,缺乏系统性、指导性以及前瞻性,只有诊所法律教育日渐显示出其勃勃生机与活力,正在逐步进入高等法学院校及科研机构的法学教育体系,并向着入主流、规范化、国际化的方向

---

① 《习近平在中国政法大学考察时强调:立德树人德法兼修抓好法治人才培养励志勤学刻苦磨炼促进青年成长进步》,载人民网 http://cpc.people.com.cn/n1/2017/0503/c64094-29252264.html,2017 年 5 月 8 日访问。

发展,逐渐形成中国特色的诊所法律教育模式。笔者认为,在《决定》提出培养造就熟悉和坚持中国特色社会主义法治体系法治人才及后备力量新要求下,总结近年来法律实践性教育的经验与不足,在法学教育中全面推行诊所法律教育的时机和条件已经成熟,法学教育改革顶层设计中,应当把诊所法律教育纳入改革核心体系。

一、对我国法律实践教育改革方法的评价及反思

我国法学教育改革中,认识到当今社会需要的不是只掌握了诸多法学理论的知识青年,而是法学理论与法律实践能够融会贯通的能力才人;不加强实践教学,就无法使学生做到理论与实际的真正贯通,只能造成学生毕业后面对复杂的社会情势束手无策;通过法学实践教学培养学生实践能力,是当今社会对法学教育的客观要求。[①]为此,近年来,我国不少法学院校及科研机构,对法律实践教育作了若干尝试和探索。

1. 案例教学法。案例教学是英美法学教育常见的教学方法。我国教育界自20世纪90年代开始广泛引入案例教学法,很多法学院或是将案例与法学原理、法律制度相融合,或是专门开设相关部门法的案例讨论课、案例研习课。[②] 案例教学法的基本形式是,教师先提供精选案例,学生在教师指导、启发下运用多种不同的形式对案例所提供的材料与问题进行独立思考,然后进一步分析研究、提出自己的见解、作出判断和决策。[③]案例教学法的目标是为了通过相关的案例教学,培养与训练学生发现问题、解释问题、论证问题以及解决问题的能力。案例教学法的问题在于,是否有充足的典型案例资源,学生是否原意花费时间和精力在课前研读案例,是否有统一的案例教材等。在案例教学中,只是随机获取案例或只是在某些规

---

① 参见周光明、彭红军:《尊重差异 因材施教 构建"和谐"教学新模式——高校分层教学探索》,载《中国大学教学》2007年第6期。

② 参见李友根:《论基于案例研究的案例教学—以〈经济法学〉课程为例》,载《"法治中国建设与法学教育改革"论坛论文集》。

③ 参见刘安华:《卓越法律人才教育背景下法学实践教学模式探索》,载《产业与科技论坛》2014年第8期。

则领域可以找到案例,或者找到的案例已经不具有教学价值与研究意义,导致我们的案例教学呈现零散化和个别化的问题。

2. 模拟法庭教学法。模拟法庭教学是指学生在老师的安排下,扮演案件中的不同角色,如原告、被告、法官、律师、证人等,模拟法院开庭审理的一种教学方法。一般而言,在模拟法庭的教学过程中,学生应当处于绝对的主体地位,每一个角色都应由学生扮演,教师则起辅助和指导的作用。这种教学方法的目的是使学生将课堂中所学的法学理论知识运用于实践。尽管这些年来模拟法庭的形式多样,甚至组织了一些校内或区域性、全国性、国际性模拟法庭比赛,然而,从总体上来看,很多学校还是把模拟法庭作为学生的“课外活动”,模拟法庭的训练在实际教学中存在很多误区。虽然当前很多法律院系采用了模拟法庭的模式,但是它们并非真正的模拟法庭训练,而是彩排好的演练,重形式多于重内容,参与学生数量有限,缺乏系统指导,侧重于程序模拟等。①

3. 讨论式教学法。讨论式教学法强调在教师的精心准备和指导下,为实现一定的教学目标,通过预先的设计与组织,启发学生就特定问题发表自己的见解,以培养学生的独立思考能力和创新精神。讨论式教学包括设计问题、提供资料、启发思路、得出结论等环节。在实际教学中,该方法往往和其他实践教学方法相结合,案例教学、模拟法庭教学等往往不同程度地运用讨论教学法。讨论教学法以“师生学习共同体”为理念,旨在充分挖掘学生的学习兴趣和潜力,让教师和学生的知识、智慧相互交织,产生比教师的单纯授课更好的效果。但是,这种课堂效果也不是很容易可以取得的,课堂讨论的深度和广度,需要有充分的课前准备,也需要有经验的教师来把握和引导,更需要学生的积极参与。②

4. 实习教学法、法律实习教学是指让学生离开校园,通过在法律实务部门的实际锻炼,培养学生的实务操作能力和对法律实际运

---

① 参见王晨光:《法学教育中的模拟法庭教学》,载《“法治中国建设与法学教育改革”论坛论文集》。

② 参见杨国华:《讨论式教学法的理论与实践——从北师大的一堂课说起》,载《“法治中国建设与法学教育改革”论坛论文集》。

作的理解。根据教育部的有关规定,毕业实习是法学本科生必须经历的实践教学环节。实习教学法的问题在于,一是时间受限,来去匆匆;二是“水过地皮湿”,学生难以触及到实际法律业务;三是缺乏管理,是一种“放养”式实习;四是实习单位和实习学生都重视不足等。

5. 诊所教学法。诊所法律教育产生于20世纪60年代的美国,起源于美国耶鲁大学、哈佛大学等著名法学院,目的在于借鉴医学院培养学生的方式,培养掌握法律实践能力的法科学生。目前,在开展诊所法律教育的国家,主要探索出以下主要模式:一是模拟性的诊所教学方式,包括庭审模拟和案例讨论等;二是参与式的诊所教学方式,主要表现为给律师做“助手”,真正参与案件的办理;三是参观性的诊所教学方式,主要表现形式为旁听庭审、参观监狱等,获得体验;四是处理非讼业务的诊所教学方式,学生为真实的当事人撰写法律文书、提供法律建议、代理诉前和解等非诉业务;五是代理当事人处理诉讼业务。[①]我国一些高校从2000年开始探行诊所法律教育,随着参与学校的增加,规模越来越大。但是,各校开展诊所法律教育的形式多种多样,有成功的经验,也有存在的问题,需要在认真总结的基础上,科学规范指导。

除上述实践性教学方式外,有的法学院校还实施了审判观摩、法律援助、实务讲座、实验教学等法律实践教学方法。

按照法学教育对实践教学的价值预设,反思我国法律实践教学政策及活动状况,不难发现如下几个比较突出的问题:

1. 对法律实践教学定位不清、认识不足。不乏少数人认为,法律实践教学附属于法律理论教学,实践教学的目的在于辅助理论教学,甚至认为实践教学可有可无。这种看法导致部分高校对实践教学的轻视,影响了实践教学的有效开展。在法学四年本科、研究生两年或者三年的培养中,理论知识的传授占了绝大比重,有效的实

---

① 参见王新:《我国的法律诊所教育怎样才能走向“非常完美”?》,载法制网 http://www.legaldaily.com.cn/zmbm/content/2009-08/20/content_1141146.htm?node=7581,2014年12月15日访问。

践教学措施不足。

2. 法律实践教学流于形式、效果较差。由于种种原因,我国法律实践教学在实施过程中被形式化的状况很严重,学校不重视,老师准备不足,学生参与度不高,实践教学没有达到应有的目的和效果。例如,在模拟法庭中,学生就像演话剧一般,是角色的表演,而不是体验。实习环节缺少专门人员的指导,实习时间短,实习内容随意,实习效果差。另外,案例教学往往过于简单,常常缺乏培养实践能力的教学设计,变成"故事会"。

3. 法律实践教学形式杂乱、缺乏统一规划。在既有法律实践教学环节中,不仅案例教学、模拟法庭、讨论教学、法律诊所等形式,学校采取哪种形式不统一,而且,就每种实践教学的形式而言也不统一。以诊所法律教育为例,目前全国有 181 个会员学校,其中 91 个学校开设了诊所法律教育课程,在其开设的 131 个法律诊所中,可谓五花八门。

4. 缺乏专门法律实践教师队伍。目前,我国高校及科研机构的法学教师基本上都属于理论型,他们一般都具备较高的理论素养和学术素养,但大都缺乏法律实践能力,教师的实践知识和能力远远达不到实践教学的要求。① 而聘请实务部门参与法学教育的形式多是讲座与座谈,没有形成对学生体系化的实践技能传授。

5. 与法律实践部门沟通不畅。法学院校及科研机构在实践教学活动开展中,没有重视法律实践部门沟通或者沟通不畅,至少表现在两个方面:第一,在法科学生培养方案和课程设计中,缺乏法律实务部门、特别是用人单位的参与;第二,学校与实务部门的联系也不够紧密,不能建立长期固定的联系。

二、以诊所法律教育统领法律实践教学的可行性

上述实践教学方法实施中,法学院校及科研机构"各自为政",呈现出零散化的现象,缺少一个统一的指挥棒和规范标准,因而随

---

① 参见蔡彦敏:《诊所法律教育在中国制度化建设中亟待解决的问题》,载《环球法律评论》2005 年第 3 期,第 273—274 页。

意性较大,也就不容易落到实处。针对当前法学实践教学中的不足,以习近平同志为核心的党中央同样高度重视。习近平总书记在考察中国政法大学时强调:“法学学科是实践性很强的学科,法学教育要处理好知识教学和实践教学的关系。要打破高校和社会之间的体制壁垒,将实际工作部门的优质实践教学资源引进高校,加强法学教育、法学研究工作者和法治实际工作者之间的交流。法学专业教师要坚定理想信念,带头践行社会主义核心价值观,在做好理论研究和教学的同时,深入了解法律实际工作,促进理论和实践相结合,多用正能量鼓舞激励学生。”①因此,在全面深化司法体制改革的背景下,法学教育改革中实践教学改革的一个紧迫要求,就是总结既往经验,反思不足,找寻对策,用一种具有兼容性、展开性的实践教学法统一和涵盖其他实践教学法,并由有关部门制定统一规范标准,在各法学院校及科研机构中推广落实。

笔者认为,诊所法律教育可以担当此任。因为其既与我国法治建设的时代需求相一致,又与卓越人才培养计划的目标相契合;既有对其他法律实践教学法的兼容性和自身的逻辑展开性,又有作为中国特色法学教育模式国际交流上的开放性。

1. 诊所法律教育与我国法治建设的时代容涵性

法治中国加速建设期正是中国社会关键转型期,公民与社会对法律的需求越来越多,也越来越多元化,这对法律人提出了更高的要求,亦即对法学教育、特别是法律实践教育提出了越来越多的要求。法律诊所教育就是一种以解决问题为主导的教育模式,要求必须与时俱进,应对新挑战,解决新问题。

笔者认为,伴随着国家法治进程的不断推进,特别是法律职业资格考试(原国家司法考试)制度的建立,中国法学教育素质教育传统定位的历史使命已经完成,在法治中国建设之当下,法律职业必须走上专业化和职业化的轨道,法学教育必须肩负起为法律职业

---

① 《习近平在中国政法大学考察时强调:立德树人德法兼修抓好法治人才培养励志勤学刻苦磨炼促进青年成长进步》,载人民网 http://cpc.people.com.cn/n1/2017/0503/c64094-29252264.html,2017 年 5 月 8 日访问。

部门和全社会培养高素质法律人才的历史使命。“这种高素质的法律人才，绝不仅仅是掌握了法学知识体系的人，‘他’应当是和必须是法律专业知识、法律职业素养和法律职业技能的统一体。”[①]培养造就这种熟悉和坚持中国特色社会主义法治体系的法治人才，正是中国特色法律诊所教育的时代担当。

2. 诊所法律教育与卓越法律人才培养计划的目标契合性

卓越法律人才教育培养计划，旨在培养适应中国特色社会主义法治国家建设需要的高素质法律人才。“培养应用型、复合型法律职业人才，是实施卓越法律人才教育培养计划的重点。适应多样化法律职业要求，坚持厚基础、宽口径，强化学生法律职业伦理教育，强化学生法律实务技能培养，提高学生运用法学与其他学科知识方法解决实际法律问题的能力，促进法学教育与法律职业的深度衔接。”[②]卓越法律人才教育培养计划要求强化法学实践教学环节，加大实践教学比重，加强校内实践环节，开发法律方法课程，充分利用法律实务部门资源，建设一批校外法学实践教学基地，开展覆盖面广、参与性高、实效性强的专业实习，切实提高学生的法律诠释能力、法律推理能力、法律论证能力以及探知法律事实的能力。[③] 这就需要改革法学教育课程体系的设置和教学内容，构建以法律技能培养为核心的课程体系，改革教学方法，加强法律教学的实践性、应用性。

诊所法律教育具有真实案件、真实诉讼、真实参与的“三真”特点，有效地实现了法律知识学习、法律执业技能掌握和法律职业道德培育三者的统一。诊所法律教育突出学生的主导地位，强调理论与实践的结合，让学生在参与真实案件的解决过程中，运用法律、认识法律和理解法律，使学生不断提高对理论知识的理解和掌握，增强对法律问题的判断力，掌握解决问题的方法与技巧。同时，诊所

---

① 霍宪丹：《中国法学教育反思》，中国人民大学出版社2007年版，第69页。

② 参见《关于实施卓越法律人才教育培养计划的若干意见》，教育部与中央政法委员会2011年12月23日颁布。

③ 参见《关于实施卓越法律人才教育培养计划的若干意见》，教育部与中央政法委员会2011年12月23日颁布。

法律教育注重职业技能和职业理念的培养，既教给学生解决法律问题的本领，也教给学生树立诚实、善良、正直的法律人品质，培养学生公平、公正、公开的法律信仰。[①]诊所法律教育与卓越法律人才教育培养计划的目标十分契合，通过诊所法律教育方法，实现卓越法律人才教育培养计划目标，是一个最佳路径选择。

3. 诊所法律教育内容上的兼容性

应当认识到，法律诊所教育不是课程本身，而是一种教学方法，是一种能够多层次、多角度培养人才，融合传统研究性教学和实践性教学的新型教学方法。诊所法律教育对于各校开展的案例教学法、讨论教学法、模拟法庭法、实习教学法等具有兼容性，而且可以统上述多种教学法于一体，实现我国法律实践教学的一体化运行。

诊所法律教育可以兼容案例教学。我国的案例教学法更多的是举例教学法，其存在很多缺陷，如案例教学中的案件事实是现成的、清晰的、固定的，不能很好地锻炼学生发现线索、收集证据的能力，以及思考与行动的互动能力，更无法锻炼学生接受挫折、克服心理障碍、适应社会以及与人交流的能力。诊所法律教育也是建立在真实的案件背景材料和真实的当事人基础之上。在诊所法律教育中，结合证据规则（文本中的法律）具体实践事实调查及其步骤、技巧以及所引起的职业道德问题，更能实实在在地培养学生事实调查实践能力。法律实践中，不但要调查事实，研究法律，还要会见当事人、证人、给予咨询意见，参与调解、谈判、出席法庭等。在这些具体的律师技能培养上，诊所法律教育所能起到的作用是案例教学无法达到的。[②]

诊所法律教育可以兼容讨论式教学。在诊所法律教学中，可以对法律援助工作中带有普遍性、规律性的问题，启发学生进行课堂讨论；也可以为诊所学生所代理的真实案件寻求解决的最佳途径进

---

① 参见饶艾、易明：《“Seminar”抑或“法律诊所”——我国法律硕士教学模式选择》，载《西南交通大学学报（社会科学版）》2010年第4期。

② 参见冀祥德：《论中国法科研究生培养模式转型之必要——从以培养法学硕士为主转向以法律硕士为主》，载《环球法律评论》2012年第5期。

行课堂讨论;还可以就案件背后的法律理念、法律关系进行课堂讨论。在课堂教学过程中,诊所教师针对实务问题不断提出问题,不断追问,引出多种可能性,引导学生发现有关的法律规范、事实材料、有关因素及其各种因素之间的关系;引导学生自己开动脑筋思索。通过提问与讨论,教师与学生平等对话、相互促进,教师与学生之间形成一种良好互动式的教学氛围与模式。学生不在被动听课,而是成为教学环节的主体和积极参与者。[①]

诊所法律教育可以兼容模拟法庭教学。诊所法律教学过程中,不仅要组织学生模拟法庭,而且还要对学生承办的真实案件在“实战”前进行模拟,包括接待客户、谈判调解、非讼和解、出庭辩护或者代理、参与仲裁等。可见,模拟法庭仅仅是诊所法律教育活动的一个组成部分而已。

诊所法律教育可以兼容实习教学。诊所法律教育中,学生不仅可以为当事人代写法律文书、代理诉讼与非诉讼案件,还可以参加社会普法活动、社区法律服务活动等。诊所法律教育不仅能达到实习所能达到的所有目标,还可以消除毕业实习期限短、学生接触实践机会少等弊端。

4. 诊所法律教育逻辑上的展开性

以诊所法律教育统领所有的实践教学方法,不仅需要考察诊所法律教育在内容上能否兼容涵盖现有实践教学方法的外在形式,而且还要论证诊所法律教育在培养形成法律人实践能力上是否具有逻辑展开的内在张力。

首先,诊所法律教育能够培养学生的法律人思维模式与实践能力。诊所法律教育的本质特征在于“三真”,即学生参与的案件是真实的,不是虚构的;学生参与的诉讼是真实的,不是模拟的;学生的角色参与是真实的,不是扮演的。在法律诊所中,通过案件与角色的亲身参与,在会见当事人、给予当事人咨询意见、调查证人、参与调解、代理谈判、出席法庭等实践活动中,培养思维方式与分析判

① 参见安海:《诊所式法律教育教学方法分析》,载《山东省青年管理干部学院学报》2007 年第 5 期。

断能力,训练解决问题的方法和技巧,同时形成法律研究与推理能力。

其次,诊所法律教育能够培养学生的法律人职业道德。学生在大量“三真”活动中,能接触到书本和课堂接触不到的法律实施境况、甚至是案外因素影响的非正义等,真实地看到与体觉实践中法律规则或者顺畅或艰难的运行,了解法律实践运行的“千面”性,促进学生对正义实现的理解与追求,真实把握法律人的社会角色,培养有正义心、责任心、同情心的德才兼备的法律人。

最后,诊所法律教能够培养学生的创新品质与创新能力。法律诊所教育的优势在于立足于社会现实,着眼于解决问题,将学生置于变动不停的社会现实与法律现实中,在有实践经验的教师指导下,教会学生如何扑捉、提取、使用有价值的信息,在不容假设的现实生活中寻求用以解决问题的路径与对策。同时,学生在诊所法律教育活动中,还可以亲身了解体验到司法制度问题所在,并为其改进作出思考与努力。这对于培养学生的创新品质与创新能力意义重大。

5. 诊所法律教育品格上的中国特色性

诊所法律教育尽管是舶来品,是从借鉴国外一些国家经验开始尝试,但是,它从一开始就注入了大量的中国元素。诊所法律教育是在中国法学会法学教育研究会的指导下,注重从中国法学教育实际需要出发,立足于解决中国问题,认真探索,谨慎实践,稳步推行。特别是中国法学教育研究会诊所法律教育专业委员会成立后,专门致力于诊所法律教育在中国的设计、试点、总结、指导、管理和规范,制定了中国诊所法律教育培养方案及课程体系,定期检查指导、总结评估。可以说,伴随着法学教育中国模式的初步形成,中国特色的诊所法律教育模式也已经初步形成。诊所法律教育品格上的中国特色性,表现于教育目的上,英美诊所法律教育目的是培养学生像律师一样思考,中国诊所法律教育目的是培养学生的法律人思维,而不仅仅是律师;表现在教育对象上,中国诊所法律教育的对象既有法学院的本科生,又有法律硕士研究生,还有法学硕士研究生,这与英美诊所法律教育对象是不同的;表现在教育考核上,中国诊所法律教育的考核主要由中国法学教育研究会诊所法律教育专业委员会和诊所法律教育开展院校负责，这与美国诊所法律教育由美国律师协会等机构考核评估不同。

6. 诊所法律教育交流上的国际开放性

伴随着诊所法律教育中国模式的初步形成，中国诊所法律教育在世界范围内的影响力在不断增强。尤其是近年来，中国特色诊所法律教育模式开始在世界诊所法律教育舞台上占据重要领地和话语权，尤其是不断地为印度、日本、韩国、澳大利亚、越南等亚洲国家提供经验借鉴，中国诊所法律教育已经成为中国法学教育的一张“名片”。因此，在深化法学教育改革，梳理整合乱象丛生的实践教学方式中，确立诊所法律教育的统领地位，有利于中国经验、中国模式的国际交流与合作。①

第二节 以诊所法律教育统领法律实践教育的制度设计

法学教育改革中，以诊所法律教育替代并统领所有法律实践教学法，在课程体系的设计上应该把握以下几个转向。

一、课程地位：由非主流课程到主流课程

在当下深化司法体制改革背景下的法学教育改革中，要重新认识并厘清诊所法律教育在法学教育中的地位。诊所法律教育进入中国法学教育课堂以来，虽然加入院校渐多，影响渐大，作用渐明显，但是，还是停留在“说起来重要，做起来不重要”的层面。尽管不乏一些法学院校及科研机构把诊所法律教育开展的有声有色，如西北政法大学、中国社会科学院法学研究所等，然而，多数法学院校的诊所法律教育并未成为主流课程。教育行政主管部门和法学院

① 冀祥德：《以诊所法律教育统领法律实践教育：可行性及制度设计》，载《山东大学学报（哲学社会科学版）》2017 年第 5 期。

校的决策者与当权者,对诊所法律教育存有种种偏见和误区,没有弄清诊所法律教育与、案例教学、模拟法庭、讨论教学等实践教学法之间的关系;有人认为,相对于理论教学,诊所法律教育是“土鳖”,难登法学教育之雅堂,所以一些学校参与诊所法律教育的老师多是该校师资队伍中的“边缘”部队;也有人认为诊所法律教育的投入太大,受益面小,因而得不偿失等。近年来,中国法学教育研究会诊所法律教育专业委员会以“入主流”为目标通过中国法学会、中国法学教育研究会等平台,有效地推进了诊所法律教育入主流的进程,例如促使将诊所法律教育列入卓越法律人才培养计划等,以中国社会科学院法学研究所为代表的一些院校和科研机构,已经将诊所法律教育规定为必修课,容涵全部实践教学内容,并构建了诊所法律教育初级班、中级班、高级班梯度教学模式体系,为法学教育改革方案中诊所法律教育的顶层设计提供了实验。

二、施教对象:由法学本科生到法科研究生

诊所法律教育进入中国法学教育课堂是以法学本科生为培养对象开始的。十几年的实践证明,以法学本科生为施教对象有若干不足:其一,在本科一、二年级学生中进行诊所法律教育实践教学活动是不可能的。尽管多数学校选择在本科三年级开设该课程,但是,学生法学基础知识与基本原理掌握仍不系统,开展诊所法律教育的基础不牢固;其二,本科三、四年级学生面临报考硕士研究生、法律职业资格考试(原司法考试)、就业等一元或者多元选择,无法集中精力投入诊所法律教育。根据笔者观察,诊所法律教育在我国法学院校课程体系中之所以“入主流”较慢,与施教对象选择不当有重要关系。

将诊所法律教育视角对象转向到法科研究生、尤其是法律硕士研究生,主要基于以下三个理由:其一,法律硕士培养目标与诊所教育活动目的相一致,都是为了培养实践性法律人才;其二,以法科研究生为视角对象可以有效解决本科生教学中知识积累不够、时间精力不足等问题;其三,诊所法律教育在国外的起源就是法学精英教育,而我国的法科研究生教育接近精英教育。

除在职法硕之外，现阶段我国法科研究生的培养主要有法学硕士、法本法硕和非法本法硕三种。其中，法律硕士教育主要是培养复合型、实践性高级法律人才，诊所法教育与法律硕士教育理念、目标、方法相契合，现行法律硕士培养方案也能够与诊所法律教育有机结合起来。所以，将诊所法律教育对象主要转向法律硕士不仅具有必要性，也具有现实可行性。对于法学硕士研究生，虽然在培养目标上与法律硕士应该有所不同，但是，法学硕士也需要了解法律实务。另外，当前我国有相当一部分法学硕士把进入法律实务部门工作作为就业的第一选择，所以，也有必要在部分有志于从事实务工作的法学硕士中开展诊所法律教育。①

三、课程设计：由选修课到必修课

我国现行法学教育课程体系中，由法学教育指导委员会指定的核心课程基本上是按照法律职业人需要的基本法律知识体系构建的。这种设置本身并没有错（尽管哪些课程应当被纳入核心课程仍然有争议），但却在无形中传达了一个信息，即一个合格的法科毕业生必须要掌握这些核心的知识体系，其他教学内容则属非核心”。在核心课程之外，各个院校均根据各自特点增加了一些必修课。再加上按规定必须要完成的公共课和选修课，实践性课程独立存在的空间就变得很小。为此，多数开设诊所法律教育课程的学校就把该课程设置在选修课中，其课程的设计和管理都处于有之不多、无之不少的边缘化状态，课程效果也就可想而知。

2006 年 8 月 3 日，国务院学位办将全日制法律硕士实践教育环节从没有硬性学分要求增加到了 12 学分，增设了法律文书课（3 学分）、模拟法庭训练（4 学分）、法律谈判课（2 学分）、法律实践课（3 学分）等必修课。2009 年 5 月 19 日，国务院学位办的文件再次强调了 12 个学分的实践课程，并在法本法硕培养中，专门规定了一个学期为实践教育环节，以中国社会科学院法学研究所为代表的学校，

---

① 参见冀祥德、李庆明：《诊所法律教育——中国法律硕士培养制度改革的基本方向》，载《法学杂志》2011 年第 2 期。

抓住这一时机,用诊所法律教育方法落实上述实践教学方案,并将诊所法律教育课程由选修课上升为必修课,有效地解决了诊所法律教育的课程设计问题。2017 年,新修订的《法律硕士专业学位研究生指导性培训方案》规定法律硕士的实践教学与训练环节要不低于 15 学分,其中要求不少于 6 个月的专业实习,占 6 学分。为此,建议教育主管部门进一步修改法科研究生培养方案,直接将诊所法律教育纳入法律硕士以及部分法学硕士培养方案,将诊所法律教育规定为法律硕士和部分法学硕士教育的必修环节,以切实保障培养复合型、实践型高级法律人才目标的实现。①

四、考核方法:由软性考核到强制考核

当下,我们对诊所法律教育课程的考核还没有构建出一个科学完整的体系,既有的考核主体、考核方式及考核方法均属于软性考核。一方面,统管我国诊所法律教育活动的中国法学教育研究会诊所法律教育专业委员会对法学院校无强制考核权,而教育行政主管部门又没有将该课程纳入考核体系。另一方面,有关院校对诊所法律教育课程的考核多是“放养”式,在考核方式及考核方法上的随意性较大。在笔者看来,诊所法律教育入主流,成为法科研究生的必修课程后,必须采取强制性考核方式。可以考虑由国务院学位办、国家教育行政主管部门委托中国法学教育研究会诊所法律教育专业委员会,提出考核方案,统一实施。

需要注意的是,对于诊所法律教育的考核是双向的,既包括对学生的考核,也包括对教师的考核。对于学生的考核,主要从课程态度、咨询效果、文书制作质量、日志撰写质量、案件参与程度、当事人评价、团队合作表现、实践技能掌握等方面予以设计。对于教师的考核,主要从教学态度、教学内容、教学方法,实务经验、个案指导情况等方面予以设计。

---

① 冀祥德:《论中国法科研究生培养模式转型之必要——从以培养法学硕士为主转向以法律硕士为主》,载《环球法律评论》2012 年第 5 期。

五、师资队伍:由“单一型”转向“双师型”

我国开展诊所法律教育活动以来,师资主要由法学院校的教师组成,既没有专门的诊所法律教育师资,原有法学院校教师的实践经验也不足,这种由理论教师兼职实践教学的师资状况显然不能满足诊所法律教育的需求,亟需从该种单一型师资转向法学院校专职实践教师和实务部门兼职教师的双师型师资。《决定》规定:“健全政法部门和法学院校、法学研究机构人员双向交流机制,实施高校和法治工作部门人员互聘计划,重点打造一支政治立场坚定、理论功底深厚、熟悉中国国情的高水平法学家和专家团队,建设高素质学术带头人、骨干教师、专兼职教师队伍。”有专家指出,要把建设高素质专家和教师队伍作为创新法治人才培养机制的核心,深入实施教育部会同中央政法委等六部门联合启动的高校与法律实务部门人员互聘,“双千计划”,即选聘1000名左右有较高理论水平和丰富实践经验的法律实务部门专家到高校法学院系兼职或挂职任教,承担法学专业课程教学任务,选聘1000名左右高校法学专业骨干教师到法律实务部门兼职或挂职,参与法律实务工作。在“双千计划”的牵引下,全国法学院校及法学研究机构还要从实际出发,切实加强与法律实务部门的多方位合作,精心打造专兼结合的法学专业教学团队,共同制定培养目标,共同设计课程体系,共同建设实践基地,注重特邀法律界先进模范人物授课讲座或指导学生,重点加强案例教学领域理论研究和教材编写,广泛开展探究式学习讨论,增强学习者全面适应法治国家、法治政府、法治社会建设需求的素质能力。①这为诊所法律教育“双师型”师资队伍建设打造了宽阔的平台,奠定了坚实的基础。

总结法学教育70多年基本情况,我国法学教育的弱项和短板主要是法律实践教育不足。其问题所在,不是没有采取措施,而是措施太多、太乱、太杂,缺乏有高度的宏观指引和有容涵的统领设

① 参见袁贵仁:《创新法治人才培养机制》,载《中国教育报》2014年11月14日,第1版。

计。诊所法律教育在我国20多年来,从无到有,从小到大,是在面对和解决中国法学教育实践问题中一步步壮大起来的,为我国法学教育改革注入了新的生机和活力,成为法学教育中国模式的一个亮点。以上论证以及有关院校的实践都告诉我们,以法律诊所教育为统领,推进法学实践教育改革,不仅能够有效解决中国法律实践教育长期以来杂乱无序的沉疴,而且将有力推进中国特色法学教育模式的完善,对我国整个法学教育改革和世界法学教育创新提供有益的借鉴。①

---

① 冀祥德:《以诊所法律教育统领法律实践教育:可行性及制度设计》,载《山东大学学报(哲学社会科学版)》2017年第5期。

第十二章　中国法学教育反思与改革

第一节　中国法学教育反思性检讨

实践证明,中国现行法学教育为中国的法治事业作出了重要贡献,其突出的成绩主要有以下几点:一是法学教育规模持续扩大,逐步从“精英式”向大众化法学教育体制转变;二是法科学位与研究生教育结构不断调整,逐步从以法律通识教育为主转向以适应社会需求的法律专业学位教育为主;三是法学教育教学改革不断推进,形成了多层次、多类型的法学学位与人才培养体系;四是法学专业课程设置日益充实,各类培养方案和教学方法固定化、体系化;五是法学教育投入快速增长,基础设施、资金支持和师资力量显著增强;六是法学理论和法律实务人才培养规模迅速扩大,基本满足了国家法治建设和社会经济发展对法学法律人才的需求。①

---

① 王利明、韩大元、冯玉军:《新时期法学学位体系和人才培养模式改革的探索》,载《教育部高校法学学科教学指导委员会中国法学教育研究会2012年年会暨“卓越法律人才教育培养计划”与法律人才培养模式改革论坛论文集》(第一卷),第35页。

但是,从整体上看,现行的法学教育还存在很多问题。

有论者认为,当前法学教育存在以下主要问题:一是缺乏统一协调。目前全国法学院(系)设置没有一个统一的标准,办学层次繁杂,既有全日制本科和研究生教育,还有自学考试、电大、业大、职大、网络教育等,教育体制没有统一规格,招生规模在无限制地扩大。一些学校脱离自身实际,片面追求多科性和综合性的发展目标,将法学作为调味品、配套学科来建设的问题比较突出。由于宏观调控机制不健全,尤其是缺乏较为统一的指导、监督,近年来高等院校法学教育发展过热,导致人才培养质量缺乏保障,办学效益不尽如人意,建设法治国家急需的高层次法律人才不足与法学教育在低层次的过量发展、盲目发展并存,加之社会上片面追求高学历和盲目的人才高消费,造成了新的教育资源与人才的浪费。二是法学教育与法律职业脱节。由于受客观因素的影响,法学教育与法律职业处于分离状态,不少法律职业培训学校代替大学法学院进行法学教育。一方面,法学教育不是法律职业的必备条件,不管学习什么专业,只要能够通过法律职业资格考试(原司法考试),即具备从事法律工作的条件。另一方面,法律职业也不是法学教育的目的。目前法学专业学生的就业情况表明,大部分的法学专业学生包括研究生从事非法律专业工作。由此形成了从事法律学习人数众多但真正从事法律职业有限的矛盾局面,大部分学生不得不转行从事非法律工作,由此造成法学教育资源的浪费。三是缺乏与能力培养并重的教学内容。目前的法学教育无论是在学科设置、课程设置,还是教学方法和考试方式等方面都需要改革。法学教材汗牛充栋,有的教材互相抄袭,表达不当,甚至内容错误,一本教材多处出现错误并不鲜见;缺乏基础性、学术性、实践性,严重损害教材应有的权威。教学方法上培养学生的创新思维和实践能力不够,甚至空洞说教。考试方式上,更多的是以标准答案来限制和压抑学生的原创精神。不少学生的考试就是把老师的教学大纲抄一遍上交了事。四是法学硕士研究生教育处境尴尬。全日制研究生本身就有两年制、三年制的区分,此外还有法律硕士、课程班等,不同学制研究生的定位区别模糊:这些不同学制的研究生其开设的课程有什么区别,这些不同学制的研究生的就业出路有什么区别，等等，迄今为止都不明确。这种培养结果根本违背研究生教育的目标。①

有论者认为，中国法学教育正面临着新的挑战，主要体现为以下方面的矛盾关系：一是法学教育规模扩大与确保法学教育质量之间的矛盾。随着法学院校数量与招生规模的不断扩大，人才培养开始出现质量下降的趋势。二是法学教育的途径和层次过于庞杂，培养目标模糊。在种类繁多的法学教育层次中，各层次的教育目标并非十分清晰，各个层次间也没有互相衔接，教育途径和层次过于庞杂。同时，由于教育管理体制的变化，地方可以自主设置法学专业，但有关部门并没有制定严格的、具有切实可操作性的法学本科设置标准，导致近年来出现了很多不具备条件的教育机构开设法学本科的现象，严重危害了本科教育这一法学教育中最基础部分的教学质量。三是法学人才的国际视野的局限性。目前的法学教育中缺乏系统的比较法、外国法教育，学生获得国际化法律训练的机会与途径单一，缺乏国际视野的问题仍然十分严重。由此出现的法科人才国际性、复合性、应用性不强等问题，无法满足日益发展的法治建设的需要。四是法学教育与法律职业的脱节。法学教育与法律职业在制度上的割裂，一方面使法学教育的培养目标更加模糊，削弱了法学教育的专业培养功能，妨碍了法学教育的专业化改革；另一方面，法学院的产品——法科学生无法有效地满足法律职业的发展要求，损害了法律职业对法学教育的信赖。五是法学人才的区域分布不平衡。法学教育的快速扩张并没有有效解决法学人才的区域分布不均衡的问题。东部沿海地区和中西部地区在职业法律人才的数量、规模和质量上存在较大差距。法学院的数量与地区的分布情况也在一定程度上说明法学教育的发展状况与成熟程度。六是法科学生就业率与就业去向需认真引导。评价法学教育现状的一个重要指标，就是法学院毕业生的就业率和就业去向。近年来，法学院学生“就业难”问题引起了社会的广泛关注，由此提出各种法学

① 参见蔡镇顺：《法学教育的定位与改革》，载中国法学教育网，http://www.chinalegaleducation.com/article/show.asp?id=120，2012年8月31日最后访问。

教育改革的方案。①

有论者认为,我国法学教育在快速发展的过程中也出现了一些突出问题,既有历史遗留的弊端,又有发展中产生的纠葛,也有正在形成的矛盾;既有宏观社会调控的不足,又有中观管理模式的漏洞,也有微观操作制度的缺陷。主要集中在以下十个方面:一是法学院校特色不鲜明,存在千校(院)一面的现象;二是法学学位层次和种类过多,叠床架屋;三是法学学位之间目标模糊、相互交叉、界限不清,人才培养同质化严重;四是法科学制缺乏弹性,没有法学主学位,过分重视高学历法学教育;五是学位教育项目与法律职业准入相互脱节,学非所用,用非所学;六是法学教育规模急剧扩大与确保法学教育质量之间矛盾增大;七是课程体系和教学内容设置不合理;八是法学人才的招录体制和分布存在着地区之间严重不平衡;九是法学毕业生出现就业难的现象成为法学教育关注的突出问题;十是全球化法学教育的挑战与国内法律人才国际视野的局限性。②

有论者认为,我国法学教育"先天不足,后天多艰",仍有不尽如人意之处,具体说有以下几点:一是过于注重职业化教育而忽视法学理论素养的培养;二是重视知识灌输而忽视法学实践;三是涉外法律人才尤其是高端法律人才严重匮乏;四是法学教材不能满足法律人才培养的需要;五是法律解释学没有受到应有的重视;六是考核方式过于僵化;七是法学教育资源严重失衡。③

有论者认为,当前我国法学教育中存在的突出问题包括:法学教育整体办学水平较低,人才培养目标定位模糊;实践教学环节薄弱;培养层次多样化与教学目标单一化相冲突;法学教育规模过大、整体水平较低;法学教育与法律职业的衔接问题;具有国际视野、通

① 韩大元:《全球化背景下中国法学教育面临的挑战》,载《法学杂志》2011 年第 3 期。

② 王利明、韩大元、冯玉军:《新时期法学学位体系和人才培养模式改革的探索》,载《教育部高校法学学科教学指导委员会中国法学教育研究会 2012 年年会暨"卓越法律人才教育培养计划"与法律人才培养模式改革论坛论文集(第一卷)》,第 41—48 页。

③ 冯春萍:《新形势下法律人才培养面临的挑战与发展趋势》,载《教育部高校法学学科教学指导委员会中国法学教育研究会 2012 年年会暨"卓越法律人才教育培养计划"与法律人才培养模式改革论坛论文集(第二卷)》,第 381—384 页。

晓国际规则、能够参与国际事务和国际竞争的国际化法律人才严重不足等。①

有论者认为,长期以来我国法学人才培养模式基本上沿袭的是所谓的“对口教育”“专才教育”模式,这种人才培养模式存在着专业设置过多,培养口径过窄;培养目标单一化;管理体制条块分割;课程体系不合理;教学手段落后,学生实务能力严重不足;考试方法呆板,忽视学生创造思维的培养等突出弊端,已经不能适应经济社会发展对法律人才的需求状况。②

有论者认为,传统的法律教育在内容、目标、方法等方面的缺失均十分明显,其消极影响依然存在,这种消极影响不利于培养公民法律信仰的心理基础,形成法律信仰精神。从心理层面看,传统法律教育的消极影响主要有三:一是传统的法律教育是一种典型的守法义务教育,忽视了权利意识灌输,无法形成权利意识与法律需求的良性互动,法律信仰失去了产生的最初推动力;二是传统法律教育培养了公民对法律的消极情感,增强了公众对法律的不信任感,导致公众对法律的疏远与回避;三是传统法律教育培养了伦理、政治至上的观念,忽视方法知识的传授,不利于法律至上观念的形成。③

有论者认为,我国法学教育有两个缺陷。第一是缺乏司法伦理的训练。不具有司法伦理的法官、检察官和律师是很危险的。司法腐败与缺乏职业伦理教育有极大的关系。一个人的伦理水平不是通过知识来获得的,而是遵循某种训练路径。司法腐败要从法学教育上寻找源头。第二是缺乏职业技巧培训。没有职业技巧的法官、检察官和律师是无法适应职业要求的。这两个缺陷将引导我们对当前的法学教育方式进行反思。在教学内容上,理论研究和理论教

① 张秉民、马云蕊:《论模拟法庭教学对卓越法律人才培养的基础性作用》,载《教育部高校法学学科教学指导委员会中国法学教育研究会2012年年会暨“卓越法律人才教育培养计划”与法律人才培养模式改革论坛论文集(第二卷)》,第397页。

② 周佑勇:《构建“交叉、团队与实务”三位一体的复合型法律人才培养模式》,载《教育部高校法学学科教学指导委员会中国法学教育研究会2012年年会暨“卓越法律人才教育培养计划”与法律人才培养模式改革论坛论文集(第一卷)》,第165—167页。

③ 吴秋红:《论法律教育改革与法律信仰的培植》,载《理论月刊》2009年第1期。

育应该有充分的现实关怀，着眼于实际存在的问题。实际上，只有密切同实践相结合，理论的发展创新才有可能。教学方式和师资配置也需要有一个变化，例如在课程设置和师资配备中，应该更加注重提高对学生的司法实践经验和技能的训练。法学教育职业化的目的，在于培育一个具有共同法律信仰、职业伦理、专业知识、实践技能的法律职业共同体，以发挥其特有的功能。①

笔者认为，新中国成立 70 多年来，中国法学教育在取得突出成绩的同时，也面临很多挑战，既有历史遗留的弊端，又有发展中产生的问题，也有正在形成的矛盾；既有宏观社会调控的不足，又有中观管理模式的漏洞，也有微观操作制度的缺陷。主要集中在以下五个方面。

（一）管理模式相对滞后，调控机制存在不足

中国自清末产生近代法律教育以来，就形成了政府对法律教育过度热心和集中控制的传统。自改革开放以来，随着高等教育体制改革的开展和推进，政府的教育行政管理职能和方式发生较大转变，学校的教育自主权不断扩大。但是，整个体制尚未完全摆脱一直以来的高等教育管理模式，而同时在高等教育的某些方面又出现了失范、无序乃至混乱的现象。这种矛盾错杂的现象，在法学教育中表现得尤为明显。国家和省两级教育主管部门，通过控制学校的校级官员任命、人员编制、招生人数、教育经费等重大事务，对学校的法学教育行使直接的控制权，学校在很多方面只是主管部门履行教育职能的一种方式，难以自主发展。这种滞后的管理模式，已经不能满足法学教育发展的需要。

中国的法学教育虽然经过了 70 多年的繁荣发展，但至今没有制定出统一的法学教育准入制度，既缺乏规范的准入条件，也没有制度化的退出机制，更缺乏完善的监督管理机制。由于缺乏全国统一的关于法律院系批准条件和资格审查规定，任何一所大学基本上都可以自主决定设立法学院系或法学专业，由此导致法学教育的水准与布局难免出现失控的局面。对此，虽然教育部于 1997 年设立

---

① 徐显明：《职业化是未来趋势》，载《光明日报》2010 年 10 月 5 日，第 4 版。

了法学学科教学指导委员会，并发挥了一定的作用，但是，由于法学学科教学指导委员会是由教育部管理人员与部分高等院校及科研机构的学者组成，分布于全国各地，除每年有限的集中开会讨论外，多数委员均忙碌于自身几乎与法学学科管理毫不相干的事务，既没有法学教育工作运行的长效机制，也没有硬性的职权，难以对法学教育的种种问题予以系统、长久且有针对性的思考和谋划。法学教育经过 70 多年、特别是恢复重建 40 多年的快速发展之后，亟须建立一套规范科学的调节控制机制。

（二）法学教育市场化明显，经济利益驱动过大

改革开放前，中国法学教育的政治权重明显。1978 年以后，改革开放给法学教育的发展带来了难得的机遇。国家既需要在较短的时间内培养一大批法律人才，以充实法官、检察官、律师和司法行政队伍，又需要一大批从事立法、行政执法以及管理社会和国家的法律专业人才。这种形势给法学教育带来了契机，使得多种形式的法学教育蓬勃发展，同时，教育市场化也成为不可逆转的潮流。近年来，法学教育的经济导向日趋明显，各个学校纷纷设置法学院系，不仅综合大学开设，而且理工科院校也开设，不仅本科开设，而且大专、中专、高职、成人教育也开设，造成了法学教育培养层次的混乱、生源水平降低、师资力量薄弱等恶果。不同质的教育授予同样的学位，不同的成本却获得相同的收益，导致同样学位不同的含金量，出现了经济学上所称的选劣不选优的“逆向选择”现象。因为，改革开放使得法律在社会和人们的生活中越来越受到青睐，加之中国原有的法律职业人员素质较低，社会对高素质法律职业人才需求增强，法官、检察官、律师、警察又有较高的社会地位和经济收入，成为吸引人们学习法学的重要动力。至 20 世纪 90 年代，中国高等教育呈现规模化发展态势，法学更成为各专业中的显学，法学专业成为全国最热的专业之一，既是众多考生填报高考志愿的首选专业，又是院校增设专业、扩大招生的首要考虑之一；而一些拥有较长办学历史的法学院校，尽管其本身具备相应的法学专业办学条件，但在这种“大干快上”的形势下，也无法摆脱盲目扩大招生的怪圈。

（三）法学教育层次、形式和机构过于繁多杂乱

20世纪80年代以前，中国的法学教育一直集中于高校的法学院系，教育层次也以本科教育为主。20世纪80年代以后，各种形式的法学教育纷纷出现，呈现出层次多样化趋势，从中专、大专、本科（学士）到硕士、博士，共存在5个层次。其中，中专教育主要集中在各省所办的司法学校；大专的教育方式最为多样，包括全日制普通高等学校教育、全日制短期职业大学、普通高等学校附设夜大学、普通高等学校附设函授部或独立函授学院、广播电视大学、职工业余大学、管理干部学院和高等教育自学考试等；本科的学士教育主要由全日制普通高等学校承担，以本科为主，还有第二学位制和辅修制；在研究生教育中，既有硕士，又有博士，既有法学硕士，又有法律硕士。由于法学院系设置过于行政化，准入条件过低，“法学院系林立但鱼目混杂”成为法学教育机构设置之诟病。中国法学教育的层次、形式和机构之多、之乱为世界罕见，其产生的负面影响已成为法律职业人士以及有志于从事法律职业人士的切肤之痛。一些院校在缺乏最起码的师资力量和教学条件的情况下，也开办法学院系或者法律专业，严重地影响了法律人才的培养质量。师生比例严重失衡，图书资料严重不足，学生学习、生活环境恶劣，校园人满为患，学校的办学质量明显滑坡，法学教育的规模和质量之间的矛盾日益突出。对接受法学教育的个体而言，入学标准、学制、学历和学位的“多元化”，一方面增加了证明个体教育背景的难度，另一方面又降低了证明文件的可信性。

（四）法学教师素质参差不齐，人才流动失范

中国法治建设的实践起步不久，总体上的知识积累尚有限。这是造成法学教师在知识水平上存在缺陷的客观原因。与中国法学整体知识积累较为贫乏的现象相映成趣的，则是中国法学领域内部却存在着相当精细的学科划分。过于精细的学科划分，为法学教师教学和科研水平的提高制造了障碍。每一名法学教师和科研人员大多都属于某一固定的“专业”，终生从事该专业的教学和研究，而不涉足其他“专业”。这一局面在中国法学教育恢复初期，有利于

尽快搭建法学的学科体系,但是此种模式又很快成为制约中国法学发展壮大的一大瓶颈。同时,各法律院系的教师绝大多数以理论知识见长,而对法律的实际运行所知甚少:一是偏重于抽象性的理论,而不注重具体的操作;二是偏重于国外的法律原理和制度,而不了解中国自身的问题。随着实践性教学和职业教育呼声的日渐强烈,法学教师在知识结构上的弊端越来越多地被暴露出来。

与此同时,市场化背景下法学师资的流动成为中国法学教育的一大看点。目前各高校与科研机构法律院系之间教师的相互流动,大体上是一种以博士点、硕士点的申请为最终目的,以经济待遇为基本手段,以知名教授为主体的流动形式。此种模式在制造学术和教育"泡沫"方面的功能,似乎要远远大过对办学质量的实质性促进。它产生的直接后果是,大多数法律院系的教师队伍结构严重不合理。在人才"竞争"过程中居于劣势的大多数院系,为满足基本教学工作的需要,不得不大量使用缺乏教学经验的青年教师,合理的教师队伍梯队难以形成。同时,由于青年教师在走上教学工作岗位之后,马上便要承担繁重的教学工作,使得它们在最初的几年当中往往要疲于应付超负荷的工作,这种过度的使用,使得青年教师在教学和科研能力方面,很难取得真正实质性的提高。更为严重的是,在现行的教育管理和评价机制之下,青年教师的繁重劳动很难换来真正的回报。当青年教师感到自己的付出与收获严重不成比例的情况下,便难免转而谋求其他出路,从而造成法学师资的"绝对流失"。

(五)法科学生性价比回落,法学教育质量亟待调控

70 多年来,中国法学教育走过了一条曲折的道路。应当看到,从 1978 年恢复重建以来,中国法学教育的发展确实如雨后春笋一般,呈现出一派欣欣向荣的局面。但是,在繁荣的背后,伴随着法学教育规模的空前扩张,各种各样的法学院系越来越多,在法学毕业生数量迅速增加的同时,人们对法学学科毕业生的质量,却产生了越来越多的怀疑和批评。"学法之人如过江之鲫,法律文凭贱如粪土",法学学科毕业生的就业越来越难。一些重点大学如北京大学、中国人民大学等院校的法学本科生,应聘基层法院聘任制书记员的

现象已非罕事，而在大学毕业生供需洽谈会上，法学职位为数过少也成为常态。法学专业毕业生性价比回落、就业率低，已经成为一个毋庸置疑的事实。一方面，法学毕业生供求关系严重失衡，就业形势日益严峻；另一方面，法学教育的质量良莠不齐，令人堪忧。

从教育的规律而言，教育的发展应当与质量的提高相辅相成，至少应当以质量保障为发展的前提条件。但是，伴随着几乎所有的本科院校都设置了法学专业，法学教育“村村点火、家家冒烟”的办学方式，在引起在校法学学生数量剧增和法学教学资源短缺的同时，法学教育的质量引起了人们的普遍忧虑。而在中国，对高等教育教学质量的监控，从认识到实施都起步较晚，尚未形成完整成熟的体系，高等教育教学质量监控多体现为政府教育部门组织的随机性教学检查，这种通过外界的压力推动教学质量提高的方式，昭示出高校缺乏对教学质量内在的自我约束机制和完整、制度化、规范化的内部保证体系。就中国高等学校的法学教育而言，从重数量的发展转向以质量为核心的发展，是走内涵发展道路，培养社会需要的多层次和高素质的法律人才的必由之路。[①]

第二节　中国法学教育的整体改革

中国特色社会主义进入新时代，中国法学教育整体改革的目标是以习近平法治思想为指导，实现法学教育的高质量发展，具体应围绕着法学教育的指导思想、法学教育的目标、法学教育的制度、法学教育的方法以及法学教育的考核评价机制多方面展开。

一、关于法学教育的指导思想

党的十八大以来，以习近平同志为主要代表的中国共产党人，坚持把马克思主义基本原理同中国具体实际相结合、同中华优秀传

① 冀祥德：《对中国法学教育全面反思与展望》，载《中国政法大学学报》2010 年第 4 期。

统文化相结合，科学回答了新时代坚持和发展什么样的中国特色社会主义、怎样坚持和发展中国特色社会主义等重大时代课题，创立了习近平新时代中国特色社会主义思想。习近平新时代中国特色主义思想是对马克思列宁主义、毛泽东思想、邓小平理论、“三个代表”重要思想、科学发展观的继承和发展，是当代中国马克思主义、二十一世纪马克思主义，是中华文化和中国精神的时代精华，是党和人民实践经验和集体智慧的结晶，是中国特色社会主义理论体系的重要组成部分，是全党全国人民为实现中华民族伟大复兴而奋斗的行动指南，必须长期坚持并不断发展。①

在以习近平同志为核心的党中央的坚强领导下，推动党和国家事业取得历史性成就、发生历史性变革，创造了新时代中国特色社会主义的伟大成就，开创了中国特色社会主义新时代。全面依法治国是新时代坚持和发展中国特色社会主义的本质特征。以习近平同志为核心的党中央治国理政的一个鲜明特点，就是更加注重发挥法治的重要作用，开启了全面依法治国新时代。②

新时代十年全面依法治国取得的最大成就就是产生了习近平法治思想。习近平法治思想是继习近平强军思想、习近平新时代中国特色社会主义经济思想、习近平生态文明思想、习近平外交思想之后的又一重要思想，具有十分重大的理论和实践价值，非常深刻的政治和法治价值。习近平法治思想深刻回答了中国特色社会主义制度建设进入新时代为什么要实行全面依法治国、怎样实行全面依法治国等一系列重大问题。③ 中国法学教育的整体改革，必须以习近平新时代中国特色社会主义思想，特别是习近平法治思想为根本指导。

二、关于法学教育的目标

法学教育以培养高素质法律人才为目标，实现法学教育目标要

---

① 《中国共产党章程》，人民出版社 2022 年版，第 3 页。

② 冀祥德：《新时代的全面依法治国》，当代中国出版社 2022 年版，第 1 页。

③ 冀祥德：《让人民群众感受到公平正义》，载《人民法院报》2021 年 12 月 30 日，第 5 版。

将法学学科的教育与法律职业教育有机结合。法学是一门实践性很强的学科，它要求有坚实的理论功底、较深的业务知识和较高的职业道德。从西方国家的法学教育来看，法学教育向来是从事法律职业的必经之路。[①] 换言之，培养高素质的法律人才应从法律素质教育与职业素质教育两个角度综合入手。

一方面，要强化法律素质的教育，不仅要重视法律知识传授，更要重视现代法律观、法律精神、法律思维方法、法律解释、法律推理、法律论证等法律技术的训练。[②] 其一，应把权利教育作为重点。真正意义上的法律教育应首先是普及法律精神和法律意识，这对于缺乏法治传统的中国显得尤为重要，这也是使公众认同法律、对法律产生信任乃至树立法律信仰的关键所在，因为权利才是现代法制的核心。[③] 其二，避免法律教育中意识形态漂浮现象。所谓“意识形态漂浮”现象，是指相关传媒铺天盖地大张旗鼓地宣传某种意识形态，可是这种意识形态仍然不能深入人心，甚至会引起人们的逆反心理而只能漂浮在半空中。法律意识形态漂浮现象的产生，既与公民在法律亲身体验中遭遇的不公正有关，也是法律教育在培养公民积极法律情感方面功能缺失带来的后果之一。假如公民认为法律不是正义的象征，那么，公民就会对法律产生怀疑、疏远和鄙视，法律信仰就缺少了产生的情感基础。[④] 其三，注重法律教育中方法知识的传授，把培养法律思维，树立法律至上观念作为培养目标。如果说增强权利意识、强化积极法律情感是培养法律信仰的前提，那么，加强法律职业者的法律思维训练就是关键。如果法律职业者的法律思维方式未能形成，就有可能依然把法律当作实现政治统治和其他目的的工具，在司法实践中就会不自觉地从政治、伦理立场出发，运用政治、伦理思维方式解决问题。因此，法律教育不仅应注重现行法律规则的讲授、解释，更重要的是，要大力提升方法知识在法

---

① 戚桂芳、袁雪：《大陆法系与英美法系法学教育模式比较分析》，载《金陵科技学院学报(社会科学版)》2009 年第 2 期。

② 张文显：《入世与法学教育改革》，载中国法学教育网，2012 年 8 月 31 日。

③ 吴秋红：《论法律教育改革与法律信仰的培植》，载《理论月刊》2009 年第 1 期。

④ 吴秋红：《论法律教育改革与法律信仰的培植》，载《理论月刊》2009 年第 1 期。

律教育中的重要地位。[1] 其四,应提高法律专业学生人文知识涵养,培养其丰富的人文关怀精神。法学教育中人文精神的养育就是教学生如何做人,如何对社会尽到法律的关怀和保护。法治国家所渴求的是具有为民请命精神的法律家而不仅仅是法律匠,缺乏或不懂得伦理情怀的法律匠在任何民主国家都难以担当依法治国的艰巨使命。

另一方面,应强化法学生职业伦理教育,培养法学生职业道德。法律人职业伦理是法律职业化的伴生物,作为一种社会伦理现象,体现并服从伦理的一般规定。它又与法律专业知识和技术紧密相连,是一种特殊的责任伦理。在调整范围上,它主要用以指导、规范法律角色岗位上从事法律活动的法律职业者的言行。在调整内容上,它总是鲜明地体现和表达法律职业行为的伦理准则、规范及道德心理和习惯。[2] 加强法律职业伦理教育能提高法律人才的道德素养和公共责任心,使法律专业的学生在受教育阶段就牢固树立权利和义务观念、民主和法治观念、公正和效率观念、理性与宽容精神,并在今后执法、司法和其他法律工作中践行这些观念和精神。[3] 尽管中国人民大学、中国政法大学等高校都已经较早地将法律职业道德等类似法律伦理的课程单独开设,2003 年以后,后起的法律硕士教育也正式将法律职业道德纳入必修课程,但是,整个法科教育忽视伦理品德养成的大局并没有改变。在现行教育体制下,彻底地推行法律伦理为核心的法律教育观,当且仅当教育主管部门理清认识,决心将法律伦理教育摆在法学教育首位,使其进入核心和必考课程之时,方能有解决的希望。进言之,培养法学生的职业伦理应重点培养其伦理问题意识和伦理思维能力。第一,在法律和道德之间,应具备抽象的伦理思维能力。易言之,即原则和法律规范和反思能力,或对现实规范与伦理之间契合度的一种哲学追问。第二,应具备具体的伦理思维能力。这主要体现在今后的法律解释、案件

---

① 吴秋红:《论法律教育改革与法律信仰的培植》,载《理论月刊》2009 年第 1 期。

② 韩大元:《全球化背景下中国法学教育面临的挑战》,载《法学杂志》2011 年第 3 期。

③ 张文显:《入世与法学教育改革》,载中国法学教育网,2012 年 8 月 31 日。

处理和纠纷解决过程中。如果说对法律的伦理追思和反问是追求抽象或应然正义的话，具体的伦理思维能力则是现实正义和具体正义的直观要求。[①]

三、关于法学教育的制度

法学教育到底是以高中为起点适合中国？还是以大学后为起点适合中国？或者还有第三条道路？应建立什么样的法学学位制度？要回答我国法学教育制度设置上的诸多疑惑，探索法学教育的中国模式，首先要树立新的教学理念，准确定位培养目标。目前，我国法律教育的设立，不是依赖于对社会需求的定量分析而确定的，缺乏前瞻性。法律教育要长足发展，必须转变观念，认真进行科学的社会需求定量分析，确立符合自身特点的人才培养目标。[②] 在发展规模上，应坚持内涵发展为主的道路，扩大法学教育培养规模。[③] 在培养目标定位上，应以培养应用型人才为主。对于本科生培养目标，可以考虑定位于：基础扎实、知识面宽、能力较强的基本要求上。本科教育不宜在专业方向上分得过细。较细的专业划分应当是研究生和博士培养阶段的任务。关于研究生教育，则应侧重于职业能力的训练。我国传统的法学研究生教育侧重于学术训练，而非职业教育，所以法学研究生无法满足社会对大量高层次实用型法律人才的需要，学生在实践能力上存在欠缺之处。[④]

在厘清办学理念，准确定位培养目标的基础上，我国法学教育制度的建设要从合理划分教育结构层次、改良法学学位制度、优化法学教育课程设置、鼓励创新办学模式以及改革法学教育评估和管理机制等角度开展。

其一，在法学教育结构层次划分上，应明确法学教育的起点、终点以及各层次教育特点。就起点终点而言，有部分学者认为仍应以

---

① 刘用军：《法律专业法律伦理教育思考》，载《教育与职业》2010年第23期。

② 梁志东：《对法治中国法律教育问题的思考》，载《现代企业教育》2010年8月下期。

③ 曾宪义：《中国的法学教育体制及改革》，载《法学家》1998年第5期。

④ 蔡镇顺：《法学教育的定位与改革》，载中国法学教育网。

专科为起点，重点发展本科法学教育，大力发展研究生教育，[①]也有学者认为应取消专科阶段的法学教育尤其是成人高校的法学教育，以提高法学教育层次，提高人才培养质量。[②] 就各层次教育特点而言，法律人才培养模式的特点应具备全程性、完整性和双重性。有必要对法学教育人才培养体制进行规划，形成本、硕、博各层次、各类型的法学教育，建立统一的或者能够有效衔接的体系化的培养标准和模式。[③]

其二，改良法学学位制度。中国现在的法学学位制度还不够合理。主管部门只习惯于用"加法"解决问题，即如果发现一种学位不适合中国，他们就去再造一种，新造的那种不适合，就再造一种，这就是我国法学学位品种越来越多，也越来越乱的原因。我们应学会用做"减法"的思维去解决问题，对于重复性的学位种类，应该大胆砍掉，要推动法律职业基本学位制度的建立，即只有一种学位与法律职业相对应，其余都应取消或归一。[④] 也有学者认为，法学主学位（或第一学位）应当是进入法律职业的基本学位，法学主学位（或第一学位）是法学教育资源的合理分配和学生就业指向的重要标准。要建立以法学本科教育为基础学位，硕士研究生教育（含学术型和应用型两种硕士）为主学位，博士研究生教育为补充的学位体系。[⑤] 在新的形势下，按照系统性、科学化的要求，进一步理顺和完善法学学位体系，科学设计、分类培养，使之适应我国民主法治建设和社会总体发展的基本要求，这是法学教育面临的一项重要任务。[⑥]

其三，优化法学课程设置。培养目标—专业设置—课程结构，

---

① 如曾宪义：《中国的法学教育体制及改革》，载《法学家》1998 年第 5 期。

② 如蔡镇顺：《法学教育的定位与改革》，载中国法学教育网。

③ 韩大元：《全球化背景下中国法学教育面临的挑战》，载《法学杂志》2011 年第 3 期。

④ 徐显明：《中国法学教育的发展趋势与改革任务》，载《中国大学教学》2009 年第 12 期。

⑤ 韩大元：《全球化背景下中国法学教育面临的挑战》，载《法学杂志》2011 年第 3 期。

⑥ 王利明：《关于当前我国法学教育教学改革的几点建议》，载中国法学会法学教育研究会网。

这是三位一体的教育工程，是高等教育现代化的普遍规律，法学教育也不例外。中国的法学教育课程结构的设计应遵循以下原则：一是前瞻性原则。当前世界是一个快速发展的世界，呈现综合化整体化的趋势，要求在构思法学专业课程时具有前瞻性。二是适应性原则。法学专业的课程必须与培养目标相适应；课程结构必须与社会发展社会需求相适应。三是统一性与多样性相结合原则。确定法学课程体系既要有统一要求，即共同核心课程体系，又要发挥各自专长办出特色，才能与社会需求和市场对法律人才的新要求相接轨。[①] 此外，还有学者提出课程设置的“开放性”要求。学生学习的内容不宜局限于法律，对法律以外的各种学科也要有所涉猎。虽然我们的法学专业课程体系包括公共必修课程、专业核心课程、选修课程、实践教学等，然而在实施过程中，大都存在着对核心课程重视不够、选修课程任意性较大、实践课程流于形式或根本没有开设等状况。因此，应加强核心课程的精品课，选修课要因需而设而非因人而设，法律以外的学科也应列入选修的范围，实践课要落到实处，比较法学的课程也应该引起重视。[②] 要积极促进法学学科和其他学科之间的相互渗透、交叉和融合，逐步建立起以法科为主、多种相关学科并存的综合性学科体系和专业结构。[③]

其四，创新法学教育模式，以社会需求为导向推进法学教育改革。一方面，应逐步树立动态、开放、多元化的新型办学观念，积极扩大社会参与，形成以政府办学为主体，社会多方参与、多元投入的办学体制。[④] 积极探索产学合作的办学模式，有条件的院校可充分利用师资优势、教学环境，实现“院院合作”“院所合作”“订单培养”

---

① 梁志东：《对法治中国法律教育问题的思考》，载《现代企业教育》2010 年 8 月下期。

② 马明华：《我国法学教育的困境与出路初探》，载《郑州航空工业管理学院学报（社会科学版）》2011 年第 4 期。

③ 曾宪义：《中国的法学教育体制及改革》，载《法学家》1998 年第 5 期。

④ 曾宪义：《中国的法学教育体制及改革》，载《法学家》1998 年第 5 期。

的办学特色，并进行其他有效的“产学结合”模式探索。[1][2] 另一方面，应鼓励各法学院校办出特色，避免千校一面。当然，在鼓励各法学院校办出特色的同时，仍然需要坚持最基本的办学标准和要求。这就需要建立一个科学、合理、有效的法学教育质量标准体系。[3]

其五，改革法学教育评估与管理机制。首先，应建立法学办学资质制度。有学者设想，可将该资质分为两个等级，少量的法学院可以被评为A级，A级法学院可开展法学的博士与职业硕士教育，B级只开展法律职业硕士教育。有资质的法学教育毕业生方可参加法律职业资格考试（原司法考试）。[4] 也有学者提出，要设立法学院的最低标准，建立起法学本科教育准入制度和考核制度。对不符合要求、不具备办学条件的学校，严格限制其开办法学学科。[5] 其次，建立充分体现法学自身的规律和价值追求的评估体系。要在精英教育和职业教育并重的基础上，综合理论修养、专业技能、职业伦理等多重评估标准，建立起一套科学合理、体现法学特色的评估制度。[6] 再次，建立起由政府宏观调控、行业与社会监督服务和学校自主办学相结合的新型管理方式与体制。[7] “打铁要靠自身硬。”过硬的办学条件是铸造高素质法律人才的前提。没有雄厚的师资力量，

---

① “院院合作”即学院和公、检、法、基层法律服务机构的合作。司法机关为学院提供学生实践场地，学院为司法机关输送优秀法律辅助人员。“院所合作”即有条件的院校建立本院的法律服务所或法律援助中心，它是院校的对外交流窗口，自我宣传的渠道，学生实践的基地，双师型教师培养的平台，并为学生创造一定就业机会。“订单培养”是有条件的院校与有需求的地方司法行政机关联系，为其培养法律辅助人员和基层司法所的工作人员。

② 梁志东：《对法治中国法律教育问题的思考》，载《现代企业教育》2010年8月下期。

③ 王利明：《关于当前我国法学教育教学改革的几点建议》，载中国法学会法学教育研究会网。

④ 徐显明：《中国法学教育的发展趋势与改革任务》，载《中国大学教学》2009年第12期。

⑤ 徐显明：《中国法学教育的发展趋势与改革任务》，载《中国大学教学》2009年第12期。

⑥ 徐显明：《中国法学教育的发展趋势与改革任务》，载《中国大学教学》2009年第12期。

⑦ 曾宪义：《中国的法学教育体制及改革》，载《法学家》1998年第5期。

齐备的设施,健全而规范的管理是不可能有优良的办学效果的。那种五花八门的办学机构有无条件都一哄而上开办法律专业,法律文凭满天飞的现象必须制止。要制定严格的法律教育准入制度,设定严格的审批程序,组织独立机构对办学部门进行定期的教育质量评估,随时淘汰不合格者。①

最后,在国际合作国际交流日益丰富的今天,法学教育必须树立国际意识和全球意识,以具有国际性和国际竞争能力的法学教育来应对经济和法律的全球化。② 应考察民主法治建设和社会总体发展的宏观需求,确立合乎全球化发展需要的法律教育新模式,稳步启动、有效推进"国际型法律人才培养计划",加强高水平师资培养的规模、力度与国家战略导向,早出、快出一大批国际化法律人才。③

四、法学教育的方法

探索适宜的教学方式是优化中国法学教育、培养优秀法治人才的必经之路。

首先,要建设一支高素质的教师队伍。法学学科是一门极重视理论与实践结合的学科,法学人才进入社会后很大一部分要从事法官、检察官、律师等司法实务工作,这就对理论实务相结合的高素质法学教师提出了要求。有学者指出,目前法学院系的师资情况不甚理想,绝大部分教师没有法律实务操作的经历。为此,短期内可考虑:一方面从实务部门大量聘请兼职教师。另一方面可以选派部分教师到实务部门去锻炼,零距离观察和体会法律的适用,逐步提高法律技能。从长期来看,应对法学教师的录用、培训、待遇等问题进行统筹安排,并确立下列原则:(1)法学教师在进入法学院系以前,应该具有实际工作经验,现行的直接从法学应届毕业生中录用教师的做法应予废止;(2)法学教师的来源应该体现多元化与多样化,

① 梁志东:《对法治中国法律教育问题的思考》,载《现代企业教育》2010 年 8 月下期。

② 张文显:《入世与法学教育改革》,载中国法学教育网,2012 年 8 月 31 日。

③ 韩大元:《全球化背景下中国法学教育面临的挑战》,载《法学杂志》2011 年第 3 期。

鼓励非法律专业毕业的人士到法学院任教；(3)在教学与实务部门之间应该有一定的沟通渠道，以便教师获得实际法律信息，也便于实务部门的人员到法学院系传授知识。[①] 也有学者就此问题提出“双师型教师”的概念。建议用8—10年时间，彻底改变中国法学教师队伍的结构，像德国等国家一样，让教授、副教授走上法学讲坛，讲师和助教原则上不上讲台。教师队伍形成年龄、学历、经历的梯队化。对教师配套化管理，实行聘任制、淘汰制。另外，建立教师定期轮训制度，支持教师到律师事务所见习和工作，使教师对行业需求和现状有深层了解。[②]

其次，更新教育理念，改进教学方法。当前的法学教学中，填鸭式、满堂灌的教学方法还在大行其道。有论者以为，在法学教育方法上，要改革传统的讲授法的教学模式，培养学生的法律实践能力。[③] 有论者认为，应坚持互动式教学，实施开放灵活的教学方法。坚持以学生为主体，师生互动，采用案件讨论、角色模拟、在实践中学习等方式，培养学生思考能力和处理事务的能力。[④] 还有论者认为，不管采用何种方式，应有利于学生法律技能的提高，不能为改革而改革，目前法学教学中流行的多媒体教学和双语教学，很难说就一定比传统的讲授法效果好。我们不能简单地摒弃讲授法，该讲的还得讲，只是不能局限于或过分地依赖讲授法。而且，即使讲授法也有一个如何讲授的问题，照本宣科式的讲授在任何时候都是不应该提倡的。法学课程的讲授至少要做到四点：一是基本原理阐释的科学性；二是有一定的信息量；三是对学生的启发性；四是学生的参

---

① 胡吕银：《法学教育内容的界定与法学教育改革》，载《扬州大学学报(高教研究版)》2004年第5期。

② 梁志东：《对法治中国法律教育问题的思考》，载《现代企业教育》2010年8月下期。

③ 戚桂芳、袁雪：《大陆法系与英美法系法学教育模式比较分析》，载《金陵科技学院学报(社会科学版)》2009年第2期。

④ 梁志东：《对法治中国法律教育问题的思考》，载《现代企业教育》2010年8月下期。

与互动性。①

最后，要调整课程体系，优化教学内容。目前法学专业的课程体系主要由下列课程群构成：一是专业平台课程，包括公共必修课程、法学以外的文理渗透的课程；二是专业核心课程；三是专业方向课程，即根据法学二级学科设置的若干课程，由学生根据自己的兴趣和爱好来选定；四是选修课程，即根据各校的特色、优势和法学人才素质要求所开设的系列课程，允许学生任意选修；五是实践课程，包括法院旁听、模拟法庭演练、教学实习及其他法学实践课程。② 面对激烈竞争的就业环境，法学教学机构需要通盘考虑、统筹规划，从自身调整着手，面向市场需求，充分利用各类社会资源，科学、系统、经济地制订实施教学方案，建立灵活和具有实效性的法学实践性教学体系，以服务于日渐多元化的法律人才市场。③ 要注重学生实践能力培养，适当增加实务性法律课程，如律师诉讼技巧、商务法律实用、非讼处理、谈判技巧等，将教学内容结合审判实践中的案例，以法律法规的具体运用、法官判案的过程和司法实务中需要注意的问题为主，指导学生们将所学法学理论知识灵活运用到司法实践中。④

五、法学教育的考核评价机制

法学教育的目的是培养出优质的法学人才，对所培养人员的考核是法学教育是否成功的重要检验环节。

法学教育人才考核制度优化要平衡好法律职业资格考试（原司法考试）和法学教育的衔接问题。法学教育是法律职业资格考试的基础条件，没有发达的法学教育，法律职业资格考试就缺乏优秀的应试者，难以考出理想的水平。法律职业资格考试的设置有则助于提高法学教育的实践性，为法学教育提供了新的发展契机，教育部

---

① 胡吕银：《法学教育内容的界定与法学教育改革》，载《扬州大学学报（高教研究版）》2004 年第 5 期。

② 苑敏：《论法学教育的目标定位及其实现途径》，载中国法学教育网。

③ 韩大元：《全球化背景下中国法学教育面临的挑战》，载《法学杂志》2011 年第 3 期。

④ 苑敏：《论法学教育的目标定位及其实现途径》，载中国法学教育网。

门可以借助其考试内容推动法学学科的发展。应当看到,法律职业资格考试有助于法学教育尤其是本科教育培养目标的具体确立,特别是在提倡更加注重职业化教育的条件下,法律职业资格考试的导向意义更加不可低估。教育部门应当借助法律职业资格考试促进法学教育模式的多元化,并进一步推动法学教育朝主要培养应用性法律人才的方向发展。[①] 此外,有论者对法学教育与法律职业资格考试及公务员招录制之间的关系改革发表了独到见解。法学生参加法律职业资格考试之后,如果要做法律职业人的话还要参加一次公务员考试,这会增加其面临的考试次数。考试次数的增加,事实上都是社会成本的付出。多重的考试制度实质上导致了法学教育最优秀生源的流失。怎样使我们的法学教育、职业考试制度有一个科学的衔接关系,是我们未来法学教育在录用制度上创新的重点和难点所在。在法学教育资源过剩的情况下,将法律职业资格考试门槛统一设定为只有正规法学院校毕业且具有基本法学学位的人才可获得资格,是当下首先应当改革的。但制度的改革不是一蹴而就的,它涉及公务员法、法律职业资格考试制度同律师法、法官法、检察官法等多个方面的协调。[②]

除以法律职业资格考试主导的法律人才考核外,还应建立法科学生的交流、淘汰配套机制。目前的法科学生大多直接来源于高中生,他们报考法学专业大多受家庭和社会的影响,并非自己的兴趣所在。对此,法学教育应作出制度性安排,譬如,经过一年或二年的学习,有志于从事法律职业且学习兴趣较浓,学习自觉性、积极性较高的学生,可继续学习法律专业;无意于法律职业的学生可进入其他学科学习。而其他专业的学生,符合相关条件的也可转入法律专业学习。这种双向选择交流有助于复合型人才的培养,也有助于学生自主选择。同时必须采取淘汰和激励机制,使学生具有竞争意识

---

① 蔡镇顺:《法学教育的定位与改革》,载中国法学教育网,2012 年 8 月 31 日。

② 徐显明:《中国法学教育的发展趋势与改革任务》,载《中国大学教学》2009 年第 12 期。

和危机感,否则任何改革都难以奏效。[①]

总之,我国法学教育的整体改革,必须既要放眼世界,漫观全球法学教育的发展趋势和基本规律,又要立足中国现实,尤其要以习近平新时代中国特色社会主义思想、特别是习近平法治思想为根本遵循,围绕法学教育的定位、功能、目的、内容、方法等持续推进。

① 胡吕银:《法学教育内容的界定与法学教育改革》,载《扬州大学学报(高教研究版)》2004 年第 5 期。

第十三章　中国法学教育的未来发展

第一节　中国法学未来教育发展的总体趋势

中国法学教育经过 70 多年的发展，已经处在一个新的十字路口上，一方面，法学教育表现出空前繁荣、欣欣向荣的大好形势；另一方面，它的背后正隐藏着一些深层次的矛盾。这些矛盾，有些已充分暴露，有些矛盾仍在形成之中。在笔者看来，法学教育在这个十字路口上已经徘徊了几年，现在到了不得不进行选择的时候了。包括法学教育研究者在内的所有法学教育的管理者、教育者、受教育者，都有义务认真研究法学教育的科学规律，结合中国实际，努力为法学教育选择一条光明的康庄大道。

笔者认为，我国法学教育未来的发展趋势，可以从以下几个方面来加以把握：

一、职业化

职业化是当下我国法学教育要面向未来的一个趋势。在这个大趋势中，并不排除保留或者说由其自己形成以学术为主并以思想创新为追求的学术型法学院的存在，也不排除以培养司法实务人才为主导目标的职业型法学院。事实上，以学术为主的法学院培养出来的学生，并不一定全部从事学术活动，更多的还是以从事法律实务为选择。①

二、多元化

法学教育追求形成法律职业共同体，但并不妨碍多元化这一发展方向。多元化是早已形成的一个趋势，现在仍处于发展过程中。多元化趋势恰恰要求法学教育要办出特色。法学教育越是普及，规模越是扩张，特色办学的价值就越是凸显出来，这不仅仅是法学教育自身发展的要求，也是各法学教育单位适应市场竞争所面临的挑战。多元化是法学教育的表象，其内涵是不同的法学院（系）办出自己的特色，多元化趋势就是特色化趋势。每一所法学院（系）今后的发展，要体现出不同于其他法学院（系）的独特品格，或不可替代性与独有魅力。没有特色就没有多元化。从这个意义上来说，没有特色的法学院就是缺乏存在价值的法学院（系），也就是质量无法体现的法学院（系）。特色既可表现为学科门类上的有自己的优势研究领域，也可表现为学生培养目标上偏重理论还是实务，还可表现为人才培养层次上的区分。但是需要注意的是，适应多元化趋势与追求自身发展特色，不能成为低水平的借口和遮羞布。②

我国现有的法学教育应当走多元化的道路。多元化是对法学教育发展走向的一种整体概括，它蕴含丰富，主要体现在教育层次、教学内容、教学形式、教学主体等多个方面。多元发展的法学教育不能跳脱出法学教育的基本框架，应当理性对待、审慎处理三重关系："基本模式"与"多元模式"、多元化与特色化以及国际化与本土化的关系。首先，"基本模式"与"多元模式"的关系。所谓"基本模式"，是指依据法学教育的主干的和框架性的内容制定的培养法学

---

① 徐显明：《中国法学教育的发展趋势与改革任务》，载《中国大学教学》2009 年第 12 期。

② 徐显明：《中国法学教育的发展趋势与改革任务》，载《中国大学教学》2009 年第 12 期。

专业学生的模式。所谓“多元模式”,是在基本模式的基础上,尊重各法学院系的特色而形成的多元化的人才培养模式。从总体上讲,在“基本模式”下,法学教育的内容涵盖了法学专业最为基本、最为核心的内容;以此为依托开展我国的法学教育,学生可以获得该学科必备的基本知识。在发展法学教育的多元模式的过程中,基本模式不可偏废。与此同时,各法学院系可以根据自身的人才培养方向,在发展多元化法学教育的过程中,对基本模式做适当的调整和改造,适当增减一些内容。其次,多元化与特色化之间的关系。依据我国当前的学科建设情况及各地区的需求差异,走特色发展道路是地方院校增强自身实力、谋求长远发展的必然选择。特色既可表现为学科门类上有自己的优势研究领域,也可表现为学生培养目标上偏重理论还是实务,还可表现为人才培养层次上的区分。最后,国际化与本土化之间的关系。随着中国参与世界合作与竞争的程度逐步加深,中国的法学教育必将走上国际化的道路。但是,不是所有的法学院校都具备国际化所需要的办学条件。即使是在国际化成为法学教育改革热点的背景之下,如何选择国际元素、如何整合本土资源,仍然是法学教育者需要审慎处理的问题。①

三、精英化

法学是一门高度专业化的学问,要使有限的法学教育资源获得最高效的产出,必须更新现有的观念。法学教育大众化的结果,将是法学的贫困和危机。法学处于“粗放式”发展中,量的增长快,但质的增长不足。未来的法学教育应该向精英化方向发展。并不是所有的大学都有条件办法学院,也并不是所有考上大学的人都可以学习法学。如何在法学教育的起点上吸引精英,如何把进入法学院(系)的学子培养成为精英,如何使精英成长为引领社会发展进步的领袖,是精英教育的基本内涵。精英教育应该成为中国今后法学

---

① 王军、杨贝:《论我国法学教育的多元化走向》,载《暨南学报(哲学社会科学版)》2012 年第 2 期。

教育的一个发展趋势。①

四、特色化

根据我国当前法学学科建设情况及各地区的需求差异,走特色发展道路是地方院校增强自身实力、谋求长远发展的必然选择。我国的现实情况是,除少数政法院校和为数不多的几个综合性大学可以让法学一级学科得到全面的、齐头并进式的发展之外,绝大多数法学教学单位只能通过办出特色谋求发展。发展特色化法学教育的基本模式是,将一批人集中在一个一级学科或二级学科上,形成"点"上的优势。然而,几个、十几个、甚至几十个人在一个学科中如何进行协作,使量的积累转变为质的变化,其实是如何实现科学的知识结构多元化的问题。科学的知识结构多元化是通过科学的专业分工实现的。科学的法学知识结构多元化,就是通过科学的规划,将一个一级或二级学科科学地分解成若干子学科。只有这样,才能使分解后的各个元素构成科学的体系。为了做到科学的分解,需要借鉴西方发展法学教育的经验,需要了解人才市场对法学毕业生知识结构的需求,还要不断地总结经验。②

五、正规化

正规化趋势的任务我们现在还没有完成。正规化的法学教育一定要以结束非正规化的法学教育为前提。非正规化的法学教育,受教育者一开始就只是把法律当作未来谋职求生的一种手段,在其起步的法律意识中,法律是被当作工具来对待的,这样的法律从业人才既不会忠诚于法律,更不会对法律有献身精神和形成信仰。所以应该尽快结束中国的非正规化法学教育的时代,否则,法学教育的质量就无法得到保障。③

---

① 徐显明:《中国法学教育的发展趋势与改革任务》,载《中国大学教学》2009年第12期。

② 王军:《特色化是必然选择》,载《光明日报》2010年10月5日,第4版。

③ 徐显明:《中国法学教育的发展趋势与改革任务》,载《中国大学教学》2009年第12期。

六、国际化

目前中国已是世界公认的大国，我们参与世界的深度、广度都在加大，参与全球规则制定的机会和空间也在增大，法学教育有责任培养国际型人才。法学教育的国际化是多方面的，不仅包括提高法科学生外语能力、优化知识结构，也包括培养方式、培养目标等多个方面的变革。而且，顺应法学教育的国际化趋势，不仅在涉及法科学生的培养上提出了更高的要求，也需要在改善教育管理体制、师资知识结构、评价机制等方面做出积极的努力。①

法学教育应当打破国内和国际的藩篱，实现跨境交流。全球化要求法学教育打破大陆法系和普通法系以及内国法和国际法间的藩篱，从程序到实体规范都应兼顾内国和国外的规范。法学教育更不应仅局限于法律条文本身，而是要研究分析法律的实际执行情况。这样的教育方法可使学生养成观察问题和分析问题的习惯，在别人无法察觉的差异中找出区别。全球化要求法学教育有全球化的视野，要求法学院或者是法学教育机构的教员有国际思维，法学教材要有适合全球化的知识，学生要有机会接触世界。无论提供法学教育服务的人员构成如何，他们必须具有引导世界潮流的知识、眼光和技能。广泛的跨国交流是目前的趋势。在条件许可的情况下，我们应鼓励学生进行具有一定规模和相对长时间的跨境交流。②

七、本土化

法学教育的改革重在认真总结中国的法律实践。中国法学教育界有责任认真总结中国，特别是当代中国的法律实践，提炼出其中隐含的制度性智慧和经验；不为标榜中国特色，只为了让这块土地上的人们的经验和教训，经由我们的思考，最终成为可供人类分享参考的知识。由于历史条件的限制，我们的前辈没有机会、条件

---

① 徐显明：《中国法学教育的发展趋势与改革任务》，载《中国大学教学》2009年第12期。

② 王贵国：《打破国内和国外的藩篱》，载《光明日报》2010年10月5日，第4版。

和能力做这类工作，但我们不做，现在不启动，就说不过去了。即使我们做得不太好，也要开这个头。目的只是让自己，也让学生，看到我们的生活中有思想理论的资源，由此获得一种基于中国的立场，一种直面中国的视角和态度，看到在学术理论层面理解和发现中国的可能，对中国和中国经验有自信，对中国学术有自信。①

八、兼顾国际化与民族化

法学教育应当兼顾国际化与民族化。在当今时代办好法学教育，需要借鉴国外先进的教育理念和教育经验，促进我国法学教育改革发展，提升我国法学教育的国际地位、影响力和竞争力。我们既要学习和借鉴其他国家的有益理念和经验，又要发扬和完善我国本民族的法律文化和传统，正确对待国际文化和民族文化，正确对待法学教育民族化和国际化两种倾向。法学教育国际化并非法学教育西方化。我们并不否认法学教育国际化的必要性与重要性，但重视不等于盲目跟从，而应该理性地思考究竟怎样才能适应国家经济社会对外开放的要求，培养大批具有国际视野、通晓国际规则、能够参与国际事务与国际竞争的国际化人才。法学教育的民族化与国际化具有相互依存、互为补充的关系，以此才能体现高等法学教育的完整性。国际化不能简单地理解为与“国际接轨”，民族化也不能简单地理解为“民族特色”。真正意义上的法学教育国际化是指，在高等教育国际交流中，要以本国国情和民族特性为基点，以促进高等教育现代化为目标，对外来文化进行精心的鉴别、选择和改造，使其与本土文化的优良因素相交融，形成既有时代特点又有本国特色的高等法学教育理论和制度。②

第二节　中国法学教育未来发展的着眼点

笔者认为，法学教育应当以通识教育为主，偏重注释法学教育，

---

① 朱苏力：《追问法学教育承担的历史使命》，载《法制资讯》2011 年第 5 期。

② 付子堂：《国际化与民族化须兼备》，载《光明日报》2010 年 10 月 5 日，第 4 版。

法学教育应当从知识型为中心逐步演变为以职业型为导向。未来中国法学教育的发展方向，主要体现在以下七个方面。

一、重新调整中国法学教育的功能定位

法学教育的使命就在于提升人们对正义的认知水平，拓宽社会的正义之路，培养社会正义的守护者，搭建社会正义的阶梯。这一目标应当成为未来中国法学教育前行的基准。法学教育作为国家法治实践活动之重要一环，应当承担起引领时代法律思想走向，提升整个社会法治素养的责任；应当承担起构筑社会伦理体系的责任；应当承担起维护社会主流价值——社会正义的责任。因此，当下以及未来中国法学教育的整体功能定位就是要培养信仰法治、忠诚于正义的法律人，由他们去守护正义，借靠着他们的智慧与理性、良知与勇气，搭建社会的正义之梯，让社会中的每一个人都能够登临正义的高地。

同时，必须重新调整对中国法学教育从通识教育向通识教育、专业教育与精英教育相结合功能定位的转化，把法学教育的培养目标，从单一的法律知识型人才培养转变为法学应用人才、法学研究人才和社会管理人才的共同培养。在未来的法治国家建设中，要求法律职业必须走上专业化和职业化的轨道，法学教育肩负着为法律职业部门和全社会培养高素质法律人才的历史使命。“这种高素质的法律人才，绝不仅仅只是掌握了法学知识体系的人，‘他’应当是和必须是法律专业知识、法律职业素养和法律职业技能的统一体。”要转变将法学教育等同于法学院校和科研机构的一次性的学历教育的传统观念，构建法学教育的大教育观，认识到法学教育不仅有高等院校和科研机构中的法学专业教育，也有法律职业机构和有关组织的互补与继续教育；法学教育不仅包括学历和学位教育，也包括非学历、非学位教育；法学教育不仅包括法律学科教育，也包括法律信仰、法律伦理与法律职业教育。

二、树立政府、法学教育机构、社会全面参与的法学教育质量观

70 多年来，中国法学教育已经基本完成了规模建设和数量积

累的历史任务,当前到未来的任务应当是将法学教育发展的主题全面转移到教育质量上来。中国对法律人才的培养是要在专业教育的同时,特别注意对学生的素质教育,培养学生的创新精神和实践能力。对此,有论者提出,全面、系统地落实法学教育的全面教育质量观,是当今法学教育的出路所在。应当从法学教育的生源质量、师资质量、培养质量、组织管理和办学条件多个层次,分析把握法学教育全面质量观的内涵。

笔者赞同上述观点,但又认为,法学教育质量问题不能认为凭借法学教育机构一己之力便可解决,应当树立政府的宏观监控、法学教育机构的自我管理和社会市场的需求调控三位一体的法学教育质量观。政府应着重从宏观上对法学教育进行法律规范、政策指导和投资约束;应当从国家法治建设的需要出发,构建合乎中国实际的法学教育准入制度,适当提高法学教育门槛;应当设立法学教育质量评估机构,科学把握与指导全国法学教育质量评估工作;应当建立法学教育竞争淘汰机制,通过投资控制、设标考核、专项检查等多种方式,促使法学教育"千帆竞发","百舸争流",让那些不具备法学教育条件的法学院校"自生自灭",以达到优胜劣汰的目的。高等学校、科研机构等是法学教育的主体,是法学教育质量的直接责任主体,应当在法学教育活动的组织实施中,建立科学规范的法学专业教育管理系统、教学监督系统、教学咨询与评估系统、教育质量评价系统与教育质量奖惩系统,努力创建法学教育质量文化,探索保障法学教育质量的长效机制,承担法学教育主体责任。高等学校、科研机构法学教育的目标一般有三项:一是教育形成法学基本知识体系;二是训练运用基本知识处理法律问题的能力;三是培养法律人思维方式和法律理念。所以,其教育质量控制体系的构建,必须紧密围绕上述三项目标。社会是法学教育的外部监控主体,其通过社会市场对法学教育产品的输入输出与需求供应关系评价法学教育的质量。因此,必须建立法学教育资源与法律人才的输入输出机制,发挥社会市场对于法学教育供求关系的调控作用;必须建立社会监督机制,发挥社会元素对法学教育质量的制约作用;必须建立法学教育质量中介组织评估机构,发挥社会中介组织对法学教育质量的引导作用。

三、分层次设置法学院系与评估考核

法学院系的设置是影响法学教育发展的重要因素。针对目前中国法学院系设置规模虽然庞大,但在人才培养的结构上却存在失衡的状况,从未来的发展趋势看,中国高等院校和科研机构法学院系在培养合格法科毕业生的基础上,在功能定位上应走分化和差异化的路线,将法学院系分为学术型、实务型、特色型,在这几种类型之下再分设精英型和普通型,使法学教育机构趋于层次化、多元化、特色化。学术型法学院系主要培养从事法学研究和法学教育的理论型法律人才;实务型法学院系主要侧重从事法律职业的实践型法律人才;特色类法学院系主要偏重培养具有行业专业特色的法律人才,如财经类、农林类、语言类高等院校的法学院系。而无论是学术型法学院系,还是实务型、特色型法学院系,均可划分为精英型与普通型,精英型法学院系可以培养学术型、实务型和特色型多层次法律人才,而普通型法学院系则只能从事实务型和特色型法律人才的教育。

基于上述法学院系之分类,至少可以从以下方面进行规范管理:第一,设置不同类型法学院系的标准条件,对现有法学院系予以分类划分。第二,严格按照设置的法学院系标准条件审核新要求设立的法学院系。第三,建立评估考核机制,对法学院系实行定期考核。达不到精英型标准的,降级到普通型法学院系;达到精英型标准的普通型法学院系,升级到精英型法学院系;达不到普通型标准的法学院系,予以撤销。这种评估考核机制可以与法学教育质量评估同时进行。

四、法学学历教育层次的优化调整

当前,中国高等法学教育体系层次虽多,但是,各个层次的法学教育普遍都存在着一些问题,而且整个法学教育体系资源没有得到有效整合,法学教育每个层次、每个模块各自为政,法学教育的整体质量不高。长期以来,没有站在中国法学教育体系的高度上,从整体上认识和解决法学专科、本科、法律硕士、法学硕士以及法学博士教育的改革和发展问题，战略目光过于狭窄，于是造成了法学教育各层次内部以及各层次之间的诸多矛盾，从而也使得法学教育的整体力量受到削弱。

优化调整法学学历教育层次是未来中国法学教育发展的必然，也是整合法学教育资源、提高法学教育质量的重要途径。法学教育的基本目标是培养法律人才，按照未来中国法学教育培养法律应用人才、法学研究人才和社会管理人才的定位，法律应用人才对法学学历的要求相对较低。但是，即使是作为法律应用人才的法律职业者，其法律职业作为垄断的职业领域亦要求从业者具有专业的知识技能。而从中国法学学历构成层次看，中专层面的法学教育已经完成了其时代赋予的使命，不能适应现代社会经济、政治、文化发展的需求，应当向其他与法律相关的职业教育转型，以有利于社会利用有限的法学教育资源培养法律精英人才。大专层面的法学教育强调法律职业个体岗位业务知识和实践操作技能，理论以“够用、实用”为度，是相对完整的实践体系和相对不完整的理论体系的统一。对于肩负推进国家法治进程的现代法律职业而言，其与此前的法律职业以及其他职业素质皆有不同，没有完整的法律知识体系和坚实的法学理论基础，仅有相对完整的法律业务知识和实践操作技能，已经无法满足现实需要，所以，在发达地区应当立即取消，在西部不发达地区逐步限制。本科层面的法学教育面临尴尬境地，存与废尚在争论之中。笔者认为，目前在中国立即全面取消法学本科教育的时机尚未成熟，有待于大力发展法律硕士研究生专业学位教育之同时，逐步实现法学学科在大学素质教育后向法学硕士和法律硕士双轨培养的分流转型。在硕士研究生层面的法学教育中，以复合型、应用型法律人才为培养目标的法律硕士，应当成为中国法学教育中法律应用人才培养的主流，输送至法律职业队伍和社会管理部门；以培养学术型、专业型法律人才为培养目标的法学硕士，应当成为中国法学教育中法学研究人才培养的主流，就业于法学教育和法学研究机构。博士研究生层面的法学教育应当继续以精英型法律人才为培养方向，锻造其创造性思维与创新性能力，以适应法律科学研究与社会高端管理之需。

五、法学教师队伍结构重组与法学教育方法改良

列宁曾经说过:“学校的真正的性质和方向并不由地方组织和良好愿望决定,不由学生‘委员会’的决议决定,也不由‘教学大纲’等决定,而是由教学人员决定的。”[①]面对中国法学教师队伍人才流失、结构不合理、素质良莠不齐等现状,未来中国的法学教育应着力改变或者建立四种机制:一是应改变法学教育的管理体制和评价机制,使之符合法学教育规律,避免以“行政政绩”的评价标准或者单一的科研成果对法学教师进行管理和评价;二是应改变对不同学科的法学教师“一视同仁”的管理和评价模式,根据不同学科的教学和科研规律进行分类管理和评价;三是应改变法学教师束之于理论高阁的现状,建立法学教师走进法律实务、亲历司法实践的长效机制,同时拓展法律职业机构与司法实务精英参与法学教育的范围;四是应改变基础性教学以青年教师队伍为主的法学教师结构,合理调整法学教师内部结构,促进梯队建设,即要给予青年教师成长的环境及必要的指导,均衡调配新老教师和具有实务经验教师的教学梯队。

在未来法学教育中,无论是高校法学学历教育还是法律职业教育,在教学方法上的改革均可根据所授课程不同从三个方面入手:一是增强教学互动,广泛采用讨论式教学法,限制使用讲座式教学法,鼓励使用辩论式教学法,将学生置于教学的主体地位,使学生对法学知识的掌握从书本到实践、从死板的记忆到学会思考、从被动的接受到主动的参与,最终达到教学相长的教学模式。二是充分重视案例教学法,传授法律解释与法律适用的具体方法,其目的在于提高学生对法律体系和法律内在逻辑性的深刻认识,训练学生养成正确的法律思维方法。三是开设诊所式法学课程,让学生对法律职业的实际状况获得一个初步的认识,并培养其在实践中继续学习的

---

① 《列宁全集》(第15卷),中共中央马克思恩格斯列宁斯大林著作编译局编译,人民出版社1998年版,第441页。

意识和方法。当然,对于法律职业者的继续教育则无须开设诊所式法学课程。

六、法学教育、法律职业资格考试与法律职业的良性互动

法学教育与法律职业具有互为“源头”与“活水”的相辅相成、共生共长的辩证关系。面对中国法学教育与法律职业屡受诟病的脱节现状,未来的法学教育应当是与法律职业资格考试和法律职业三者之间的良性互动。

在未来的法学教育中,首先,法学教育和法律职业的资源将被整合,法学院校和职业机构实现师资共享和信息共享。这一目标将通过建立教师互教制度、学生互换制度等方式实现。其次,司法职业化进程的推进,将成为实现法学教育与司法职业良性互动之契机。在中国未来的法治进程中,司法职业化已是大势所趋。因此,第一,应明确司法职业化的总体发展方向和趋势,使法学教育据此确定教育内容和培养目标,同时,法学教育界人士应当积极参与司法职业化进程建设,为司法职业的健康发展提供坚实的理论基础和指导。第二,应确定司法职业的层次标准,为法学教育目标的设定与人才的培养提供可以参考的坐标。最后,通过改革法律职业资格考试制度,实现法学教育与法律职业的良性互动。第一,应当重新设置法律职业资格考试的应试条件。将对于法律思维的考核延伸至法律职业资格考试之前的法学院系学习。规定获得非法学本科以上学历者,必须经过国家指定的法学院校培训合格后,才能参加考试。而未来考试制度的改革,则在法律硕士培养得到长足发展之后,确定以法律硕士考试代替第一次法律职业资格考试。实行法律职业资格考试第一次笔试与第二次面试相结合的考核方式,全面考核应试者的法律职业能力与素养。第二,改革法律职业资格考试的内容、题型。转变以背诵内容为主的考核理念,改变以客观题为主,主观题为辅的考核题型,重点考核应试者运用法律知识进行思考的过程和解决实务问题的能力。第三,设置法律职业的强制性入职培训及考核。一方面使受培训者有针对性的接受职业技能训练,缩短其进入工作后的适应期;另一方面及早启动淘汰机制,使法律职业

资格考试得以向后延伸,避免“一考定终身”的弊端。

七、以持续提升公民法治素养为重点的普法教育

法治教育是任何一个社会生活个体都必须接受的教育内容和教育活动。改革开放40多年来,我国的普法教育基本完成了对全民法律意识的培养。接下来我国全民普法教育的目标,就是要使公民法治素养和社会治理法治化水平显著提升。“八五”普法规划提出,要以习近平法治思想引领全民普法工作,以使法治成为社会共识和基本准则为目标,以持续提升公民法治素养为重点,深入学习宣传习近平法治思想的重大意义、丰富内涵、精神实质和实践要求,引导全社会坚定不移走中国特色社会主义法治道路。在全社会深入持久开展宪法宣传教育活动,阐释好“中国之治”的制度基础;广泛开展民法典普法工作,阐释好民法典中国特色社会主义的特质;深入宣传与推动高质量发展和社会治理现代化密切相关的法律法规,继续把宣传中国特色社会主义法律体系作为基本任务;以党章、准则、条例等为重点,深入学习宣传党内法规,注重党内法规宣传同国家法律宣传的衔接协调。实行公民终身法治教育制度,把法治教育纳入干部教育体系、国民教育体系、社会教育体系。使公民对法律法规的知晓度、法治精神的认同度、法治实践的参与度显著提高,全社会尊法学法守法用法的自觉性和主动性显著增强。不断提升全体公民法治意识和法治素养,推进全民守法,提高社会文明程度,为全面建设社会主义现代化国家营造良好法治环境。

回顾中国法学教育70多年的发展历史可以看出,从新中国成立初期到改革开放前30年,法学教育主要经历了引进初创(1949—1956年)、遭受挫折(1957—1965年)和基本瘫痪(1966—1976年)三个阶段。1977年高考制度恢复,特别是1978年以来,在中国法学教育中,以在校学生为教育对象的高等学校法学教育大致经历了四个主要时期:全面恢复和快速发展时期(1978—1987年);规范化建设时期(1988—1997年);规模化发展时期(1998—2002年);发展调整时期(2003年至今)。以法律职业者为教育对象的法律职业教育完成了三个转变,即从补课式、临时性培训向系统化、规范化培训

的转变；从普及性、知识性培训向职业化、精英化培训的转变；从学历教育为主向职业继续教育为主的转变。以全民为教育对象的普法教育开展了八次，实现了三次飞跃，即从对一切有能力接受教育公民的启蒙教育，到以提高领导干部依法决策、依法管理能力为重点的全民法律意识的飞跃；由单一普及法律条文，向全方位推进依法治理的飞跃；普法依法治理工作由虚变实，由弱变强，向制度化、规范化、法治化的飞跃。法学教育的中国模式初步形成。

在充分肯定70多年来已经取得成绩的同时，也应当清醒认识到中国法学教育面临的挑战。中国正在迎来一个法治时代。法治时代呼唤中国法学的繁荣发展，要求法学研究的深化提高，推动法学教育的改革创新，引领法学法律人才的优胜劣汰。法治时代是改革、创新和发展的时代，是不进则退、充满竞争的时代。未来中国的法学教育，应当以习近平法治思想为指导，把法学教育融入全面依法治国之中，为科学立法、严格执法、公正司法、全民守法的依法治国新局面，在功能定位、教育模式、教育机构、教育层次、教育方式、教育质量等方面，予以科学调整和完善。①

① 冀祥德：《对中国法学教育全面反思与展望》，载《中国政法大学学报》2010年第4期。

主要参考文献

一、著作

1. [古罗马]优士丁尼:《法学阶梯》,徐国栋译,中国政法大学出版社 1999 年版。

2. [美]博登海默:《法理学:法律哲学与法律方法》,邓正来译,中国政法大学出版社 1999 年版。

3. [美]罗伯特 · 斯蒂文斯:《法学院:19 世纪 50 年代到 20 世纪 80 年代的美国法学教育》,阎亚林等译,中国政法大学出版社 2003 年版。

4. [英]怀海特:《教育的目的》1967 年英文版。

5. 陈建民主编:《实践性法学教育讲义——把课堂当作社会》,清华大学出版社 2009 年版。

6. 陈大钢:《中外高等法学教育比较与研究》,上海交通大学出版社 2003 年版。

7. 方流芳:《中国法学教育观察》,中国政法大学出版社 1997 年版。

8. 房文翠:《法学教育价值研究》,北京大学出版社 2005 年版。

9. 黄坤锦:《美国大学的通识教育》,北京大学出版社 2006 年版。

10. 霍宪丹:《不解之缘——20 年法学教育之见证》,法律出版社 2003 年版。

11. 洪浩:《法治理想与精英教育》,北京大学出版社 2005 年版。

12. 霍宪丹:《中国法学教育反思》,中国人民大学出版社 2007 年版。

13. 冀祥德:《法学教育的中国模式》,中国社会科学出版社 2010 年版。

14. 冀祥德等:《中国法学教育现状与发展趋势》,中国社会科学出版社 2008 年版。

15. 蒋晓伟:《上海法学教育史研究》,法律出版社 2008 年版。

16. 李傲:《互动教学法——诊所式法律教育》,法律出版社 2004 年版。

17. 李傲、Pamela N. Phan 编:《实践型法律人才的培养——诊所式法律教育的经验》,法律出版社 2005 年版。

18. 刘佳主编:《法律教育学》,社会科学文献出版社 2012 年版。

19. 梁西、宋连斌:《法学教育方法论》,武汉大学出版社 2009 年版。

20. 欧阳康:《社会认识方法论》,武汉大学出版社 1998 年版。

21. 宋冰:《程序、正义与现代化》,中国政法大学出版社 1998 年版。

22. 苏力:《法治及其本土资源》,中国政法大学出版社 1996 年版。

23. 汤唯:《法学教育模式改革与方法创新》,中国人民公安大学出版社 2009 年版。

24. 王瀚:《法学教育研究》,法律出版社 2009 年版。

25. 徐显明、郑永流:《六年制法学教育模式改革》,中国法制出版社 2009 年版。

26. 夏利民、李恩慈:《法学教育论》,中国人民公安大学出版社 2006 年版。

27. 杨欣欣:《法学教育与诊所式教学方法》,法律出版社 2002 年版。

28. 阎亚林:《法学教育研究》,陕西人民出版社 2006 年版。

29. 赵祥麟:《外国现代教育史》,华东师范大学出版社 1987

年版。

30. 朱立恒:《法治进程中的高等法学教育改革》,法律出版社2009年版。

31.《教育部高校法学学科教学指导委员会中国法学教育研究会2012年年会暨"卓越法律人才教育培养计划"与法律人才培养模式改革论坛论文集》(第一卷)。

32.《教育部高校法学学科教学指导委员会中国法学教育研究会2012年年会暨"卓越法律人才教育培养计划"与法律人才培养模式改革论坛论文集》(第二卷)。

33. 蔡卫忠:《大学生法律教育问题研究——以公民意识养成为视角》,中国政法大学出版社2019年版。

34. 龙翼飞主编:《课堂实录——中国诊所式法律教育》,法律出版社2019年版。

35. 张海斌主编:《法律教育的未来——国别区域法律教育的动态》,法律出版社2020年版。

36. 霍宪丹:《法律教育:从社会人到法律人的中国实践》,中国政法大学出版社2010年版。

37. 袁博:《传统法律教育与诊所式法律教育》,中国政法大学出版社2014年版。

38. 杨宗科主编:《法学教育研究(第34卷)》,法律出版社2021年版。

39. 张文显主编:《中国法学教育年刊2020(第8卷)》,法律出版社2021年版。

二、论文

1. 敖双红:《创新性人才对传统法学教育模式的拷问》,载《华中农业大学学报(社会科学版)》2008年第2期。

2. 蔡镇顺:《法学教育的定位与改革》,载《太平洋学报》2008年第2期。

3. 陈德敏、秦鹏:《中国卓越法律人才教育培养模式的变革路向》,载《教育部高校法学学科教学指导委员会中国法学教育研究会2012年年会暨“卓越法律人才教育培养计划”与法律人才培养模式改革论坛论文集》(第一卷)。

4. 陈兴宏、戴谋富:《论当代中国法学教育的性质》,载《湖南省政法管理干部学院学报》2002年第1期。

5. 陈建萍:《法律教育模式构筑》,载《中国法学教育研究》总第63期。

6. 曹义孙:《从法治视野看我国法学教育》,载《北京政法职业学院学报》2008年第1期。

7. 曹红冰:《民法学教学方法改革的思考》,《黑龙江高教研究》2011年第5期。

8. 程雁雷:《卓越法律人才培养计划背景下地方综合性大学法律人才培养模式改革的思考》,载《教育部高校法学学科教学指导委员会中国法学教育研究会2012年年会暨“卓越法律人才教育培养计划”与法律人才培养模式改革论坛论文集》(第一卷)。

9. 董邦俊、高小青:《WTO背景下我国法学教育改革论纲》,载《江西科技师范学院学报》2008年第2期。

10. 戴激涛:《法律教育中的德育与法律信仰》,载《江西社会科学》2008年第4期。

11. 党崇武:《法学案例教学法新论》,载《中国校外教育》2011年第6期。

12. 董红:《法学教育视阈下的参与式教学法研究》,载《黑龙江高教研究》2011年第7期。

13. 范军:《关于法学专业教学内容及开放教学之手段的几点思考》,载《开放教育研究》1999年第1期。

14. 付子堂:《国际化与民族化须兼备》,载《光明日报》2010年10月5日,第4版。

15. 方流芳:《中国法学教育观察》,载《比较法研究》1996年第2期。

16. 冯春萍:《新形势下法律人才培养面临的挑战与发展趋势》,载《教育部高校法学学科教学指导委员会中国法学教育研究会2012年年会暨“卓越法律人才教育培养计划”与法律人才培养模式改革论坛论文集》(第二卷)。

17. 高涛:《从中美比较的视角论我国法学教育制度的改进》,载《法制与社会》2008 年第 15 期。

18. 高晓春、何恩光:《论当前我国法学教育中存在的问题及教育学法改进》,载《兰州学刊》2002 年第 3 期。

19. 顾海波、张春雨:《英美法与中国的法学教育——内容及方法层面之考查》,载《东北大学学报(社会科学版)》2003 年第 1 期。

20. 公丕祥:《变革时代的司法需求与卓越法律人才教育培养计划》,载《教育部高校法学学科教学指导委员会中国法学教育研究会 2012 年年会暨“卓越法律人才教育培养计划”与法律人才培养模式改革论坛论文集》(第一卷)。

21. 郭丹、王伟:《法学本科教育的培养目标与教学方法》,载《黑龙江高教研究》2005 年第 6 期。

22. 何勤华、徐永康:《法律教育学试探》,载《中南政法学院学报》1987 年第 4 期。

23. 胡吕银:《法学教育内容的界定与法学教育改革》,载《扬州大学学报(高教研究版)》2004 年第 5 期。

24. 胡利玲:《美国的法学教育及其启示——兼论我国商法教学的改革》,载《中国大学教学》2009 年第 9 期。

25. 胡忠惠:《法学教育中引入情境模拟教学法探讨》,载《边疆经济与文化》2006 年第 4 期。

26. 黄志萍:《论实践教学法在法学教育中的运用》,载《湖南医科大学学报(社会科学版)》2010 年第 1 期。

27. 韩大元:《全球化背景下中国法学教育面临的挑战》,载《法学杂志》2011 年第 3 期。

28. 韩大元:《国际化是改革发展动力》,载《光明日报》2010 年 10 月 5 日,第 4 版。

29. 韩赤风:《当代德国法学教育及其启示》,载《比较法研究》2004 年第 1 期。

30. 黄文艺:《法律教育四问》,载《法律科学》2002 年第 5 期。

31. 冀祥德:《对中国法学教育全面反思与展望》,载《中国政法大学学报》2010 年第 4 期。

32. 冀祥德:《论法学教育中国模式的初步形成》,载《法学论坛》2011 年第 5 期。

33. 冀祥德:《中国特色社会主义法学教育模式的基本特征》,载《河北法学》2011 年第 12 期。

34. 冀祥德、王崇华:《规范与特色:中国法本法硕培养反思》,《西部法学评论》2010 年第 4 期。

35. 冀祥德:《论中国法科研究生培养模式转型之必要——从以培养法学硕士为主转向以法律硕士为主》,载《环球法律评论》2012 年第 5 期。

36. 冀祥德、李庆明:《诊所法律教育:中国法律硕士培养制度改革的基本方向》,载《法学杂志》2011 年第 2 期。

37. 蒋悟真:《法学教育的培养目标、性质及模式检视》,载《怀化学院学报》2008 年第 10 期。

38. 蒋大兴:《法律人,那些飘忽不定的理想》,载中国民商法律网。

39. 季立刚:《卓越法律人才教育培养计划——法学教育培养模式改革的新探索》,载《教育部高校法学学科教学指导委员会中国法学教育研究会 2012 年年会暨“卓越法律人才教育培养计划”与法律人才培养模式改革论坛论文集》(第一卷)。

40. 金福海、宋振武:《法学本科教育几个基本问题的再思考——兼谈卓越法律人才教育培养计划的定位》,载《教育部高校法学学科教学指导委员会中国法学教育研究会 2012 年年会暨“卓越法律人才教育培养计划”与法律人才培养模式改革论坛论文集》(第一卷)。

41. 李可:《法学方法论基本问题研究》,资料来源于中国私法网。

42. 李其瑞:《价值分析方法的法学意义》,载《法律科学(西北政法学院学报)》1993 年第 4 期。

43. 李海龙:《我国法律教育特征与性质之认识》,载《现代物业》2012 年第 3 期。

44. 梁志东:《对法治中国法律教育问题的思考》,载《现代企业教育》2010 年 8 月下期。

45. 梁如霞:《关于法律教育与国民素质培养的几点思考》,载《山东教育学院学报》2005 年第 3 期。

46. 李韶杰、李华耕:《论应用型法学教育师资的培养》,载《新余高专学报》2009 年第 14 期。

47. 李龙:《我国法学教育急需解决的若干问题》,载《中国高等教育》2002 年第 7 期。

48. 刘耀彬:《高等法学教育的方向与教学方法的选择》,载《南京航空航天大学学报(社会科学版)》2003 年第 1 期。

49. 李和平、刘向林:《法学教育的目标定位》,载《湖北广播电视大学学报》2005 年第 3 期。

50. 李化德:《英国的法学教育》,载《现代法学》1996 年第 6 期。

51. 刘向林:《西部基层卓越法律人才培养的几点思考》,载《教育部高校法学学科教学指导委员会中国法学教育研究会 2012 年年会暨"卓越法律人才教育培养计划"与法律人才培养模式改革论坛论文集》(第二卷)。

52. 刘用军:《法律专业法律伦理教育思考》,载《教育与职业》2010 年第 23 期。

53. 刘长伟:《刑法学教学探索》,载《知识经济》2009 年第 18 期。

54. 刘士国、胡世华:《互动式案例教学法在法学教学中的应用研究》,载《中国市场》2006 年第 3 期。

55. 刘毅、张陈果:《德国法学教育访谈》,载《社会科学论坛》2007 年第 3 期。

56. 刘敏:《2000—2010 年法国的高等教育改革》,载《大学(学术版)》2011 年第 3 期。

57. 龙卫球:《美国实用法律教育的基础》,载《北大法学评论》2001 年第 1 期。

58. 马明华:《我国法学教育的困境与出路初探》,载《郑州航空工业管理学院学报(社会科学版)》2011 年第 4 期。

59. 孟祥秀:《我国法学教育改革的目标定位:法学精英教育》,载《湖北经济学院学报(人文社会科学版)》2010 年第 2 期。

60. 牟宪魁:《论网络法学教育在我国的发展》,载《广西政法管理干部学院学报》2002 年第 1 期。

61. 慕槐:《认真地对待法律教育》,载《法学研究》1996 年第 1 期。

62. 牟宪魁:《论网络法学教育在我国的发展》,载《广西政法管理干部学院学报》2002 年第 1 期。

63. 潘峰:《讨论式教学法在劳动与社会保障法教学中的应用》,载《福建金融管理干部学院学报》2012 年第 1 期。

64. 覃佐媛、曾言:《法学本科教育的性质定位再探》,载《湖南医科大学学报(社会科学版)》2002 年第 4 期。

65. 戚桂芳、袁雪:《大陆法系与英美法系法学教育模式比较分析》,载《金陵科技学院学报(社会科学版)》2009 年第 2 期。

66. 任丹红、王国梁:《我国高等法学教育的培养目标及法学教育改革》,载《江南大学学报(教育科学版)》2007 年第 2 期。

67. 任瑞兴:《全球化时代的中国法学教育转型》,载《河北经贸大学学报(综合版)》2010 年第 2 期。

68. 桑保军:《法教育学与中国社会》,载《甘肃政法学院学报》2004 年第 2 期。

69. 桑保军:《关于法教育学的思考》,载《社科纵横》2005 年第 5 期。

70. 苏力:《当下中国法学教育的两项根本任务》,载《中国大学教学》2008 年第 2 期。

71. 尚国萍:《案例教学法在我国法学教育中存在的问题及对策》,载《法制与经济》2010 年第 1 期。

72. 孙小平:《加强法学研究,促进法学教育改革》,载《法学评论》1988 年第 6 期。

73. 谭世贵:《法学教育与司法考试的改革与协调》,载《法治论坛》2008 年 2 期。

74. 田国兴、张荣华:《我国高等法学教育培养目标的创新与确立》,载《现代教育科学》2003 年第 4 期。

75. 滕金芳:《论法学教育培养目标的定位与培养模式的改革》,载《当代教育论坛(宏观教育研究)》2007 年第 9 期。

76. 王晨光:《法学教育目标设定、课程设计与教学安排刍议》,载《教育部高校法学学科教学指导委员会中国法学教育研究会 2012 年年会暨"卓越法律人才教育培养计划"与法律人才培养模式改革论坛论文集》(第一卷)。

77. 王凤珍:《21 世纪法学本科教育培养目标的重新定位》《高等教育研究学报》2004 年第 4 期。

78. 王军、杨贝:《论我国法学教育的多元化走向》,载《暨南学报(哲学社会科学版)》2012 年第 2 期。

79. 王媛媛、苏芳芳:《比较视域下的我国高等法律教育之弊端与改革》,载《法制与社会》2008 年第 10 期。

80. 王利明、叶林:《试论法学教育中的案例教育学法》,载《法学家》1993 年第 3 期。

81. 王利明、韩大元、冯玉军:《新时期法学学位体系和人才培养模式改革的探索》,载《教育部高校法学学科教学指导委员会中国法学教育研究会 2012 年年会暨"卓越法律人才教育培养计划"与法律人才培养模式改革论坛论文集》(第一卷)。

82. 王利明、叶林:《试论法学教育中的案例教育学法》,载《法学家》1993 年第 3 期。

83. 王春婕、王利明:《关于当前我国法学教育教学改革的几点建议》,载中国法学教育网。

84. 王军:《特色化是必然选择》,载《光明日报》2010 年 10 月 5 日,第 4 版。

85. 王立明、王刚:《新形势下法律人才培养面临的挑战与发展趋势》,载《教育部高校法学学科教学指导委员会中国法学教育研究会 2012 年年会暨"卓越法律人才教育培养计划"与法律人才培养模式改革论坛论文集》(第二卷)。

86. 王继福:《论法学教学中的案例教学法》,载《河北师范大学学报》(教育科学版)2008 年 8 月第 10 卷第 8 期。

87. 王健:《法学教育改革与发展的新动向》,《法制日报》2009年11月4日,第9版。

88. 王海波:《法学本科教育培养目标的比较》,载《内蒙古农业大学学报(社会科学版)》2010年第1期。

89. 王保莳、仇德胜:《德国大学法律教育的特点及教育意义》,载《保险职业学院学报》2012年第1期。

90. 王安异:《法学教育模式及其选择》,载中国法学教育网。

91. 王春业、刘添才:《"卓越"引擎驱动下的法学教育改革》,载《教育部高校法学学科教学指导委员会中国法学教育研究会2012年年会暨"卓越法律人才教育培养计划"与法律人才培养模式改革论坛论文集》(第二卷)。

92. 王贵国:《打破国内和国外的藩篱》,载《光明日报》2010年10月5日,第4版。

93. 武俊山:《案例教学法在我国法学教育中的地位》,载《湖北经济学院学报(人文社会科学版)》2009年第5期。

94. 万春梅:《比较两大法系的法律教育制度》,载《合肥工业大学学报》2006年第10期。

95. 吴传毅:《论法律教育学的创立》,载《湖南省政法管理干部学院学报》2000年第5期。

96. 吴跃章:《论法学本科教育的人才培养目标》,载《甘肃政法学院学报》2005年第6期。

97. 吴秋红:《论法律教育改革与法律信仰的培植》,载《理论月刊》2009年第1期。

98. 吴晶:《征求对〈国家中长期教育改革和发展规划纲要〉的意见和建议》,《人民日报》2010年2月8日,第1版。

99. 徐显明:《职业化是未来趋势》,载《光明日报》2010年10月5日,第4版。

100. 徐显明:《中国法学教育的发展趋势与改革任务》,载《中国大学教学》2009年第12期。

101. 薛志芬:《试论高等教育大众化进程中法学本科教育定位——兼论法学本科素质教育与专业教育》,载《华北水利水电学院学报(社科版)》2008 年第 1 期。

102. 肖菊蓉、廖林霞:《浅论完善我国法律教育之路》,载《时代法学》2003 年第 1 期。

103. 肖强、李树成:《对本科阶段实施卓越法律人才教育培养计划的几点认识》,载《教育部高校法学学科教学指导委员会中国法学教育研究会 2012 年年会暨“卓越法律人才教育培养计划”与法律人才培养模式改革论坛论文集》(第二卷)。

104. 杨志民、祝红想:《法学专业教学改革刍议》,载《职业时空》2008 年第 1 期。

105. 杨春华:《论我国现行本科法学教育的目标定位》,载《高教探索》2008 年第 3 期。

106. 杨玉凯、郭平:《卓越法律人才教育培养中民法案例教学法应用研究》,载《教育部高校法学学科教学指导委员会中国法学教育研究会 2012 年年会暨“卓越法律人才教育培养计划”与法律人才培养模式改革论坛论文集》(第二卷)。

107. 苑敏:《论法学教育的目标定位及其实现途径》,载中国法学教育网。

108. 于维同、周绍强:《卓越法律人才培养的实践教学体系与内容的设计》,载《教育部高校法学学科教学指导委员会中国法学教育研究会 2012 年年会暨“卓越法律人才教育培养计划”与法律人才培养模式改革论坛论文集》(第二卷)。

109. 余净植:《案例教学法对法学教育改革的促动》,载《中国成人教育》2002 年第 9 期。

110. 张文显:《入世与法学教育改革》,载中国法学教育网。

111. 张文显:《法学教育中国模式已成》,载《光明日报》2010 年 10 月 5 日,第 4 版。

112. 张雯:《十七大精神指导下改革我国法学教育模式的探讨》,载《消费导刊》2008 年第 9 期。

113. 张艳丽:《法学本科教育目标与教学方法》,载《北京理工大学学报(社会科学版)》2007 年第 1 期。

114. 张秉民、马云蕊:《论模拟法庭教学对卓越法律人才培养的基础性作用》,载《教育部高校法学学科教学指导委员会中国法学教育研究会2012年年会暨“卓越法律人才教育培养计划”与法律人才培养模式改革论坛论文集》(第二卷)。

115. 张天虹、李麒:《研究性教学与卓越法律人才培养》,载《教育部高校法学学科教学指导委员会中国法学教育研究会2012年年会暨“卓越法律人才教育培养计划”与法律人才培养模式改革论坛论文集》(第一卷)。

116. 张若思:《一个留学生眼中的法国法律教育》,载《法律与生活》1998年第1期。

117. 朱春霞:《中国本科法学教育培养目标的理性思考》,硕士论文。

118. 朱苏力:《追问法学教育承担的历史使命》,载《法制日报》2011年05月04日。

119. 左海聪:《南开大学的卓越法律人才培养》,载《教育部高校法学学科教学指导委员会中国法学教育研究会2012年年会暨“卓越法律人才教育培养计划”与法律人才培养模式改革论坛论文集》(第一卷)。

120. 左家盛:《法学教育定位的误区及其矫正》,载《教育学术月刊》2009年第3期。

121. 周汉华:《法律教育的双重属性与中国法律教育改革》,载《比较法学》2000年第2期。

122. 周海波:《论我国农林高校法学本科的师资队伍建设》,载《河北农业科学》2010年第14期。

123. 周佑勇:《构建“交叉、团队与实务”三位一体的复合型法律人才培养模式》,载《教育部高校法学学科教学指导委员会中国法学教育研究会2012年年会暨“卓越法律人才教育培养计划”与法律人才培养模式改革论坛论文集》(第一卷)。

124. 曾宪义:《中国的法学教育体制及改革》,载《法学家》1998年第5期。

125. 曾宪义:《我国法学高层次人才培养规划的必要调整》,载《学位与研究生教育》1997年第5期。

126. 朱玛:《法学案例教学法的研究与应用》,载《高教论坛》2009 年 12 月第 12 期。

127. 曾令良:《统一司法考试与我国法学教育发展的定位——我国多层次兴办法学教育的反思》,载《法学评论》2002 年第 1 期。

128. 胡巍:《复合型法律职业人才培养模式研究》,载《河南教育学院学报(哲学社会科学版)》2020 年第 2 期。

129. 王金霞:《论我国法治教育的基础理论奠基》,载杨宗科主编:《法学教育研究(第 34 卷)》,法律出版社 2021 年版。

130. 王新清:《论法学教育"内涵式发展"的必由之路——解决我国当前法学教育的主要矛盾》,载《中国青年社会科学》2018 年第 1 期。

131. 王祥修、赵永鹏:《"一带一路"倡议下中国涉外法治人才培养目标及方案》,载杨宗科主编:《法学教育研究(第 34 卷)》,法律出版社 2021 年版。

132. 黄泽群:《沈家本法学教育思想与应用型法学人才培养》,载《江西社会科学》2016 年第 11 期。

133. 郑春燕、王友健:《非法本法律硕士培养模式的体系性再造》,载《研究生教育》2020 年第 5 期。

134. 袁钢:《我国法律博士专业学位设置的必要性和可行性》,载《中国高教研究》2020 年第 1 期。

135. 冀祥德:《以诊所法律教育统领法律实践教育:可行性及制度设计》,载《山东大学学报(哲学社会科学版)》2017 年第 5 期。

136. 袁贵仁:《创新法治人才培养机制》,载《中国教育报》2014 年 11 月 14 日,第 1 版。

137. 王跃林:《法律硕士应用型人才的培养路径研究——以专业学位分方向培养为观察视角》,载杨宗科主编:《法学教育研究(第 34 卷)》,法律出版社 2021 年版。

138. 袁钢:《我国法律硕士实践能力指标评价体系的构建》,载张文显主编:《中国法学教育年刊 2020(第 8 卷)》,法律出版社 2021 年版。

139. 郑春燕、王友健:《非法本法律硕士培养模式的体系性再造》，载张文显主编：《中国法学教育年刊2020（第8卷）》，法律出版社2021年版。

三、其他

1. 2011年教育部、中央政法委员会《关于实施卓越法律人才教育培养计划的若干意见》。

2. 2017年国务院学位委员会办公室《法律硕士专业学位研究生指导性培养方案（适用于非法学专业毕业生）》。

3. 2017年国务院学位委员会办公室《法律硕士专业学位研究生指导性培养方案（适用于法学专业毕业生）》。

4. 2018年教育部、中央政法委员会《关于坚持德法兼修 实施卓越法治人才教育培养计划2.0的意见》。

5. 2020年国务院学位委员会、教育部《专业学位研究生教育发展方案（2020—2025）》。

6. 2021年教育部办公厅《普通高等学校宪法学教学重点指南》。

7. 2021年教育部办公厅《关于推进习近平法治思想纳入高校法治理论教学体系的通知》。

8. 2021年教育部学位管理与研究生教育司、司法部律师工作局《关于实施法律硕士专业学位（涉外律师）研究生培养项目的通知》。

9. 2022年中共中央组织部、最高人民法院、最高人民检察院、司法部《关于建立法律职业人员统一职前培训制度的指导意见》。